VILLE DE  GRENOBLE

NOTICES
SUR
GRENOBLE
ET SES ENVIRONS

Publiées à l'occasion du

XIV° Congrès de l'Association française
Pour l'Avancement des Sciences

GRENOBLE

IMPRIMERIE BREYNAT ET C°
8, Rue Hector-Berlioz, 8

—

MDCCCLXXXV

NOTICES

SUR

GRENOBLE ET SES ENVIRONS

VILLE DE GRENOBLE

NOTICES SUR GRENOBLE

ET SES ENVIRONS

Publiées à l'occasion du

XIVᵉ Congrès de l'Association française
Pour l'Avancement des Sciences

GRENOBLE
IMPRIMERIE BREYNAT & Cⁱᵉ
8, Rue Hector-Berlioz, 8
—
M DCCC LXXXV

SOMMAIRE :

Essai historique et descriptif sur la ville de Grenoble, par M. Auguste Prud'homme, Archiviste Paléographe, Archiviste du département de l'Isère.

Aperçu sommaire sur la structure géologique des Alpes Occidentales, par M. Charles Lory, professeur de géologie à la Faculté des sciences.

L'Industrie Minérale dans le Dauphiné en 1885, par M. H. Kuss, Ingénieur des mines et du contrôle des chemins de fer.

La Flore dans le Dauphiné, par M. Ch. Musset, professeur de botanique à la Faculté des sciences de Grenoble.

Forêts et Reboisements, par M. Ph. Charlemagne, Inspecteur des Forêts, Chef du service de reboisement de l'Isère.

Anthropologie, par M. le Dr Bordier, professeur à l'école d'Anthropologie.

Grenoble au point de vue de l'hygiène, par M. le Dr J. Girard, chirurgien en chef de l'Hôpital de Grenoble.

L'Art à Grenoble, par M. Reymond, Vice-Président de la Société des Amis des Arts.

Notice climatologique sur la Ville de Grenoble, par M. Racapé, Inspecteur-Adjoint des Forêts, Secrétaire de la Commission météorologique départementale de l'Isère.

ESSAI HISTORIQUE
ET DESCRIPTIF
SUR LA VILLE DE GRENOBLE

ESSAI HISTORIQUE
ET DESCRIPTIF
sur la
Ville de Grenoble

I

HISTOIRE

'IMAGINATION féconde des chroniqueurs du Moyen-Age assignait à la ville de Grenoble une légendaire antiquité. Suivant Aimar Rivail qui reconnaît ingénûment ne pouvoir en fournir la preuve, c'est au troyen Francus, fils d'Hector, qu'il faudrait en attribuer la fondation. Si nous demandons à des textes posi-

tifs la solution de ce premier problème, nous sommes contraints d'être plus modestes. Les anciens géographes Strabon, Ptolémée et Pline l'Ancien n'ont pas prononcé le nom de Cularo, et c'est à une lettre de Plancus à Cicéron que nous devons de savoir qu'un demi-siècle avant J.-C., Cularo était un oppidum gaulois situé sur la rive droite de l'Isère, qui séparait le territoire des Allobroges de celui des Voconces.

Après la conquête romaine, l'humble *vicus* resserré entre la rivière et la montagne ne tarda pas à s'étendre sur la rive gauche de l'Isère; il devint une station de la grande voie qui reliait l'Italie à Vienne par le mont Genèvre; érigé en *civitas*, il eut ses décurions, ses questeurs, ses triumvirs et ses flamines; un bureau de douane y fut établi pour la perception de l'impôt nommé le Quarantième des Gaules (1); enfin, peu à peu, aux divinités indigètes de l'Allobrogie et du Vocontium, succédèrent, sur les autels

---

(1) Desjardins. *Géographie de la Gaule Romaine*, III, p. 308 et 424.

de Cularo, Mars, Mercure, Vulcain et les autres dieux du Panthéon romain.

L'importance de ce point stratégique ne pouvait échapper à l'attention des généraux romains qui y passaient fréquemment en conduisant des troupes dans la Narbonnaise : dès lors, Cularo fut ce qu'il est resté depuis, une place forte de premier ordre dont la garnison avait pour mission de maintenir dans l'obéissance les peuplades voisines encore mal assimilées et les chefs militaires trop souvent tentés de se tailler un royaume dans les débris de l'empire.

Vers la fin du IIIe siècle, l'empereur Maximien fit reconstruire son enceinte de murailles, flanquée de nombreuses tours et ouverte par deux portes monumentales : la porte Viennoise, à laquelle il donna son nom d'Herculeus, et la porte Romaine qu'il fit appeler Jovia, en l'honneur de Dioclétien son collègue.

Un siècle plus tard, la cité romaine dépouillait son nom barbare de Cularo pour prendre celui de Gratianopolis qu'elle emprunta à l'empereur Gratien. A la suite de quels événements eut lieu ce changement? les textes ne nous l'apprennent pas : on sait seulement qu'en 379, l'empereur Gratien, revenant d'Illyrie, passait dans le voisinage de la province viennoise, et que, deux ans plus tard, Domnin, qui occupe la première place sur la liste de nos évêques, assistant au concile d'Aquilée, y prenait le titre d' « *episcopus Gratianopolitanus* ». Les auteurs du ve siècle qui parlent incidemment de notre ville, saint Augustin dans sa cité de Dieu, le pape saint Léon dans une bulle du 5 mai 450, Sidoine Appollinaire dans une lettre à Placidus, évêque de Grenoble, adoptent tous la nouvelle appellation qui, se transformant à travers les âges, est devenue Grenoble.

D'après la « *Notitia provinciarum et civitatum Galliae* », document contemporain du règne de l'empereur Honorius (395-423), l'ancien « *vicus* » de Cularo devenu la « *civitas Gratianopolitana* », faisait partie de la province de Vienne. Depuis la fin du ive siècle, le Christianisme y avait été introduit et un évêché avait été fondé qui adoptait pour ses limites celles de la *civitas* romaine.

Telle était la situation de notre ville lorsque Romulus Augustule laissa tomber de ses mains débiles le sceptre trop lourd dont les barbares se disputèrent les débris.

Dans ce partage de l'empire, la province viennoise échut aux Burgondes qui, depuis le milieu du ve siècle, y avaient été établis comme auxiliaires par le patrice Aetius. Ce grand fait historique dut s'opérer presque pacifiquement et sans protestation des populations gallo-romaines dont les propriétés et les lois furent respectées par les nouveaux maîtres, qui s'établirent à côté d'elles, dans les vastes domaines dépendant du fisc impérial. Loin de vouloir imposer leurs institutions et leurs lois, les Burgondes, suivant en cela le politique exemple des Wisigoths, firent rédiger, sous le nom de Loi Gombette, un code de lois romaines à l'usage des Gallo-Romains de leurs états.

Seul, le clergé ne devait pas voir avec joie l'arrivée de ces barbares dont les doctrines ariennes inquiétaient sa foi. S'il faut en croire une pieuse légende, l'évêque de Grenoble Ceratus leur aurait fait, sous la forme de controverses religieuses, une assez vive opposition : plus habiles au maniement de l'épée qu'aux discussions théologiques, les chefs burgondes ripostèrent en chassant de sa ville épiscopale le trop zélé prélat qui dut aller mourir en exil à Simorrhe, près d'Auch, où ses reliques devinrent un objet de vénération.

Mieux inspirés, les Francs s'appuyèrent sur le clergé Gallo-Romain qui leur prêta un utile concours; aussi lorsqu'en 534, après de sanglantes batailles, ils s'emparèrent des états des Burgondes, ils furent accueillis sans opposition par les populations chrétiennes de la région.

Depuis la chute de l'empire, rien n'avait été changé dans les divisions administratives de l'ancienne province viennoise. Sans en comprendre l'importance, les Francs, comme les Burgondes, les avaient respectées parce qu'elles avaient été adoptées par l'autorité ecclésiastique. Toutefois dans chaque « *civitas* » ils avaient placé un représentant du pouvoir central, le Comte, dont le nom emprunté à la hiérarchie romaine sera donné vers la fin de la 2ᵉ race à la circonscription qu'il est chargé d'administrer.

Après la défaite des Burgondes, Grenoble échut à Clotaire Iᵉʳ pour passer à la suite du partage de 561 dans les états de

Gontran. Vers cette époque, elle faillit être la proie d'une invasion lombarde qui, après avoir ravagé le Graisivaudan, était venue mettre le siège devant ses murs : le général bourguignon Mummolus, récemment élevé par Gontran à la dignité de patrice accourut à son secours et extermina les envahisseurs.

Après ce grand fait, l'obscurité la plus complète enveloppe l'histoire de notre ville pendant le viie et le viiie siècles ; nous franchirons donc rapidement cette période, ne pouvant, en l'absence de preuves, nous faire l'écho des légendes créées plusieurs siècles plus tard sur le martyre de saint Ferjus assassiné vers 683 par des partisans d'Ebroin (mort deux ans auparavant) et le passage de Charlemagne à Grenoble où il aurait fait bâtir l'église Saint-Vincent. Bornons-nous à indiquer quel fut le sort du « *pagus* » de Grenoble dans les différents partages qui durant le cours du ixe siècle remanièrent si fréquemment la carte de la Gaule.

En vertu du traité conclu à Verdun en 843 entre les trois fils de Louis le Débonnaire, Grenoble fit partie du nouveau royaume attribué à l'empereur

Lothaire Ier; à sa mort en 855, il échut à Charles, roi de Provence, l'un de ses trois fils. Ce dernier étant mort en 863, la partie de ses états dans laquelle était comprise le Viennois fut attribuée à son frère l'empereur Lothaire II, roi de Lorraine, qui mourut lui-même en 869 sans enfants légitimes. A cette époque le roi de France Charles le Chauve s'en empara au mépris des droits de l'empereur Louis II et malgré l'héroïque défense de la ville de Vienne devant laquelle il dut mettre le siège. Pour maintenir sa domination dans la région, il confia l'administration des provinces de Lyon et de Vienne à son beau-frère le comte Boson, frère de sa seconde femme Richilde.

A la mort de Charles le Chauve (6 octobre 877), son fils Louis le Bègue lui succéda; mais au bout de dix-huit mois, une maladie de langueur emportait ce faible prince et plaçait la couronne de France sur la tête de deux enfants dont l'aîné n'avait pas seize ans.

Les provinces du Sud-Est de la Gaule que tourmentaient depuis longtemps déjà des idées d'indépendance profitèrent de l'anarchie qui suivit la mort de Louis le

Bègue pour se séparer solennellement du royaume de France. Le 15 octobre 879, vingt-trois prélats parmi lesquels se trouvait Bernaire, évêque de Grenoble, et un certain nombre de seigneurs se réunirent au palais de Mantaille, situé à quelques lieues de Vienne sur les bords du Rhône. Après avoir constaté que depuis la mort du dernier roi, les évêques, les grands et la population, privés de tout protecteur, étaient livrés sans défense à la merci d'ennemis qui ne demandaient que la dévastation et le pillage, l'assemblée déclara élire pour roi l'ancien ministre de Charles le Chauve et de Louis le Bègue, le comte Boson, gouverneur de Vienne, que son mariage avec Hermengarde, fille de l'empereur Louis II, semblait prédestiner au trône.

Le nouveau royaume comprenait la Provence, le Dauphiné, la Savoie, le Lyonnais, la Franche-Comté; le diocèse de Lausanne, dans la Suisse romande; les diocèses d'Autun, de Mâcon et de Chalon-sur-Saône dans la basse Bourgogne; les diocèses de Viviers et d'Uzès sur la rive droite du Rhône, et tout ce qui appartenait sur cette même rive aux diocèses de Vienne, de Valence, d'Avignon et d'Arles.

Parmi les fonctionnaires de la royauté carolingienne qui se groupèrent à Mantaille autour du nouveau roi, figure un comte Guigue qui paraît être la souche de la première race de nos dauphins; nous le retrouvons en 889 à l'assemblée de Varennes, à côté d'Isaac, évêque de Grenoble, et en 913, à Vienne, où il fait une fondation pieuse dans l'église de cette ville.

Nous touchons à une période de nos annales qui a exercé longtemps la sagacité des historiens dauphinois et sur laquelle la lumière ne paraît pas suffisamment faite : les Sarrasins ont-ils occupé Grenoble pendant une assez longue période et en ont-ils été chassés par l'évêque Isarn, qui conquit ainsi à la pointe de l'épée la souveraineté des terres qui devaient former plus tard la mense épiscopale ?

Le seul document invoqué en faveur de cette opinion est le célèbre préambule de la charte XVI du cartulaire de Saint Hugues; or, si ce cartulaire ne saurait, dans son ensemble, être argué de faux, l'examen attentif du préambule en question fait naître de nombreuses objections.

Le cadre très restreint de cet aperçu historique ne nous permet pas de traiter cette question avec les développements qu'elle comporte et que nous nous réservons de lui donner dans une Histoire de Grenoble à laquelle nous travaillons depuis plusieurs années ; nous nous bornerons à indiquer sommairement l'opinion que nous avons adoptée sur les traces d'un des érudits dauphinois les plus justement estimés (1).

Après la constitution du deuxième royaume de Bourgogne, les officiers désignés sous les noms de « *primates* » et de « *sub-primates* » dans les actes du concile de Mantaille conservèrent dans l'ancienne *civitas* romaine devenue successivement le « *pagus* » puis le « *comitatus* », les importantes attributions que le capitulaire de Kiersy-sur-Oise avait rendues héréditaires dans leurs familles. La reconnaissance du nouveau roi et de ses successeurs agrandit encore les riches domaines dont

---

(1) A. DE TERREBASSE. *Notice historique et critique sur l'origine de la première race des Dauphins de Viennois*. Vienne, 1875, in-8°.

ils étaient propriétaires. Il en fut ainsi à Grenoble, où nous voyons au xe siècle certains membres de la famille du comte consentir en faveur de l'abbaye de Cluny des donations qui témoignent d'une grande puissance territoriale.

De son côté l'évêque de Grenoble avait vu le patrimoine de son église s'accroître, grâce aux largesses royales et à la générosité des fidèles qui, à cette époque de vive foi, croyaient assurer le salut de leur âme en léguant à Dieu une partie de leurs biens. Mais ni l'évêque ni le comte n'avaient sur leurs possessions territoriales des droits de souveraineté qui appartenaient aux rois de Bourgogne, successeurs de Boson.

Ce point admis, il est possible, vraisemblable même, que pendant cette période, vers la fin du ixe siècle, les Sarrasins qui occupaient la Provence s'avançant à travers les montagnes de l'Embrunais et du Gapençais, aient poussé jusqu'à Grenoble et ravagé le Graisivaudan : ce serait alors que l'évêque Isaac se serait réfugié à Saint-Donat ; mais cet exil aurait été de courte durée et sans que la domination des rois de Bourgogne ait jamais été interrompue.

En 1032, le dernier roi de Bourgogne, Rodolphe III, mourut sans enfants, laissant ses états à l'empereur Conrad le Salique. Ce prince était trop loin et trop absorbé par la répression de révoltes continuelles, pour pouvoir maintenir dans l'obéissance les grands fonctionnaires de son nouveau royaume, que la faiblesse des derniers successeurs de Boson avait rendus redoutables. Aussi, tout en reconnaissant la suzeraineté de l'empereur, le comte Guigues réunit ses hommes d'armes, fortifia ses châteaux et se proclama le légitime seigneur des terres qu'il administrait quelques jours auparavant au nom du roi de Bourgogne.

De son côté l'évêque de Grenoble se conféra de sa propre autorité les droits régaliens sur les domaines que la piété des souverains et des fidèles avait donnés à son église.

En 1038, cette dislocation du royaume de Bourgogne était un fait accompli : les comtes de Graisivaudan, de Valentinois et de Maurienne et une foule de moindres seigneurs s'étaient partagé ses dépouilles. La plupart consentirent à reconnaître la suzeraineté de l'empereur, à condition qu'il légitimerait leur usurpation.

Telle fut l'origine des pouvoirs du comte et de l'évêque de Grenoble. Il n'y a donc pas lieu de s'étonner des querelles qui, dès la fin du xie siècle, divisèrent les deux seigneurs de notre ville. Le comte, qui se considérait comme l'ayant-droit de ses anciens souverains, prétendait recouvrer les terres, condamines et églises dépendant du domaine de la couronne et que les évêques de Grenoble avaient usurpées. A des réclamations de ce genre qui leur furent présentées, les évêques voisins répondaient en présentant des chartes d'immunités obtenues de la faiblesse du roi Rodolphe III ou de l'empereur Conrad; moins habiles ou moins heureux, les évêques de Grenoble n'avaient pas su se ménager ce moyen de défense.

C'est pour suppléer à cette absence de titre que Saint Hugues fit rédiger son cartulaire et qu'il y inséra le fameux préambule qui explique par la conquête le pouvoir temporel des évêques de Grenoble. Cette assertion paraît avoir exaspéré le comte qui répondit en expulsant le prélat de sa ville épiscopale.

Un traité intervint, en 1099, par lequel le comte Guigue, peut-être un peu ému par les censures fulminées dans les conciles généraux contre les détenteurs de biens ecclésiastiques, consentit à remettre à Saint Hugues les églises que celui-ci revendiquait ; mais en faisant cette concession, il affirmait une dernière fois que les domaines librement cédés à l'évêque lui appartenaient « *en vertu de son droit comtal* » (1).

En 1161 un diplôme impérial, récompensant l'évêque de Grenoble Geffroy de son adhésion à l'obédience de l'antipape Victor, lui confirmait ou plutôt lui concédait les droits régaliens sur ses terres de Grenoble et de Saint-Donat : dès lors le pouvoir temporel de l'évêque était légalement constitué.

Les relations de la ville de Grenoble avec ses deux seigneurs étaient réglées par de bonnes coutumes qui lui furent confirmées dans un accord intervenu entre l'évêque Saint Hugues et le comte Guigue VII le 5 septembre 1116. Son successeur Gui-

---

(1) A. DE TERREBASSE. *Œuvres posthumes.*

gue VIII (1125-1142) fut le premier qui prit le titre bizarre de dauphin dont la signification est encore aujourd'hui un problème insoluble.

La première race de nos dauphins s'éteignit dans la personne de Guigue IX, fils du précédent, qui mourut en 1162 ne laissant pour héritière de ses états qu'une fille nommée Béatrix. Cette princesse gouverna d'abord sous l'autorité de son mari Guillaume Taillefer, comte de Saint Gilles, qui mourut en 1182 sans lui laisser d'enfants. Deux ans après elle épousait Hugues III, duc de Bourgogne, qui lui donnait un fils, Guigue André, souche de la deuxième race des dauphins.

Sous le règne de ce prince, Grenoble faillit disparaître emporté par une terrible inondation : dans la nuit du 14 au 15 septembre 1219 les eaux du lac de Saint-Laurent (Bourg-d'Oisans) rompant leurs digues se jetèrent dans le lit de la Romanche, renversèrent à Claix le pont du Drac et se précipitèrent sur la ville à ce moment plongée dans un profond sommeil. Brusquement réveillés par le fracas des flots qui jetaient contre les maisons les débris des campagnes ravagées, les habitants se réfugièrent sur les toits, au sommet des tours et dans le clocher de la Cathédrale. D'autres moins bien inspirés se précipitaient sur le pont pour gagner la montagne; malheureusement la porte de la tour qui occupait le centre du pont était fermée; avant qu'on eût pu l'ouvrir, les flots avaient franchi les parapets et emporté les fugitifs.

Quand les eaux du lac se furent écoulées, l'Isère, que l'inondation avait refoulée dans les campagnes en amont de Grenoble, reprit son cours avec une telle impétuosité qu'elle engloutit le pont construit en 1095 par saint Hugues et qui faisait communiquer entre elles les deux parties de la ville (1).

La situation de Grenoble au confluent de l'Isère et du Drac devait l'exposer au retour périodique de ce terrible fléau ; en fait, du XIIIe au XIXe siècles, les historiens ne comptent pas moins de trente-deux inondations. Aussi pendant cette période, la constante préoccupation des conseils

---

(1) J.-J.-A. PILOT. — *Recherches sur les inondations dans la vallée de l'Isère jusqu'à nos jours.* Grenoble, 1857.

consulaires fut-elle de se défendre contre les eaux en construisant des digues et de relever les ruines causées par les débordements de ces deux redoutables voisins.

Quelques années après le fameux déluge de 1219, fut commencée la construction de l'église Saint-André, où le dauphin Guigue-André transféra, en 1227, le chapitre qu'il venait de fonder à Champagnier, près Vizille. Le dauphin assura à cette église une riche dotation et lorsqu'il mourut, en 1237, il demanda à y être enseveli.

Son fils Guigue XI, qui lui succéda, obtint, en 1238, de l'empereur Frédéric II, avec la confirmation de toutes les concessions faites par l'Empire à ses prédécesseurs, le privilège royal de battre monnaie.

Nous avons dit plus haut que, depuis le XI° siècle, un accord intervenu entre les deux co-seigneurs de la ville avait consacré l'existence des bonnes coutumes accordées à leurs sujets par les prédécesseurs de l'évêque et du comte. Aucun document ne nous a conservé la teneur de ces coutumes, qui peut-être même n'avaient pas été rédigées et se transmettaient par la tradition. Elles n'en étaient pas moins respectées par les deux parties, comme le prouve la confirmation qu'en firent le duc Hugues III, mari de la dauphine Béatrix, en 1184, le dauphin Guigue-André et l'évêque Soffrey, en 1225.

En juin 1242, l'évêque Pierre et le dauphin Guigue XI consentirent (de gré ou de force) à formuler dans un acte solennel les droits des bourgeois de leur bonne ville de Grenoble. Nous en résumons les dispositions essentielles : « Les bourgeois auront le droit de choisir parmi eux, pour les défendre, quatre « *rectores* » élus pour un an; l'élection se fera directement par les bourgeois ou par des délégués choisis par eux, en présence du procureur des co-seigneurs et du châtelain; les recteurs élus devront jurer de défendre la personne et les droits de l'évêque et du comte; les bourgeois pourront se confédérer par serment pour la défense de leurs intérêts, sauf contre l'évêque et le comte; si l'un d'eux est attaqué, tous auront le droit de prendre les armes, de courir sus à l'agresseur et, s'ils ne peuvent l'atteindre, de confisquer ses biens et même de les ravager, si les recteurs le jugent bon ; ils seront chargés nuit et jour de faire la police de la ville, en armes ou sans armes, d'arrêter les vagabonds suspects et de les livrer au procureur et au châtelain ; enfin ils pourront s'imposer pour la défense de la ville et pour le paiement des redevances dues aux seigneurs. »

Complétée en 1244, 1294, 1316, 1321 et 1326 et confirmée successivement par les évêques et les dauphins, cette importante charte de franchises régla pendant tout le Moyen-Age les relations de la ville avec ses seigneurs et constitua son code de droit administratif. A leur avènement au pouvoir et avant de recevoir le serment de leurs nouveaux sujets, l'évêque et le dauphin juraient solennellement de respecter leurs privilèges et libertés. Plus tard les gouverneurs qui représentèrent à Grenoble les dauphins de la maison de France furent astreints à la même formalité.

Guigue XI étant mort en 1270 et son fils Jean Ier qui lui succéda sous la tutelle de Béatrix de Savoie, sa mère, n'ayant vécu que quelques années, le Dauphiné passa, en vertu d'une substitution inserée dans le testament de Guigue XI, aux mains de la princesse Anne, sa sœur, qui l'apporta en dot à Humbert Ier de la Tour, chef de la troisième race de nos dauphins.

Au commencement du xive siècle, Grenoble possédait quatre églises : Saint-Laurent, dont la fondation remontait au ve ou au vi^e siècle et qui avait été cédée en 1012 par Humbert d'Albon, évêque de Grenoble, à l'abbaye bénédictine de Saint-Chaffre, en Auvergne ; la Cathédrale, construite probablement du xe au xie siècles ; Saint-André, qui n'était pas achevée en 1237, époque de la mort de son fondateur le dauphin Guigue X, et enfin Saint-Jean située sur la place actuelle de Saint-André et qui fut démolie en 1562. On y trouvait en outre un certain nombre de communautés religieuses parmi lesquelles nous citerons les Frères Mineurs établis en 1220, et les Dominicains que l'évêque Guillaume de Sassenage avait appelés dans son diocèse en 1288, et auxquels il avait donné un emplacement pour se construire un couvent sur la place du Breuil, aujourd'hui place Grenette.

Nous passerons rapidement sur les règnes d'Humbert Ier, de Jean II et de Guigue XII, qui ne nous offrent aucun fait digne de remarque, pour arriver à Humbert II dont les réformes administratives furent surtout fécondes pour la prospérité de la ville de Grenoble.

En 1337, ce prince créait à Saint-Marcellin un conseil supérieur de justice qu'il nommait Conseil Delphinal. Trois ans plus tard et après d'assez longues négociations avec l'évêque de Grenoble qui craignait non sans raison de voir établir dans sa ville épiscopale un agent aussi redoutable, ce conseil, qui réunissait les attributions d'un Conseil d'Etat, d'un Parlement et d'une Chambre des Comptes, était définitivement transféré à Grenoble par une ordonnance du 1er août 1340.

Dans l'intervalle, le dauphin, désireux de doter la capitale de ses états des institutions dont il avait étudié le fonctionnement pendant son long séjour en Italie, avait fondé à Grenoble une université où l'on enseignait le droit, la médecine et les arts. De nombreux privilèges étaient accordés aux docteurs et aux étudiants de cette école qui paraît néanmoins n'avoir eu qu'une existence précaire, et qui ne brilla d'un certain éclat qu'après sa réorganisation au XVIe siècle.

Humbert II se montra prodigue pour les communautés religieuses : il donna aux Dominicains les revenus du péage de Grenoble pour fournir aux frais de la construction de leur chapelle, et le château de Montfleury pour y installer des religieuses de leur ordre ; transféra à Grenoble, en 1344, le couvent de Clarisses qu'il avait fondé deux ans auparavant à Iseron, et accorda, en 1345, une rente de 240 florins d'or pour l'entretien de douze chapelains dans l'église Saint-André.

Il n'entre pas dans notre cadre de rapporter les diverses négociations à la suite desquelles le dauphin, attristé par la mort de son fils unique et secrètement sollicité par d'habiles agents du roi de France, se détermina à céder ses états au jeune prince Charles, petit-fils de Philippe VI. Avant de remettre ses sujets à leur nouveau maître, il consacra dans un statut solennel les principes qui devaient limiter les droits de l'un et les obligations des autres. Le 16 juillet 1349, le nouveau dauphin Charles jurait entre les mains de Jean, évêque de Grenoble, de respecter cette charte fondamentale des libertés delphinales.

L'avènement des dauphins de la maison de France n'apportait aucun changement à la situation de notre ville : un nouveau fonctionnaire, le gouverneur général du Dauphiné, y représentait le dauphin qui séjournait rarement dans ses états. Ce grand personnage, qui réunissait entre ses mains les pouvoirs les plus étendus, était assisté, dans tous les actes de son administration, par le Conseil Delphinal qui témoigna dans l'accomplissement de cette haute mission, d'un sens politique profond et d'un dévouement inaltérable aux intérêts de la France. La justice était rendue, en première instance, par un juge de la Cour Commune nommé par les deux seigneurs, et en appel, par le juge mage des appellations et le Conseil Delphinal. L'administration municipale était confiée à quatre consuls assistés d'un conseil dont les membres étaient élus chaque année par le suffrage de tous les habitants.

Fidèles au serment qu'ils prêtaient avant d'entrer en charge, ces magistrats municipaux veillaient avec un soin jaloux à la défense des immunités de la ville et ne laissaient échapper aucune occasion de les accroître. C'est ainsi qu'ils obtinrent, en 1365, de l'empereur Charles IV, avec la confirmation de leurs libertés, le précieux privilège d'être dispensés des droits de péage, par terre et par eau, dans toute l'étendue de l'empire, importante concession qui devait favoriser le développement du commerce grenoblois.

Quelques années plus tard, ce ne furent plus les privilèges de la ville, mais son existence même que les consuls eurent à défendre.

Depuis le déluge de 1219, le Drac, abandonnant son ancien lit, s'était répandu dans les campagnes voisines et, à chaque crue, venait battre les murailles de la ville. En 1377, il déborda avec une telle violence, balayant tout sur son passage et enlevant, aux portes même de Grenoble, le pré de la Trésorerie, que les consuls résolurent de le rejeter dans son lit primitif en lui creusant un canal à Claix, entre les deux rochers de Brion, à l'endroit où est actuellement le pont construit par Lesdiguières. Pour réaliser ce coûteux projet, ils eurent à lutter contre l'hostilité des communes que traversait le nouveau lit du Drac, et qui ne voyaient pas sans effroi l'arrivée de ce dangereux voisin. Par ses lettres datées du 7 août 1378, le roi dauphin Charles V prescrivit au gouverneur de prêter main forte aux habitants de Grenoble et de faire exécuter d'urgence les travaux de canalisation.

En 1424, l'évêque Aymon de Chissé fondait l'hôpital de Grenoble. Ce n'est pas que depuis plusieurs siècles, de généreux bienfaiteurs n'eussent déjà, par de pieuses créations, assuré le soulagement des pauvres : à saint Hugues on devait l'hôpital de la Madeleine, transformé plus tard en prieuré ; les religieux de Saint-Antoine y avaient ouvert une maison hospitalière sur les hauteurs de Chalemont ; enfin, en 1329, Jacques de Die avait fondé l'hôpital Saint-Jacques ; mais tous ces établissements, mal dotés, étaient insuffisants pour recevoir les pauvres qui affluaient à Grenoble. Désireux de porter remède à cette situation dont il avait souvent gémi durant le cours de son long épiscopat, Aymon de Chissé consacra une grande partie de son opulente fortune à la création d'un vaste hôpital destiné à accueillir toutes les misères et à leur offrir temporairement un asile. Cet hôpital, situé dans la rue Chenoise, fut nommé par lui l'Hôtel-Dieu et l'hôpital N.-D.

Un autre hôpital destiné spécialement aux pestiférés fut fondé en 1485 par un gentilhomme de la Chambre du Roi nommé Grace d'Archelles. Pendant la peste qui sévit cette année-là avec une terrible intensité, il n'avait pu voir sans en être touché la misère des pestiférés expulsés de leurs maisons et de la ville et réduits à aller mourir sans secours dans les campagnes voisines. Un legs de 3,000 florins permit au conseiller Rabot, son exécuteur testamentaire, de leur assurer un abri dans une modeste maison nommée l'hôpital de l'Ile parce qu'elle était située à l'est de la ville, dans une sorte de presqu'île formée par une courbe de l'Isère et qui est encore aujourd'hui désignée sous le nom d'Ile-Verte.

En 1453, le dauphin Louis (depuis Louis XI) donna le nom de Parlement de Grenoble au Conseil Delphinal qui, depuis sa création, s'était montré l'auxiliaire le plus actif et le plus dévoué de la politique française en Dauphiné.

L'histoire de Grenoble pendant la fin du XVe et la première moitié du XVIe siècles est surtout marquée par le retour périodique de ces trois fléaux également redoutés de la population : les passages des gens de guerre se rendant en Italie, les débordements de l'Isère et du Drac, et la peste. Les souverains, qui s'arrêtèrent souvent dans notre ville pendant cette période, Charles VIII en 1494, Louis XII en 1502, 1507 et 1511, François 1er en 1516, n'apportèrent aucun soulagement à la profonde misère du peuple.

Toutefois, malgré les charges accablantes que lui imposait la guerre, la ville de Grenoble se montrait animée d'un ardent patriotisme. Dans la lutte centenaire de la France contre les Anglais, elle ne se borna pas à adresser au Ciel d'ardentes prières pour le triomphe du jeune dauphin Charles VII et le succès des armes de la Pucelle, elle fournit à leurs armées d'héroïques soldats qui combattirent glorieusement à Verneuil et à Orléans. De même, pendant les guerres d'Italie, si les échecs provoquaient une très vive émotion, les victoires étaient célébrées par des processions, des feux de joie et des fêtes où se manifestait déjà le goût du peuple grenoblois pour les représentations théâtrales. Les mystères de Saint-Christophe, de la Passion, des Trois-Doms, de Saint-André, qui ont été depuis publiés, confirment les indications de nos registres consulaires sur l'enthousiasme de nos pères pour ces sortes de délassements.

Au commencement du XVIe siècle le corps consulaire de Grenoble était animé d'un esprit de tolérance bien rare à cette époque : le 11 décembre 1517, il refusait de prêter main-forte à l'inquisiteur de la foi envoyé à Grenoble par le légat d'Avignon. Il n'y a donc pas lieu de s'étonner que cette ville ait été l'une des premières à recevoir les doctrines de la Réforme. Dès l'année 1522 le cordelier Pierre de Sébiville et le dominicain Maigret y développaient les plus audacieuses propositions de Luther. Emu du succès de ces prédications, l'évêque de Grenoble, le fougueux Laurent II Alleman, fit emprisonner Sébiville, malgré les protestations du Conseil consulaire, et réussit à lui arracher une rétractation de ses erreurs; mais ni les foudres ecclésiastiques ni les arrêts du Parlement ne purent arrêter les progrès de la nouvelle religion qui compta bientôt de nombreux adeptes dans la ville.

Vers la même époque, Grenoble reçut solennellement dans ses murs le chevalier Bayard, nommé lieutenant-général du Dauphiné. Le vaillant capitaine s'occupa activement des intérêts de la ville, et, détail piquant, lui offrit en 1523 une maison pour y recevoir les filles repenties.

Dès le xie siècle, Grenoble était le centre commercial de la région, et ses marchés et ses foires qui se tenaient sur la place du Breuil, aujourd'hui place Grenette, étaient très fréquentés. En 1528, le gouverneur du Dauphiné lui attribua trois grandes foires d'une durée de cinq à six jours : elles étaient fixées, au 22 janvier (foire de Saint-Vincent) ; au 16 août (foire de N.-D. de la Mi-Août) et au 4 décembre (foire de Sainte-Barbe).

Le 1er août 1552, le comte de Saint-Pol, gouverneur du Dauphiné, cédant aux sollicitations du Conseil consulaire, rétablit l'Université fondée deux siècles auparavant par le dauphin Humbert II, et qui avait cessé de fonctionner depuis de longues années. En attendant qu'on trouvât un local convenable, les cours eurent lieu dans le réfectoire des Cordeliers. Dès lors il y eut entre l'Université de Grenoble et celle que Louis XI avait fondée à Valence en 1452, une vive émulation de célébrité, chacune s'efforçant d'attirer à elle les étudiants par le renom de ses maîtres. Parmi ceux qui illustrèrent l'existence éphémère de l'Université de Grenoble, nous citerons : Mathieu Gribaldi, Jérôme Atheneus, Hector Richerius, Jean de Boissone et enfin Antoine de Govéa. Les guerres de religion arrêtèrent le développement de cette grande école qui fut supprimée en 1565 et réunie à celle de Valence.

Toujours attentif à accroître les priviléges confiés à sa garde, le Conseil consulaire demandait, en 1544, la juridiction en matière de police que possédaient les autres Conseils des bonnes villes de France ; en 1559, il protestait avec énergie contre l'ordonnance royale qui décidait qu'à l'avenir, les Etats du Dauphiné se réuniraient alternativement dans chacune des dix villes capitales du Dauphiné : les Consuls de Grenoble prétendaient que, d'après un ancien usage, ces réunions devaient se tenir exclusivement à Grenoble, où une tour était affectée à la conservation des archives des Etats.

De graves événements se préparaient qui allaient, pendant un demi-siècle, absorber toute l'attention des pouvoirs consulaires. S'il n'entre pas dans le cadre de ce récit sommaire de retracer les sanglantes péripéties des guerres religieuses en Dauphiné, nous devons quelques développements à l'un des épisodes les plus dramatiques de notre histoire locale.

Depuis Sébiville, le protestantisme avait fait à Grenoble de nombreux prosélytes, parmi lesquels on comptait un certain nombre de membres du Parlement. Des réunions et des prêches avaient lieu dans les faubourgs. Le Conseil consulaire le savait et, prévoyant des troubles, en avait averti La Motte-Gondrin, lieutenant-général de la province. Celui-ci n'était que trop disposé à la sévérité : à Valence, où il se trouvait, ses rigueurs impolitiques provoquèrent une émeute dans laquelle il fut assassiné, le 25 avril 1562, par des agents du trop célèbre François de Beaumont, baron des Adrets.

A cette nouvelle, les réformés de Grenoble prirent les armes, s'emparèrent des portes, et, sans tenir compte des tentatives de conciliation du Parlement, pillèrent les églises, brûlèrent les images et installèrent leur prêche dans la chapelle des Cordeliers. Le 11 mai, le baron des Adrets entrait dans la ville, où son premier soin fut de renouveler le corps consulaire et d'interdire l'exercice du culte catholique. La soldatesque qu'il traînait à sa suite acheva le pillage des églises et brûla, sur la place N.-D., avec les chartes de l'évêché, les restes de l'évêque saint Hugues et le Chef de saint Vincent, ancien patron de la Cathédrale.

Le 7 juin, après avoir fait transporter à Valence les plus grosses pièces d'artillerie de la ville, et enlevé les reliquaires des églises pour payer la solde de ses troupes, le baron quitta Grenoble dont il laissa le commandement au capitaine Vieux-Brion. Sept jours après, le lieutenant-général Maugiron, qui avait succédé à La Motte-Gondrin, se présentait devant les remparts avec 1,200 hommes et 200 chevaux: il promettait le libre exercice des deux religions. Les compagnies huguenotes, impuissantes à défendre la place, se retirèrent en bon ordre.

Ce triomphe du parti catholique ne devait pas être de longue durée. Maugiron ne put séjourner à Grenoble que deux jours, et la faible garnison qu'il y laissa à son départ dut se replier à son tour lorsque, après la prise de Saint-Marcellin, des Adrets rentra dans la ville le 26 juin, à la tête de 6,000 hommes. Depuis cette époque jusqu'au traité du 19 mars 1563, Grenoble resta sous la domination des protestants, malgré les efforts tentés pour la reprendre, par Maugiron et ses lieutenants, le sire de Vinay et le baron de Sassenage.

A la suite de l'accord intervenu entre la reine-mère et le prince de Condé, le peuple de Grenoble fut réuni en assemblée générale pour délibérer sur la religion qu'il entendait adopter : d'une voix unanime, tous les assistants déclarèrent qu'ils voulaient rester fidèles au culte réformé, qu'ils répudiaient toute superstition et qu'ils exécraient la messe. Malgré ces dispositions hostiles, le 1ᵉʳ août 1563, sur les instances du maréchal de Vieilleville, commissaire exécuteur de l'édit de paix en Dauphiné, les habitants jurèrent d'observer les édits du Roi et d'oublier toutes inimitiés. A la suite de ce serment, des tentatives de conciliation furent faites : les réformés furent admis aux charges municipales ; on leur donna un maître d'école spécial, et une église leur fut temporairement cédée pour y célébrer leur culte. Mais les divisions reparurent lorsqu'il s'agit de procéder à l'élection des consuls : on ne put s'entendre et le Parlement dut y pourvoir.

La peste qui survint, décimant catholiques et huguenots, ne calma pas l'animosité des deux partis en présence : des rixes presque quotidiennes, qui semaient les rues de cadavres, témoignaient du respect avec lequel était observé l'édit interdisant le port d'armes. En 1565, Bertrand de Gordes succéda à Maugiron destitué : la situation ne fit qu'empirer, les partisans de Maugiron constituant dès lors un troisième parti.

La guerre reprit en 1567 : nous n'en raconterons pas les incidents, mais nous devons signaler dès cette époque une curieuse transformation de l'esprit public dans notre ville. Le Conseil consulaire qui, au commencement du siècle, témoignait de dispositions si libérales en refusant son appui à l'Inquisition, qui avait défendu Sébiville contre les rigueurs de Laurent Alleman, qui plus tard s'était si facilement soumis à la tyrannie du baron des Adrets et avait protesté de son attachement à la Réforme et de sa haine pour le culte romain, ce conseil est à cette date absolument transformé. L'influence catholique y prédomine; les réformés sont traqués et emprisonnés; ceux qui s'approchent de la ville sont menacés de la hart; les passions populaires, surexcitées par les harangues virulentes du prieur des Jacobins et du premier consul Basset, se traduisent chaque jour dans des demandes de proscriptions adressées au lieutenant-général de Gordes.

« Messieurs, disait le premier consul Basset, je vous supplie... éveillons nos esprits, montrons que cette ville est la capitale de la province et que les autres prennent exemple de nos vertus... Nous ne saurions rien entreprendre qui ne soit juste si nous cherchons par tous moyens à confondre nos ennemis; je les dis brigands publics, car nos lois permettent sans autre autorité à un chacun de les tuer impunément; excitons à ce coup... ne tardons plus! »

Ce sera l'éternel honneur du lieutenant-général de Gordes et du Parlement, d'avoir su résister à ces haineuses sollicitations et d'avoir épargné à notre ville les horreurs de la Saint Barthélemy ; et il importe peu de savoir si, en commettant cette glorieuse désobéissance, l'héroïque soldat a cédé à un sentiment naturel d'humanité ou à une secrète sympathie pour les réformés.

Disons toutefois, pour compléter ce tableau de l'esprit public à Grenoble en 1572, que tous les habitants n'étaient pas aussi fanatiques. Un pauvre homme nommé Bernard, surpris sur les remparts au moment où il démolissait une palissade pour faire du feu, répondait à un soldat qui le traitait de religionnaire : « *Je suis de la religion quand il est de besoin et papiste quand je le crois bon.* »

Pendant la période comprise entre la Saint-Barthélemy et la prise de Grenoble par Lesdiguières, la ville reste sur le pied de guerre : ce ne sont que continuelles alertes, visites domiciliaires, conspirations découvertes et impitoyablement réprimées ; le 12 août 1576, la tête de Montbrun tombe sur l'échafaud.

En 1579, la reine-mère Catherine de Médicis se rend à Grenoble pour y conférer avec les chefs protestants et obtenir d'eux le désarmement de leurs troupes et leur soumission à l'édit de Poitiers. Efforts inutiles! Aux deux partis dont les querelles ensanglantaient la province, s'en joint maintenant un troisième qui méconnaît l'autorité du roi. Il ne tarde pas à dominer à Grenoble où il a pour chef d'Albigny. Le lieutenant-général Alfonse d'Ornano est, dès son arrivée dans cette ville, en butte aux hostilités de ces fanatiques qui le soupçonnent de pactiser avec Lesdiguières. Lorsqu'en 1589 on apprend qu'une trêve a été conclue entre eux, les ligueurs envahissent la demeure du lieutenant-général qui est obligé de s'enfuir.

L'assassinat d'Henri III, le 1er août 1589, simplifia la situation : les royalistes, représentés par d'Ornano, s'unirent à Lesdiguières, chef du parti protestant, pour conserver la province au nouveau roi Henri IV. C'était déclarer la guerre à la ville de Grenoble qui entretenait une active correspondance avec Mayenne.

Le 8 novembre, le cardinal Cajétan faisait remettre au Conseil consulaire une bulle du Pape dissuadant les catholiques de s'unir aux réformés et les encourageant à la résistance. En même temps, le duc de Savoie lui offrait des secours, à condition qu'il voulût bien reconnaître ses droits à la couronne de France : le Conseil accepta les secours, mais déclara réserver son adhésion au roi qui serait élu par les Etats-Généraux.

Toutes les tentatives de conciliation faites par le Parlement ayant échoué, Lesdiguières se décida à avoir recours aux armes. Dans la nuit du 24 au 25 novembre 1590, il emporta la rive droite de l'Isère : après d'assez longs pourparlers, le Conseil dut accepter les clauses de la capitulation qui lui étaient dictées, et le 22 décembre, Lesdiguières entrait en vainqueur dans la ville.

Cet événement termine pour Grenoble la longue période des guerres religieuses. Grâce à la bienveillante protection de Lesdiguières, qui devint bientôt le maître incontesté de la province, la ville se recueille et panse ses plaies. En 1592, Guillaume Verdier rétablit l'imprimerie qu'Etienne Foret y avait introduite en 1490, et qui, après avoir brillé d'un certain éclat pendant les premières années du XVIe siècle, en avait été chassée depuis 50 ans par la peste et la guerre civile.

Lorsque le traité de Lyon permit à Lesdiguières de remettre pour quelque temps sa vaillante épée au fourreau, il s'occupa de réorganiser l'administration qui, depuis le commencement des troubles, était dans le plus grand désordre. En même temps, il faisait tracer des routes, endiguait le Drac auquel il réunissait le Draquet. construisait le pont de Claix, plaçait au dessus du Rabot une forteresse imprenable, la Bastille, et confiait à Alexandre Calignon la mission de tracer une nouvelle ligne de remparts qui doublait l'ancienne enceinte romaine dans laquelle la ville étouffait depuis douze siècles. Malheureusement, sa mort, arrivée en 1626, empêcha l'exécution de ce dernier projet qui, repris en 1636 par le maréchal de Créqui, abandonné de nouveau, fut enfin définitivement réalisé en 1670, et régularisé, en 1692, par Vauban qui, dans un mémoire daté de l'année 1700, reconnaissait déjà l'insuffisance de la nouvelle enceinte et indiquait comme nécessaire l'agrandissement qui fut pratiqué en 1832.

En 1627, le maréchal de Créqui, gendre de Lesdiguières, posait la première pierre d'un vaste bâtiment destiné à remplacer les anciens hôpitaux devenus insuffisants : plusieurs fois interrompus, les travaux étaient terminés en 1650.

Ces lenteurs et ces interruptions trouvent leur excuse dans la situation déplorable des finances de la ville que la peste, les inondations, la guerre civile avaient épuisées. Des divisions profondes entre les trois ordres, relativement à la répartition de l'impôt, divisions qui se traduisirent par le long et complexe procès des tailles, retardaient indéfiniment l'exécution des grands travaux publics conçus par Lesdiguières. Dans cette lutte mémorable entre les privilégiés et le Tiers-Etat, la victoire resta à ce dernier : un arrêt du 31 mai 1634 déclarait les tailles réelles en Dauphiné. Victoire chèrement payée, les Etats généraux du Dauphiné étaient supprimés !

Avec la suppression des Etats apparaît à Grenoble un fonctionnaire nouveau, l'intendant, puissant agent de centralisation, qui, réunissant entre ses mains les attributions les plus étendues, va rendre presque exclusivement honorifiques les fonctions du gouverneur. C'est grâce à l'appui de ces intelligents administrateurs, parmi lesquels il convient de citer les noms de Bouchu, d'Angervilliers, de Fontanieu et de Pajot de Marcheval, que l'ordre put être rétabli dans les finances de la ville qui sortit enfin des embarras qui depuis deux siècles paralysaient son développement.

A cette même époque, la Chambre des Comptes qui, depuis sa création, était unie au Parlement de Grenoble, en fut séparée par un édit de mars 1628 et réglée à l'instar de la Chambre des Comptes de Paris. Par le même édit, les Trésoriers du Dauphiné furent aussi démembrés du Parlement et constitués en corps spécial sous le nom de Bureau des Finances.

Nous avons dit avec quels regrets les consuls de Grenoble avaient accueilli l'ordonnance royale qui, en 1565, leur enlevait leur Université pour la réunir à celle de Valence; ces regrets se traduisirent d'abord par des protestations, puis par des demandes de rétablissement dont tous les registres de délibérations consulaires du xviie et du xviiie siècles nous ont conservé l'écho. Sans doute ces revendications étaient dictées par le légitime désir d'accroître la prospérité matérielle de la ville, mais il serait injuste de ne pas y voir la manifestation d'une profonde sympathie pour l'instruction publique. Et en effet si nous feuilletons nos vieux livres de comptes, nous y voyons que, dès le milieu du xive siècle, il y avait à Grenoble une école de grammaire dont les maîtres étaient exempts des charges locales, et que, pendant les périodes troublées dont nous avons présenté le triste tableau, la guerre, la peste et la famine ne réussissaient pas à faire oublier aux consuls qu'ils avaient le devoir d'assurer aux enfants de la ville « le bienfait inestimable du savoir ». Aucun sacrifice ne leur semblait trop onéreux pour se procurer des maîtres instruits et dévoués qu'ils allaient chercher jusqu'à Paris, et auxquels ils ne confiaient la direction des écoles qu'après les avoir soumis à l'épreuve d'un examen public. Non contents de subvenir aux frais de l'enseignement, ils en rédigeaient les programmes et, par de fréquentes visites, en surveillaient l'application. Lorsque le maître se relâchait de son zèle, ou oubliait la dignité de sa profession, il était admonesté avec sévérité, et, en cas de récidive, impitoyablement congédié.

Dans le but d'assurer la prospérité de l'école municipale, le Conseil interdisait absolument l'ouverture de toute autre école publique. Toutefois, ce monopole n'empêchait pas qu'il n'y eût à Grenoble un certain nombre de pédagogues particuliers que les riches familles parlementaires entretenaient dans leurs hôtels pour l'éducation de leurs enfants. Etaient également autorisées les écoles de jeunes clercs fondées en 1574, dans chacune des églises N.-D. et St-André, par une disposition testamentaire de François de Saint-Marcel d'Avançon, évêque de Grenoble.

Au commencement du xviie siècle, dans la plupart des villes du Dauphiné, ces écoles secondaires furent transformées en collèges, et placées sous la direction d'une communauté religieuse. A Grenoble, ce furent les Dominicains qui prirent l'initiative de cette réorganisation : en 1606, ils soumirent au Conseil le programme d'un collège comprenant trois classes, la grammaire, les humanités et la rhétorique. Le Conseil accepta cette proposition et promit une subvention annuelle de 600 livres, à condition que les cours seraient gratuits. En 1635, une généreuse fondation permit d'y annexer une classe de philosophie.

Le collège prospérait lorsque les Jésuites vinrent se fixer à Grenoble et manifestèrent l'intention de fonder un établissement semblable. Les Jacobins résistèrent d'abord, puis finirent par transiger avec leurs puissants rivaux qui prirent la direction du collège et ne leur laissèrent que le cours de philosophie.

Habilement dirigé par de savants maîtres, le collège acquit bientôt une telle réputation, que le roi Louis XIV s'en déclara le fondateur et lui constitua une importante dotation. Dès 1650, les Jésuites avaient fait construire les vastes bâtiments où est actuellement installé notre lycée; quelques années plus tard, grâce à de généreux donateurs, parmi lesquels figure le P. La Chaise, ils achevaient la chapelle dont la façade monumentale, qui coûta plus de 18,000 livres, fut exécutée d'après les plans et sous la direction d'un architecte jésuite, le P. Louis Hoste.

En 1763, après la suppression des Jésuites, la direction du collège fut confiée à des prêtres séculiers qui le laissèrent péricliter jusqu'en 1786, époque où ils furent remplacés par les Joséphistes qui le gardèrent jusqu'à la Révolution.

Pendant le cours du xviie siècle, un grand nombre de communautés religieuses s'établirent à Grenoble. C'est ainsi qu'on vit successivement s'élever les couvents des Récollets en 1608, des Capucins en 1610, des Minimes en 1613, des Augustins Réformés en 1623, des Carmes en 1644. En 1707, les Frères de la Doctrine Chrétienne étaient chargés de la direction des écoles primaires de la ville.

Plus nombreux encore étaient les monastères de femmes, parmi lesquels nous citerons : les Ursulines (1606), les Visitandines fondées en 1618 par saint François de Sales et Madame de Chantal, à la suite d'une mission prêchée à Grenoble par l'évêque de Genève ; les Bernardines (1624), les Religieuses du Verbe Incarné, les Carmélites, les Sœurs de la Miséricorde, etc.

Enfin, en 1671, un éminent évêque de Grenoble, Etienne Le Camus, avait fait construire un grand séminaire sur l'emplacement de l'ancien temple des Réformés, et en avait confié la direction aux prêtres de l'Oratoire.

A la place du temple bâti en 1592, et qu'ils avaient été contraints de démolir parce que l'agrandissement de la ville l'avait, contrairement à la loi, enfermé dans l'enceinte des remparts, les réformés en construisirent un autre en dehors de la porte Très-Cloître. Ils ne devaient pas en jouir longtemps. En 1685, la révocation de l'édit de Nantes chassait du Dauphiné 10,000 protestants ; presque aussitôt, des ordres précis de Louvois prescrivaient la destruction du nouveau temple et l'envoi, à Grenoble, des dragons convertisseurs, malgré les sages remontrances du cardinal Le Camus qui réussit à faire congédier ces missionnaires compromettants.

Nous ne parlerions pas des inondations qui, pendant les XVIIe et XVIIIe siècles, revinrent tous les dix ans épouvanter la ville et ses environs, si nous n'y trouvions l'occasion de rappeler que le désastre de 1733 a inspiré un poème patois devenu célèbre sous le nom de *Grenoblo Malhérou*, et qui est l'œuvre d'un épicier-poète de notre ville nommé Blanc la Goutte. Nous croyons intéressant d'en citer ici quelques vers qui pourront donner une idée de cette épopée tragi-comique où l'inspiration poétique est très faible, mais où l'on peut trouver des tableaux pittoresques et d'ingénieuses images.

Quan ben ne vou chaut ren de le gen de ma sorta,
Je voudrin ben povei fare uvri voutra porta,
Intra chieu vo, monsieur, vo leva mon chapet,
Vo rendre mou devei, vo-z-uffri mon respect,
Mai d'avei ce l'honnou l'esperanci s'envole,
Je seu tout rebuti, la goutta me désole,
Je ne poei plu marchié, décindre ni monta,
A pompo-lorion je me foei charrunta;
A pena din le man poei-je teni mon livro,
Je n'ai plu que lou-z-yeux et quatro deigt de libro
Je seu sans apeti, je ne poei ren dormi,
Enfin jamais gouttou ne soffrit tant que mi;
Maugra tant de chagrin, quan je seu las de lire,
Quoque fei per hasard je me meilo d'écrire,
J'estropio quoque vers, je foe quoque chanson
Que n'on, le plus sovin, ni rima ni raison,
Et qu'amuzon pas moins le jouëne ricandelle
Que voudrion toujours vei de babiole novelle.
Grossié! me diri-vo, faudrit parla françois;
Y' ne me revint pas si ben que lo patois;
Quand à me délassié ma museta m'invite,
Je metto per écrit ce que la folla dicte,
N'attendant de celei ni profit ni renom,
Passant mou tristou-z-an, j'instruirai mou nevon.

Veiquia ce que ma fa barboulie prou d'ouvrageo
Sans crainte qu'on blamei mon barbaro langageo.
Ore je parlarai tant de l'inondation
Que du-z-autro sujet que causon l'affliction.

L'histoire de Grenoble pendant la seconde moitié du xviiie siècle se résume dans la lutte soutenue contre l'arbitraire du pouvoir royal par le Parlement qui, depuis la suppression des Etats, se considérait comme le défenseur naturel des libertés de la province. En exposant les phases de cette lutte, nous aurons expliqué les origines et les causes de la Révolution en Dauphiné.

Le premier incident est l'affaire Dumesnil. En 1763, le Parlement ayant refusé d'enregistrer deux édits par lesquels le roi, au mépris de ses engagements et pour satisfaire l'insatiable avidité des traitants, prorogeait pour six ans le second vingtième qui, d'après l'édit de 1760, devait finir à la paix, le lieutenant-général Dumesnil, ne pouvant triompher de cette résistance, dut procéder en personne à un enregistrement « *manu militari* ». Comme les vacances commençaient le lendemain, le Parlement ne put protester; mais des avis secrets transmis à chacun de ses membres les invitèrent à assister à la première audience des vacations où de solennelles remontrances seraient adressées au roi. Averti de ce qui se préparait, le lieutenant-général fit garder les abords du palais et ne laissa pénétrer que les membres de la Chambre des vacations. Celle-ci, irritée de voir ses projets déjoués, rendit un arrêt qui décrétait de prise de corps le lieutenant-général pour avoir entravé l'exercice de la justice. En même temps, elle faisait circuler dans la ville des protestations indignées contre la violence dont le Parlement avait été victime, et provoquait ainsi parmi le peuple une vive émotion qui se traduisit par des pamphlets, des placards séditieux et des chansons satiriques contre le lieutenant-général. Ni l'ordonnance royale prescrivant de raturer l'arrêt de prise de corps, ni le blâme infligé aux conseillers successivement mandés à la Cour, ni les lettres de cachet ne purent vaincre l'opiniâtre résistance du Parlement : la mort seule de Dumesnil, arrivée au commencement de 1764, mit fin à la querelle.

En 1771, le Parlement de Grenoble fut

supprimé par suite des réformes opérées par le chancelier Maupeon et remplacé par une cour de justice; à son retour, en 1775, il fut accueilli par les acclamations enthousiastes de la population de la ville.

Cette popularité, le Parlement faillit la perdre quelques années après en s'opposant à l'établissement de l'Assemblée provinciale. Depuis le commencement du siècle, le Dauphiné réclamait instamment le rétablissement de ses Etats supprimés depuis 1628. La Cour, en refusant d'abandonner cette conquête du pouvoir personnel, avait consenti en 1779 à accorder une assemblée provinciale destinée à contrebalancer l'influence omnipotente de l'intendant. La retraite de Necker, auquel on devait cette conception libérale, fit abandonner ce projet dont l'application rencontrait déjà des difficultés. Repris en 1787, il fut accueilli en Dauphiné avec enthousiasme ; seuls le Parlement et la Chambre des Comptes firent des réserves. Toutefois, l'assemblée se réunit le 1er octobre 1787 dans l'Hôtel-de-ville de Grenoble sous la présidence de Lefranc de Pompignan, archevêque de Vienne, et nomma les membres de la commission intermédiaire. Là s'arrêta son rôle: les entraves apportées par le Parlement à son fonctionnement régulier l'ayant empêchée de se réunir une seconde fois. Cette opposition fut diversement jugée et donna naissance à ce que M. Champollion appelle « *l'émeute pacifique des brochures* ».

L'année suivante, ce ne fut plus la platonique opposition des publicistes qui répondit aux violences des agents du pouvoir royal, ce fut le peuple en armes : à l'émeute des brochures succéda la journée des tuiles.

Le 10 mai 1788, le comte de Clermont-Tonnerre, lieutenant-général de la province, et l'intendant Caze de la Bove faisaient procéder militairement à l'enregistrement des édits qui suspendaient les parlements en leur enlevant le droit de vérification, source de leur autorité. En même temps, les magistrats recevaient l'ordre de quitter le palais dont les portes étaient définitivement fermées. Cette exécution produisit dans la ville une grande fermentation qui s'accrut encore lorsqu'on répandit parmi le peuple les protestations indignées du Parlement secrètement réuni et les doléances du Conseil général qui déclarait hautement que la suppression du Parlement, c'était la ruine de la ville.

L'émeute éclata le 7 juin, à la nouvelle que tous les membres du Parlement étaient exilés. Aussitôt les boutiques se ferment, des groupes tumultueux parcourent les rues et entourent les maisons des conseillers pour les empêcher de partir. Devant l'hôtel du premier président la foule s'entr'ouvre respectueusement pour laisser passer le corps des avocats et des procureurs qui, revêtus de leur robe de palais, viennent témoigner de leur sympathie pour cette antique magistrature qui disparaît. Au moment où M. de Bérulle, premier président, sort de son logis pour monter en voiture, il est arrêté par le peuple qui dételle ses chevaux. En même temps le tocsin sonne et les paysans des campagnes voisines arrivent armés de haches et de pioches; trouvant la porte fermée, ils enfoncent une poterne et se mêlent aux émeutiers de la ville; puis tous ensemble se ruent sur l'hôtel du duc de Clermont-Tonnerre. Les portes sont enfoncées et les appartements envahis. C'est en vain que les troupes essayent de repousser la foule : des pierres et des tuiles lancées du haut des toits mettent le désordre dans les rangs. Se sentant débordé et craignant de plus graves évènements le duc de Clermont-Tonnerre écrit au premier président qu'il peut suspendre son départ et autoriser ses collègues à en faire autant. M. de Bérulle fait lire publiquement la lettre du lieutenant-général ; mais la victoire a rendu le peuple exigeant : il veut que le Parlement soit réinstallé dans le Palais de Justice dont il a été brutalement chassé. Le premier président le comprend : par ses ordres les conseillers se réunissent à son hôtel après avoir quitté leurs habits de voyage pour revêtir la robe d'hermine ; puis tous ensemble, escortés d'un concours immense de population, se rendent au palais dont le lieutenant-général a dû livrer les clefs. Lorsque les magistrats ont repris leurs sièges, le premier président prononce une courte harangue dans laquelle il invite ses concitoyens à rentrer dans leurs demeures, confiants dans la justice du Roi et la fermeté patriotique du Parlement pour la défense de leurs droits. Ces paroles sont accueillies par des acclamations et la foule s'écoule paisiblement.

Dans la nuit du 12 au 13 juin tous les membres du Parlement quittèrent la ville et le marquis de Marcieu, gouverneur de Grenoble, écrivit au premier ministre : « L'ordre paraît rétabli. »

Il n'en était rien : de nombreuses assemblées avaient lieu, où l'on se communiquait un mémoire intitulé « *L'esprit des lois enregistrées militairement* », œuvre d'une rare vigueur due à la plume d'un jeune patriote dauphinois dont le nom sera bientôt célèbre, l'avocat Barnave.

Le 14 juin, une assemblée des notables des Trois-Ordres convoqués à l'Hôtel de Ville protestait contre les édits et émettait le vœu que les Etats-Généraux du Royaume fussent convoqués pour remédier aux maux de la nation et, qu'en attendant, S. M. permit la réunion des Etats particuliers de la province, en y appelant des représentants du Tiers-Etat en nombre égal à celui des membres du clergé et de la noblesse. En même temps l'assemblée invitait les Trois-Ordres des villes et bourgs du Dauphiné à envoyer des députés à Grenoble pour délibérer ultérieurement sur les droits et intérêts communs.

Cet appel fut entendu : mais le maréchal

de Vaux, successeur du duc de Clermont-Tonnerre, ayant interdit toute assemblée à Grenoble, les députés durent se réunir le 21 juillet au château de Vizille sous la présidence du comte de Morges; Joseph Mounier, juge royal de Grenoble, fut nommé secrétaire par acclamation.

Après une assez longue discussion, l'assemblée adopta d'un vote unanime un projet de résolutions dont nous reproduisons les dispositions principales :

« Les trois ordres protestant contre les « nouveaux édits enregistrés militaire-« ment le 10 mai dernier au Parlement de « Grenoble, déclarent qu'ils ne peuvent « lier leur obéissance parce que leur enre-« gistrement est illégal et qu'il renverse « la constitution du Royaume;

« De très respectueuses représentations « seront adressées à S. M. pour la supplier « de retirer les nouveaux édits, de rétablir « le Parlement de Dauphiné et les autres « tribunaux dans toutes les fonctions qui « leur étaient auparavant attribuées, de « convoquer les Etats-Généraux du « Royaume, de convoquer aussi les Etats « particuliers de la province ;

« Les trois ordres tiennent pour infâmes
« et traîtres à la patrie tous ceux qui ont
« accepté ou qui pourraient accepter à
« l'avenir des fonctions en exécution des
« nouveaux édits ;

« Les trois ordres de la Province, em-
« pressés de donner à tous les Français
« un exemple d'union et d'attachement à
« la monarchie, prêts à tous les sacrifices
« que pourraient exiger la sûreté et la
« gloire du trône, n'octroieront les impôts
« par dons gratuits ou autrement que
« lorsque leurs représentants en auront
« délibéré dans les Etats-Généraux du
« Royaume ;

« Dans les Etats de la province, les
« députés du Tiers-Etat seront en nombre
« égal à ceux des deux premiers ordres
« réunis, toutes les places y seront élec-
« tives et les corvées seront remplacées
« par une imposition sur les trois ordres
« conformément à la transaction de 1554.

« Les trois ordres du Dauphiné ne sépa-
« reront jamais leur cause de celle des
« autres provinces et en soutenant leurs
« droits particuliers ils n'abandonneront
« pas ceux de la nation. »

Après cette imposante manifestation, le

ministère comprit que la lutte devenait impossible et dangereuse, et il convoqua pour le 29 août à Romans une assemblée composée de 180 députés dont 30 du clergé, 60 de la noblesse et 90 du Tiers-Etat.

C'est pendant les délibérations de cette assemblée à laquelle il avait pris une part active que l'évêque de Grenoble Hay de Bonteville, poussé par un accès de mélancolie encore inexpliqué, se brûla la cervelle dans son chateau d'Herbeys près Grenoble le 6 octobre 1788.

Le 20 octobre le Parlement, rétabli dans ses fonctions, faisait sa rentrée solennelle au milieu des acclamations populaires ; le 1er décembre, après un silence de cent cinquante ans les Etats du Dauphiné reprenaient leurs séances à Romans ; enfin le roi s'était décidé à convoquer pour l'année suivante les Etats-Généraux du Royaume: les remontrances de l'assemblée de Vizille avaient été entendues.

Le 2 janvier 1789, les Etats de Romans nommèrent les députés de la province aux Etats-Généraux : parmi les élus figuraient Joseph Mounier et Barnave.

Le 4 mars 1790 un décret divisait le Dauphiné en trois départements et l'ancienne capitale de la province n'était plus que le chef-lieu du département de l'Isère.

Pendant la grande époque révolutionnaire, la population de Grenoble, qui avait témoigné en 1788 d'une juvénile ardeur pour la défense de ses libertés, dut à l'honnêteté et à la modération des hommes qui la dirigeaient, et peut-être aussi à l'absence de toute opposition de rester à égale distance de la réaction et du terrorisme. Aucun meurtre politique ne souilla ses rues. L'émotion produite par les journées honteuses des 31 mai et 2 juin 1793 y provoqua une tentative de fédéralisme qui échoua heureusement parce qu'elle aboutissait fatalement à la guerre civile et au démembrement de la France.

Si des listes de suspects furent dressées, si les couvents de Sainte-Marie d'en Haut et de l'Oratoire furent transformés en prisons, si notre place Grenette vit tomber les têtes de deux prêtres, ces mesures révolutionnaires doivent être attribuées à l'influence des représentants du peuple Amar, Merlino Gauthier, Albitte, Dubois-Crancé et Petit-Jean qui prétendaient ainsi secouer l'indifférence d'une population suspecte de modérantisme.

En 1799, le pape Pie VI passait à Grenoble en se rendant à Valence où il devait mourir. Dix ans plus tard, son successeur le pape Pie VII, enlevé de son palais épiscopal par le général Radet, séjournait quelque temps à la préfecture de l'Isère avant de reprendre le chemin de Savone où il devait rester en exil jusqu'à la chute de l'empire.

Le 5 avril 1800 était installé le premier préfet du département de l'Isère, Joseph-Xavier Ricard, ancien député de la Provence aux Etats Généraux : il mourut à Grenoble le 1er février 1802 et fut remplacé par Joseph Fourier, ancien oratorien, professeur à l'Ecole polytechnique et depuis secrétaire perpétuel de l'Académie des sciences et membre de l'Académie française.

Le 15 octobre 1800, Charles Renaudon, ancien avocat au Parlement, était nommé maire de la ville. L'histoire de Grenoble pendant le premier empire est celle de l'administration de cet excellent magistrat auquel on doit la création des soupes économiques pour les malheureux, l'installation de la Halle aux blés dans l'ancienne chapelle des Dominicains, la plantation de l'esplanade de la Porte de France et enfin l'organisation des sociétés de secours mutuels qui ont pris depuis dans notre ville un si grand et si utile développement.

Lorsque vint pour l'empire la période des revers, il fut évident que le Dauphiné allait être envahi. En effet, au mois de janvier 1814, on apprenait à Grenoble que le général autrichien, comte de Bübna, s'était emparé de Genève et menaçait la Savoie et le Dauphiné. D'autre part, immédiatement après la prise de Lyon, une armée autrichienne de vingt mille hommes, commandée par le général de Hardeck, se dirigeait sur Grenoble.

Menacée de deux côtés, la ville se prépara à la résistance, confiante dans la valeur et l'habileté des généraux Marchand et Desaix auxquels était confiée la défense des départements de l'Isère et de la Savoie.

Malgré l'héroïque résistance des gardes nationales mobiles à Chirens et à Voreppe, les Autrichiens gagnaient du terrain et Grenoble allait être assiégé, lorsque l'on apprit que les alliés étaient entrés dans Paris et que le Sénat avait proclamé la déchéance de l'Empereur. Le 14 avril, le Conseil municipal de Grenoble donnait son adhésion au gouvernement provisoire et le 19 les troupes alliées entraient dans la ville : elles en sortirent le 28 mai après une occupation de trente-huit jours.

Si les fonctionnaires se hâtèrent de s'incliner devant le soleil levant, le peuple ne vit pas sans répugnance le drapeau blanc flotter à l'Hôtel-de-ville et les vieilles cocardes tricolores furent conservées avec un soin religieux.

Elles ne devaient pas tarder à reparaître au soleil. Le 5 mars 1815 le bruit se répandait à Grenoble que Napoléon avait débarqué au golfe Juan et qu'accompagné de sa vieille garde, il s'était dirigé vers les Hautes-Alpes. Le 7, sur les sept heures et demie du soir, l'avant-garde impériale se présentait devant la porte de Bonne et, quelques instants après, arrivait l'empereur escorté par les paysans des environs qui portaient des torches de paille allumées et jetaient aux échos les cris mille fois répétés de « Vive l'Empereur ! »

Napoléon séjourna deux jours dans la ville au milieu d'un enthousiasme indescriptible et en repartit le 9 mai pour marcher sur Lyon.

Ces beaux jours ne devaient pas tarder à

avoir un triste lendemain. Le 26 juin 1815, des proclamations placardées sur les murs de la ville apprenaient aux habitants le désastre de Waterloo. Si elle attrista le patriotisme des Grenoblois, cette nouvelle n'affaiblit pas leur courage. Et pourtant c'était chose difficile de soutenir un siège dans une place dont les remparts tombaient en ruines. Le maréchal de camp Motte-Robert requit le 3 juillet six cents ouvriers pour faire les travaux de terrassement les plus urgents. En même temps le maire invitait ses concitoyens à se présenter à la mairie où on leur fournirait des armes.

Le 5 juillet une division austro-sarde de 4 à 5000 hommes, sous le commandement du général autrichien Latour, arrivait à la Galochère à quatre kilomètres de Grenoble et tirait quelques coups de canon sur nos troupes portées à l'entrée du faubourg Très-Cloître. Le lendemain 6, pendant la nuit, le général, guidé par des transfuges royalistes qui avaient quitté la ville, entreprit un mouvement tournant qui l'amena par Saint-Martin-d'Hère, Poisat et la route d'Eybens jusqu'au lieu dit le Bois-Roland, sur l'emplacement actuel du Jardin des Plantes; de là il se dirigea sur la porte Très-Cloître et il allait y entrer sans l'énergique intervention d'un vieux soldat de l'armée de Sambre et Meuse, le capitaine Joseph Debelle, qui, postant deux canons sur le pont du Verderet et pointant lui-même ses pièces, tira à mitraille sur le gros des assaillants qui ne se trouvaient plus qu'à une portée de pistolet. Cet acte héroïque permit aux gardes nationaux d'arriver à temps et d'engager contre les ennemis une fusillade meurtrière. Irrité d'une résistance à laquelle il ne s'attendait pas, le général Latour fit lancer sur la ville un grand nombre d'obus dans le but d'effrayer les habitants et de les amener à une capitulation.

Le patriotisme des Grenoblois déjoua ce calcul. La lutte continua pendant trois heures, et ce fut le général ennemi qui dut, à dix heures du matin, demander un armistice de trois jours pour enterrer ses morts : il avait perdu près de cinq cents hommes. Le général Motte-Robert y consentit.

Dès qu'on eut cessé les hostilités, une détente se fit dans les esprits des assiégés, et un courant d'opinion se manifesta en faveur de la paix. Le général dut céder, et le 9 juillet, après une capitulation qui stipulait pour la garnison les conditions les plus honorables, l'armée austro-sarde entrait à Grenoble à quatre heures du soir.

Cette capitulation fut, du reste, violée avec une mauvaise foi insigne, et les habitants furent soumis à des humiliations dont M. Albin Gras nous a conservé le pénible souvenir.

Le 12 juillet, on apprenait le retour du roi Louis XVIII, et le drapeau blanc était de nouveau arboré à l'Hôtel-de-Ville.

Le 21 novembre, le duc d'Angoulême vint visiter Grenoble : il parut satisfait de l'accueil qui lui fut fait et promit de s'intéresser à la ville, que sa conduite en mars avait rendue suspecte.

Après cinq mois d'occupation, les troupes étrangères quittèrent la ville au commencement de décembre : leur séjour avait coûté près de dix millions au département.

Le 14 décembre, le général Donadieu, nommé commandant de la 7ᵉ division militaire, arrivait à Grenoble où il devait conquérir l'année suivante une si triste célébrité.

Dans la nuit du 4 au 5 mai 1816, des bandes armées composées de soldats licenciés, d'officiers en demi-solde et de paysans partaient du Bourg-d'Oisans, de la Mure et de Vizille et marchaient sur Grenoble, tambour battant, aux cris de « Vive l'Empereur ! ». Ce soulèvement avait été provoqué par un agitateur, nommé Paul Didier, dont le but n'est pas encore aujourd'hui absolument connu. Prévenu à temps, le général Donadieu lança contre les insurgés la Légion de l'Isère, qui vint facilement à bout de ces bandes mal armées et en désordre. Didier, qui s'était réfugié dans un village de la Savoie, fut livré par deux misérables, séduits par une prime de 20,000 francs promise par le gouvernement. Traduit devant la Cour prévôtale, il fut condamné à mort et exécuté sur la place Grenette ainsi que vingt-quatre de ses complices. La férocité de cette répression souleva d'ardentes polémiques qui, vingt-cinq ans après, passionnaient encore les esprits.

Le gouvernement de la Restauration se montra peu favorable à notre ville, peut-être pour la punir d'avoir, la première, ouvert ses portes à Napoléon : en 1815 on lui enleva l'Ecole d'artillerie et la Faculté des lettres et, à la suite d'une nouvelle émeute qui eut lieu le 19 mars 1821, on supprima l'école de droit, qui ne fut rétablie qu'après la mort de Louis XVIII.

L'héroïque résistance de la population de Grenoble en 1814 et 1815 appela l'attention des pouvoirs publics sur la situation de cette ville dont les traités de 1815 avaient fait une place frontière. En 1820, le commandant Tournadre fit édifier sur les flancs du mont Rachais une ligne de fortifications dont le tracé avait été indiqué par Vauban. En 1832 une nouvelle enceinte de murailles remplaçait celle de Lesdiguières et enfermait dans la ville les faubourgs de Très-Cloître et de Saint-Joseph.

La population grenobloise ne paraît pas avoir accueilli avec un grand enthousiasme le régime politique que la révolution de 1830 substitua à la monarchie des Bourbons. C'est du moins ce que semble prouver un curieux incident dont nous devons dire quelques mots.

Le premier dimanche de carême de

l'année 1832, sur les deux heures de l'après-midi, les Grenoblois en promenade étaient mis en liesse par une bande de masques qui paraissent avoir cherché à reproduire l'une de ces nombreuses caricatures politiques dans lesquelles les journalistes de l'opposition résumaient spirituellement leurs griefs contre le gouvernement de juillet.

Deux anglais à cheval ouvraient la marche : venaient ensuite deux masques en costume d'officiers généraux : l'un était armé d'un cierge et l'autre d'une énorme seringue. Après eux, on voyait une calèche traînée par quatre chevaux. Un personnage vêtu de noir tenait les rênes ; lui-même était mené en laisse au moyen d'un ruban tricolore, par l'un des anglais qui précédaient la voiture. Dans l'intérieur de cette voiture étaient quatre autres masques dont deux se faisaient remarquer par des costumes singuliers. L'un était revêtu de la robe rouge et de la toque de nos magistrats et l'autre, couvert d'une soutane et d'un chapeau à la Basile, se distinguait encore par deux longues oreilles d'âne. Enfin la place du laquais était occupée par un personnage habillé en paillasse, et ayant une coiffure en forme de poire.

Une seconde voiture à deux chevaux était conduite par un masque en habit ecclésiastique. Le fond était occupé par un être monstrueux et d'une dimension exagérée ; sa figure bouffie et rubiconde annonçait néanmoins un air de prospérité remarquable. Sur les deux places de devant étaient assis deux petits personnages revêtus d'un sac de toile grise et portant écrits sur leurs bonnets de papier ces mots : « Crédits supplémentaires ».

La marche du cortège était fermée par deux cavaliers dont l'un était en uniforme de polonais, avec un crêpe au bras et l'autre était un garde national « *emblousé* »

De temps en temps on s'arrêtait ; alors, le conducteur de la calèche à quatre chevaux, qui paraissait être le personnage le plus important, disait : « Messieurs, nous allons délibérer, debout ! » et tout le monde se levait. « *Assis !* » et tout le monde se rasseyait. Puis, se tournant vers le paillasse, il ajoutait : « Encore une victoire remportée ! » et Paillasse remuait la tête en signe d'approbation ; d'autres fois il s'écriait : « Vous aurez tous des croix ! » (1).

Lorsque la bande joyeuse après une longue promenade autour de l'Esplanade se présenta devant la porte de France, le poste militaire lui en interdit l'entrée. Une discussion s'engage, des lazzis sont échangés : « Mes amis, s'écrie le conducteur de la voiture, voici encore une occasion de sauver la France ! » L'autorité municipale, avertie de cet incident, intervient heureusement et fait ouvrir la porte.

Le soir un grand bal masqué devait avoir lieu au théâtre. Le préfet, M. Maurice Duval, craignant de nouveaux exploits de la mascarade, fit interdire le bal. La jeunesse, irritée de se voir privée du plaisir qu'elle s'était promis, complota de se venger. Le lendemain, 12 mars, sur les huit heures du soir, une foule nombreuse composée de jeunes gens, de femmes et d'enfants se réunissait dans la cour de la Préfecture et la rue du Quai et donnait au préfet le régal d'un charivari assourdissant. Une patrouille qui survient fait éva-

---

(1) Cette description est empruntée au factum intitulé : *Trois journées de Grenoble*. — Grenoble, imp. Viallet.

cuer la cour de la Préfecture et fermer les portes. Comme le tapage continue dans la rue, un agent de police appréhende au collet l'un des manifestants et le conduit au poste; mais loin de l'effrayer, cette arrestation exaspère le peuple qui réclame à grands cris l'élargissement du prisonnier.

Pendant ce temps le préfet avait fait prévenir l'autorité militaire et un peloton de grenadiers arrivait au pas de charge. A cette vue la panique saisit la foule qui cherche à s'échapper par l'autre issue de la rue; mais là encore, elle se heurte à une seconde compagnie du 35ᵉ de ligne qui reçoit les fuyards à la pointe de la baïonnette. C'est alors une indescriptible bagarre dans laquelle des femmes et des enfants sont blessés.

Cet acte de brutalité contre une foule sans défense provoqua dans la ville une violente irritation contre le 35ᵉ de ligne et contre son protégé le préfet Maurice Duval qui dut chercher un refuge dans la caserne de ce régiment. Grâce à la modération et au sang-froid de la municipalité, on put éviter de plus graves évènements : après trois jours de pourparlers avec l'autorité militaire, le 35ᵉ quitta la ville où il fut remplacé par le 6ᵉ régiment de ligne.

Parmi les maires de Grenoble qui ont le plus contribué à sa prospérité nous citerons :

M. Hugues Berriat, frère du célèbre jurisconsulte Berriat Saint-Prix, qui, nommé maire en 1835 après une longue carrière dans l'intendance militaire, s'appliqua avec une dévorante activité à réaliser des améliorations qui transformèrent l'aspect de la ville ; on lui doit la modification du pavage des rues, la construction du pont suspendu, l'éclairage au gaz, l'agrandissement de l'Esplanade, le tracé du Cours Berriat et l'institution du Prêt charitable ;

M. Frédéric Taulier, créateur de l'établissement philantropique célèbre sous le nom d'Association alimentaire ;

M. Joseph Arnaud, récemment décédé, qui a doté la ville des nouvelles sources d'Alban et (fâcheuse inspiration) fait rebâtir le théâtre à l'emplacement qu'il occupe aujourd'hui : c'est lui qui présida aux fêtes données le 21 septembre 1852 au prince Louis Napoléon, président de la République.

M. Gaillard (1858-1865), qui, sur le produit d'un emprunt de deux millions fit construire les casernes de l'Alma et de Très-Cloître et l'élégant hôtel destiné à recevoir l'école d'artillerie rétablie à Grenoble à titre provisoire le 15 janvier 1852, et constituée en école définitive par décret du 17 octobre 1857.

C'est sous l'administration de M. Gaillard qu'eut lieu la dernière inondation. Trois fois déjà, depuis le commencement du siècle, en juillet 1816, octobre 1840 et mai 1856, Grenoble avait eu à souffrir du retour de ce terrible et trop périodique fléau : l'inondation de 1859 devait effacer le souvenir de ses devancières.

Le 2 novembre 1859, l'Isère, subitement grossie, sortit de son lit avec une telle violence qu'en quelques heures elle couvrit tous les quartiers d'une nappe d'eau d'un mètre cinquante de profondeur. Seuls, les points les plus élevés de la ville furent préservés. Pendant la nuit du 2 au 3 novembre, la crue de l'Isère s'arrêtait et peu à peu les eaux rentraient dans leur lit, laissant les habitations souillées d'une boue infecte.

A la suite de cette catastrophe, de grands travaux furent entrepris pour mettre la ville à l'abri des inondations : on prolongea la ligne des quais jusqu'à l'Ile-Verte d'un côté, et jusqu'à la porte Saint-Laurent de l'autre. Enfin, après le passage de l'empereur Napoléon III (22 septembre 1860), un nouveau pont de pierre fut jeté sur l'Isère, un peu en amont du pont suspendu.

Pendant son séjour dans la ville, le chef de l'Etat accorda une subvention de 200,000 francs pour la construction d'un Musée-bibliothèque dont la première pierre fut posée en décembre 1865.

Toutes ces entreprises avaient épuisé, et au delà, les ressources de l'emprunt de deux millions; aussi, en 1868, M. Vendre, successeur de M. Gaillard, dut contracter un nouvel emprunt de quatre millions, destiné à réaliser un important programme de travaux publics, dans lequel étaient compris : la construction du marché Sainte-Claire, la rectification et le prolongement de plusieurs rues, la construction de l'église Saint-Bruno et l'édification d'un théâtre pour lequel une somme de 900,000 francs avait été prévue. Les terribles événements qui marquèrent la fin de l'année 1870 empêchèrent l'entière exécution de ce programme, et partie des fonds de l'emprunt dut être affectée à la défense nationale.

Depuis l'avènement de la troisième République, les fonctions de maire de Grenoble ont été successivement remplies par MM. Ernest Calvat (1871-1874), Félix Giraud (1874-1875), le docteur Auguste Gaché (1876-1881), et enfin par M. Edouard Rey, actuellement en charge. C'est sous l'administration de ce dernier que la ville a obtenu un nouvel agrandissement de son enceinte, rendu nécessaire par l'accroissement constant de sa population. Depuis deux années à peine, la ligne de remparts comprise entre l'église Saint-Joseph et l'ancienne porte Créqui a été reportée jusqu'au Drac, de façon à englober le quartier du Cours Berriat et la gare. Dans les terrains déclassés des anciens remparts, ont été élevées d'importantes constructions qui assurent une confortable installation à des services publics jusqu'ici logés trop à l'étroit.

Grâce à ces développements successifs, l'air et le soleil peuvent faire sentir leur bienfaisante influence dans des rues larges et régulières. Des travaux de canalisation encore inachevés vont bientôt amener dans la ville un volume d'eau assez abondant pour que chaque habitant, riche ou pauvre, puisse en avoir sa part dans son appartement.

Si l'auteur du Guide-Joanne qui constatait avec regret un si pénible contraste entre les charmes de la nature qui encadre Grenoble et l'aspect repoussant de la ville, parcourait aujourd'hui les avenues de nos nouveaux quartiers, il serait heureux d'effacer les lignes par lesquelles il avait, en 1860, trop énergiquement stigmatisé l'insalubrité de nos maisons et de nos rues.

Aussi la ville de Grenoble transformée et agrandie est-elle aujourd'hui l'une des résidences provinciales les plus agréables et les fonctionnaires et officiers qui y sont amenés par les hasards de l'avancement en conservent un tel souvenir que beaucoup d'entre eux reviennent s'y fixer de leur plein gré lorsqu'a sonné pour eux l'heure de la retraite.

Puisse cette bienveillante appréciation être partagée par les membres du Congrès Scientifique auquel la ville de Grenoble sera fière d'offrir une cordiale hospitalité !

II

Description de Grenoble. — Monuments anciens et modernes. — Sciences et Arts. — Commerce et Industrie. — Œuvres Philantropiques.

DESCRIPTION DE GRENOBLE

La ville de Grenoble, chef-lieu du département de l'Isère, est située à 214 mètres d'altitude, au pied du mont Rachais, dans une plaine triangulaire où aboutit la fertile vallée du Graisivaudan.

Sa population qui, d'après le recensement de 1881, avait été fixée à 51,371 habitants, s'est élevée depuis, par suite de l'annexion du quartier de la porte de France, à 52,022 habitants.

Le budget municipal pour l'exercice 1885 accuse 5,123, 639 fr. 72 c. de recettes et de dépenses dont il convient de défalquer 2,500,000 fr. de réalisation d'emprunt.

Les propriétés communales sont évaluées à environ 16 millions ; elles sont assurées pour une valeur de 15,970,400 francs.

Le territoire de la ville mesure depuis le dernier agrandissement 1784 hectares 50 ares 7 centiares, non compris 2 hectares 35 ares 7 centiares de fortifications.

Les rues de l'ancienne ville sont en général étroites, obscures et tortueuses ; celles, au contraire, de l'enceinte de 1832, et surtout celles de la nouvelle enceinte, sont larges, régulières, bien aérées et coupées de nombreuses places. Nous citerons dans l'enceinte de 1832 la place N. D., la rue Lesdiguières, la place de la Constitution, la place Malakoff, la place Vaucanson, ornée d'une statue du célèbre mécanicien grenoblois et le commencement de l'avenue de la gare ; dans la nouvelle enceinte, l'avenue d'Alsace-Lorraine, le boulevard Gambetta, les cours Berriat et Saint-André, la place Victor Hugo et l'avenue Thiers.

Toutefois la population grenobloise est restée fidèle aux anciens quartiers qui sont encore le centre de l'activité commerciale. En dépit de tous les agrandissements, la place Grenette et la Grand'Rue sont les endroits les plus fréquentés de la ville. Sur la place Grenette se trouvent les plus grands hôtels et les plus beaux cafés, les bureaux des voitures qui desservent les environs et de celles qui vont chercher les voyageurs à la gare, une station de voitures de place. C'est à ces agréments et plus encore à la force de l'habitude, que ce quadrilatère étroit et irrégulier doit l'animation qui en fait la Cannebière de Grenoble.

A l'extrémité de la Grand'Rue se trouve la place Saint-André où l'on remarque une statue de Bayard mourant érigée en 1823 : cette œuvre déplorable est due au sculpteur Raggi.

L'enceinte fortifiée comprend sur la rive droite les forts de Rabot et de la Bastille ; elle est ouverte par deux portes : la porte de Lyon qui a remplacé l'ancienne porte de France, dont l'élégant pavillon construit sous Louis XIII a été respecté par le génie militaire, et la porte Saint-Laurent qui faisait partie des premières fortifications de Lesdiguières. Sur la rive gauche on remarque les portes de l'Ile-Verte, des Adieux, Très-Cloître, des Alpes, d'Echirolles, Mallifaud, de la Brasserie et des 120 Toises.

Les agrandissements de la ville ont permis de créer un assez grand nombre de jardins publics et de promenades parmi lesquels il faut citer en première ligne le Jardin de l'Hôtel de Ville où l'on remarque une statue d'Hercule attribuée à un sculpteur lorrain du xviie siècle nommé Jacob Richier, le square de la place de la Constitution récemment décoré d'une statue allégorique intitulée le Torrent et due au ciseau d'un artiste grenoblois, M. Urbain Basset ; puis le Jardin des Plantes, le bois de l'Ile-Verte dont les allées ombreuses sont trop dédaignées de la population de Grenoble, les squares naissants de la place de l'Hôtel des Postes et de la place Victor Hugo, et enfin l'Esplanade de la porte de France, splendide promenade plantée de peupliers, de sycomores et de platanes où chaque jour se donnent rendez-vous les nombreux amateurs du jeu de boules, le jeu dauphinois par excellence.

Mais quel que soit le charme de ces promenades il n'en est pas de plus séduisante que les quais de Grenoble, d'où l'on découvre de tous côtés un éblouissant panorama de montagnes neigeuses.

MONUMENTS ANCIENS

Les monuments anciens sont fort peu nombreux à Grenoble. De l'époque romaine il ne nous reste que quelques débris de l'enceinte de Dioclétien, dont dépend la base de la tour adossée à l'Hôtel de Ville, et un certain nombre d'inscriptions lapidaires découvertes depuis le commencement du siècle et actuellement déposées dans une des salles du Musée-Bibliothèque. Sur les six églises que possède la ville trois seulement méritent la visite des archéologues.

Saint-Laurent. — L'église de Saint-Laurent, située à l'extrémité du faubourg de ce nom, est considérée par la tradition comme étant la plus ancienne de la ville : en 1012 l'évêque de Grenoble Humbert la céda aux religieux de l'abbaye de Saint-Chaffre en Auvergne pour y faire le service divin et lui rendre son ancien éclat, en la relevant du complet délabrement dans lequel elle se trouvait alors. Ces religieux y fondèrent un prieuré qui existait encore en 1790.

L'église actuelle paraît remonter à l'installation des religieux bénédictins, c'est-à-dire au commencement du xie siècle. Telle est l'opinion de M. de Saint-Andéol qui l'exprimait ainsi devant les membres du Congrès scientifique tenu à Grenoble en 1857 : « Le sanctuaire en hémicycle, l'emploi absolu du plein-cintre dans les voûtes, les arcs et les fenêtres, l'appareil moyen, l'architrave supprimée, la corniche à médaillons variés, le nombre de une à trois fenêtres au plus, le profil des moulures le dessin des chapiteaux avec enlacements perlés, le dragon pareillement reproduit un siècle plus tard ; tous ces détails portent dans leur ensemble l'âge indiqué par l'acte d'Humbert à la reconstruction de cette église. »

M. de Caumont partageait cette opinion.

Au dessous de l'abside de cette église

se trouve une crypte qui mérite la sérieuse attention des archéologues.

Nous en empruntons la description à M. J.-J.-A. Pilot : « La chapelle (crypte) a la forme d'une croix dont les extrémités sont arrondies ; sa largeur est de $4^m 44$ et sa longueur de $7^m 09$ ou plutôt de $10^m 93$ en y comprenant les deux absides. Deux absidioles latérales, une de chaque côté, dessinent les bras de la croix. La voûte, construite en berceau en petits moellons de tuf taillés et en briques épaisses, disposées en longues bandes alternées, offre une élévation de $5^m 60$: elle est supportée à droite et à gauche par une rangée de 10 petites colonnes. Aux quatre angles, un second rang de colonnettes soutient deux arcs doubleaux, ou s'engage la voûte. Ces deux grands arcs sont entièrement en briques ainsi que ceux des deux niches latérales, et deux autres arcs ou cintres traçant l'ouverture des deux portes, l'une à droite et l'autre a gauche, vers le bas de l'édifice. L'une de ces deux portes, devenue actuellement l'entrée principale conduisait au cloître ; l'autre communiquait à l'église par un corridor voûté, au fond duquel était un escalier supprimé depuis longtemps, par lequel on arrivait à l'église près de l'endroit où est la chaire. Les colonnes de la chapelle sont les unes en marbre, les autres en poudingue. Les chapiteaux sont généralement d'ordre corinthien; leurs tailloirs d'une époque postérieure peut-être à celle de quelques chapiteaux, sont d'une pierre toute différente et représentent des guirlandes, des fleurs, des feuillages, des croix, des oiseaux tenant des épis de blé et des grappes de raisins, des agneaux, des anneaux entrelacés et deux griffons se tenant debout devant un vase ou ostensoir. Ces chapiteaux, variés dans leur forme, sont accouplés avec une régularité parfaite : tous ceux d'une rangée ressemblent à ceux de la rangée qui leur fait face. »

Après bien des tâtonnements et des hésitations, une doctrine paraît établie sinon sur l'âge, au moins sur le rôle que jouait dans la basilique primitive cette crypte qui lui a survécu. Il paraît démontré qu'il faut y voir la cellule appelée dans les textes *martyrium* ou confession, et qui servait d'asile au corps saint qui, dans toute basilique, devait être placé sous l'autel où l'on célébrait le saint sacrifice.

Quelques explications sont ici nécessaires : l'autel païen était un foyer où l'on brûlait les entrailles des victimes ; l'autel chrétien est une table sur laquelle se passe le festin commémoratif de l'eucharistie ; il est aussi, dès la fin du IIIe siècle, un mausolée. Pendant les dernières persécutions, les chrétiens, réfugiés dans les catacombes et contraints de faire de leur cimetière leur lieu de réunion, ont été amenés à se servir des tombeaux de leurs martyrs comme tables eucharistiques. De ce fait, s'est formée une association d'idées qui, répondant aux conceptions de la philosophie chrétienne, a habitué les fidèles à voir dans l'autel ce double caractère.

La nécessité de placer un corps de martyr sous l'autel des basiliques primitives a provoqué des combinaisons monumentales qui ont abouti à la crypte connue sous le nom de « *martyrium* » ou de confession. Sous le sanctuaire, une cellule était pratiquée dans laquelle étaient déposées les saintes reliques renfermées dans un coffre richement orné, garni de lames d'argent et de pierreries, et affectant la forme d'un tombeau.

Les visiteurs qui auront la curiosité d'examiner avec soin la crypte de l'église Saint-Laurent trouveront, dans l'absidiole située au dessous de l'abside de l'église supérieure, un bloc de pierre de 0,82 de long sur 0,59 de large et 0.33 de hauteur, portant au centre une entaille carrée de 30 cent. sur 6 cent. de profondeur, qui a donné lieu à des conjectures diverses, alors qu'il est naturel d'y voir le piédestal sur lequel était placée la châsse contenant les reliques, laquelle était probablement scellée dans l'entaille du centre.

Il nous parait donc démontré qu'à l'origine, la crypte de Saint-Laurent n'était point une chapelle : c'était une confession. Plus tard, lorsqu'une église romane, construite par les Bénédictins de Saint-Chaffre, eut remplacé l'ancienne basilique, la destination première de la crypte dut être abandonnée : par suite de la multiplication des églises et des ravages des barbares qui avaient détruit un grand nombre de reliques, il devint difficile de se procurer des corps de martyrs et on dut se contenter de parcelles qui purent être enchassées dans l'autel, comme cela se pratique encore de nos jours. Dès lors, la crypte de Saint-Laurent ne fut plus qu'une chapelle. Ajoutons que des constructions de ce genre ont été découvertes à Jouarre (Seine-et-Marne), à Saint-Médard de Soissons et à Saint-Gervais de Rouen.

Quant à la date à laquelle il convient de fixer la construction de cette crypte, et par conséquent de la basilique qui se trouvait sur l'emplacement de l'église actuelle, il est plus difficile de la préciser. M. de Caumont croyait pouvoir la faire remonter au vi^e siècle; M. Quicherat lui assignait une origine carolingienne.

Nous inclinons à adopter l'opinion de notre regretté maître qui peut se justifier par les arguments mêmes invoqués par M. de Caumont à l'appui de sa thèse. Si le savant antiquaire a retrouvé dans les chapiteaux de Saint-Laurent des points de ressemblance avec des fragments du même genre conservés dans d'autres villes et qui remontent au vi^e siècle, il n'a pas tenu compte de ce principe général qui doit guider dans nos régions l'archéologue étranger : que les progrès de l'architecture ont été lents à pénétrer dans nos montagnes et que les procédés de nos artistes sont presque toujours d'un demi-siècle en retard.

La crypte de Saint-Laurent, classée comme monument historique, a été restaurée en 1851, sous la savante direction de M. Manguin, architecte du Gouvernement.

L'église cathédrale, située sur la place N.-D., à côté du palais épiscopal, nous arrêtera moins longtemps : ce monument a subi de telles transformations depuis l'époque incertaine de sa construction qu'il est presque impossible, en présence de ces pièces incohérentes qui vont du roman primitif au gothique flamboyant, de retrouver les parties provenant de l'ancienne église qui, d'après le Cartulaire de saint Hugues, aurait été construite au milieu du Xe siècle.

Ce travail de reconstruction a été entrepris par un éminent archéologue, M. de Saint-Andéol, devant les membres du Congrès scientifique réunis à Grenoble en 1857. D'après cet auteur, dont nous résumons les conclusions, les piliers de la nef doivent faire partie de l'église primitive : les deux premiers entre lesquels se trouvait placée la porte faisaient partie de la façade. A l'opposé, à la suite des deux piliers les plus rapprochés du chœur, s'arrondissait un sanctuaire en hémicycle. Telle devait être l'église de l'évêque Isarn. Au xie siècle auraient été ajoutés le porche, la porte et le clocher ; à la même époque, on aurait ouvert sur le flanc nord de l'église une porte avec porche, pour le service du clergé ; il en reste une colonne lourde et trapue dont le chapiteau mutilé reproduit un animal fantastique au milieu de rinceaux de feuillages.

A une restauration entreprise à la fin du xiie siècle, appartiendraient les voûtes et les colonnes engagées dans les quatre faces des piliers, qui soutenaient les arcs doubleaux de la grande nef, ceux des nefs latérales et ceux en retraite qui doublent les ouvertures des travées. Après cette transformation, chaque travée de la nef était éclairée de chaque côté par deux fenêtres en plein cintre, séparées par une largeur égale à celle du pilier au-dessus duquel elles étaient placées. L'ancien chœur fut prolongé et reçut la forme qu'il a conservée jusqu'à ce jour.

A cette même époque aurait été reconstruite l'église de Saint-Hugues.

En 1407, l'évêque Aymon de Chissé fit élever pour lui, ses prédécesseurs et ses successeurs, le tombeau qui se trouve à la droite du chœur et qui a été restauré en 1853, par M. Janniard, architecte; sur la table de marbre noir en forme d'autel qui y est encastrée, le chapitre de la cathédrale avait en 1707, fait placer une statue du cardinal Le Camus, évêque de Grenoble, qui fut enlevée pendant la révolution.

Vers le milieu du xv⁰ siècle, un autre évêque de Grenoble, Siboud Alleman, fit élever le magnifique tabernacle qui se trouve à la droite du chœur et fait face au tombeau d'Aimon de Chissé. C'est, dit M. A. Joanne, un précieux morceau de sculpture architecturale qui peut rivaliser avec tout ce qu'une féconde imagination a produit de plus gracieux et de plus léger en ce genre.

Au xvi⁰ siècle l'église étant considérée comme insuffisante, on y ajouta le bas-côté du sud et les chapelles qui l'accompagnent, la porte à main droite et les deux travées qui conduisent à l'ancien bas-côté, la travée appuyée au flanc gauche de la tour et les deux chapelles de Sainte-Anne et de la Sainte-Vierge.

Les actes de vandalisme commis en 1562 par les soldats du baron des Adrets, qui brisèrent les statues du ciborium de Siboud Alleman, rendirent nécessaire une dernière transformation, qui fut opérée au commencement du xviie siècle et suivant le goût du temps. C'est à elle que l'on doit les disgracieuses fenêtres carrées qui remplacèrent les fenêtres doubles de la nef, la balustrade des galeries, et la suppression des colonnes des trois nefs dont il ne reste plus que quelques fragments de chapiteaux.

Avant de quitter la cathédrale il faut jeter un coup-d'œil sur un monument bizarre placé dans la chapelle Saint-Hugues, à droite de la porte d'entrée, et qui, après avoir longtemps servi de fonts baptismaux a été transformé en 1838 en chapelle de Notre-Dame des Sept-Douleurs. C'est un intéressant spécimen du mauvais goût des derniers ouvriers de l'art gothique qui n'ont plus d'autre excuse que leur extrême habileté dans la taille de la pierre.

Signalons encore à l'attention du visiteur le tabernacle du maître-autel qui provient de la Grande-Chartreuse à laquelle il avait été donné en 1576 par la Chartreuse de Pavie, et six bas-reliefs dorés placés autour de l'abside.

L'église Notre-Dame de Grenoble est classée parmi les monuments historiques; à ce titre elle a été depuis 30 ans l'objet de diverses restaurations sous l'intelligente direction de M. Berruyer, architecte diocésain. La dernière a eu pour but de lui donner une façade monumentale plaquée contre la tour du clocher et encadrant la vieille porte romane du xie siècle.

L'église Saint-André, située sur la place de ce nom, a été construite dans la première moitié du xiiie siècle. En 1227, le dauphin Guigue André y installa le chapitre qu'il avait fondé une année auparavant à Champagnier, près Vizille. En 1236, date de la mort de ce prince, elle n'était point encore terminée. Pendant le cours des xiiie, xive et xve siècles, elle fut l'objet des générosités des Dauphins, des gouverneurs et autres grands personnages, qui y choisirent leur sépulture.

Dans cette église comme dans celle de Notre-Dame on constate des dissonances de styles, résultat de fréquents remaniements. Le portail actuel, qui paraît plus ancien, appartenait probablement à l'église Saint-Jean, située sur la place Saint-André, et qui fut démolie en 1562 ; à côté de ce portail romain on est étonné de trouver des pilastres et des niches dont les rinceaux et les fleurons portent la date du xve siècle ; les fenêtres rectangulaires ouvertes au-dessus complètent cette étrange bigarrure de style. Le clocher, haut d'environ 56 mètres, porte lui-même deux dates, tandis que la tour carrée, construite en briques, doit être contemporaine de la construction première dont elle reproduit l'appareil ; la flèche octogonale qui la surmonte, flanquée de quatre clochetons, percée de bases à ogives avec meneaux et têtes de monstres, est évidemment postérieure d'un siècle. — C'est à ce clocher que fut adaptée, en 1396, la première horloge publique de Grenoble.

L'église de Saint-André, qui était autrefois la nécropole des grandes familles dauphinoises, ne possède plus aujourd'hui qu'une tombe, celle de Bayard. Après la mort du bon chevalier, son corps fut inhumé dans le couvent des Minimes de la Plaine, près Grenoble, où il reposa jusqu'en 1822. En 1790, lorsque l'église et le couvent de la Plaine furent vendus comme biens nationaux, le mausolée de Bayard fut réservé et déposé quelques années plus tard au Musée de Grenoble d'où il fut transféré à l'église Saint-André, où il est actuellement. Il est composé d'une tablette de marbre noir entourée de divers ornements et surmontée d'un écu aux armes de Bayard et d'un buste du bon chevalier. Au-dessous, se trouve une inscription latine.

Le 24 août 1822, un préfet de la Restauration, M. d'Haussez, fit transporter les restes de Bayard dans un caveau pratiqué au pied de ce monument. S'il faut en croire M. Pilot, cette opération ne fut pas faite avec toutes les précautions nécessaires, en sorte que ce n'est peut-être pas le corps du bon chevalier qui repose dans l'église Saint-André.

Le Palais de Justice. — A quelques pas de l'église Saint-André se trouve le Palais de Justice, construit sur l'emplacement de l'ancien Palais des Dauphins. Comme tous les monuments anciens de Grenoble, il est enclavé dans des constructions particulières. Commencée sous le règne de Louis XII et terminée sous Henri IV, sa façade porte l'empreinte des différents styles qui se sont succédé pendant cette période. — La partie occupée actuellement par la Cour d'appel nous fournit d'intéressants fragments du style gothique à sa dernière période, parmi lesquels nous signalerons la porte d'entrée, la voûte et les élégantes fenêtres ogivales de l'ancienne chapelle, dont l'abside sert aujourd'hui de cabinet au premier président. A la Renaissance appartient la façade du Tribunal civil qui, commencée vers 1561, ne put être terminée qu'au commencement du xviie siècle : elle porte tous les caractères des monuments élevés sous François Ier et Henri II. Là encore on peut constater que les procédés des anciens architectes de Grenoble retardent d'un demi-siècle.

Malgré les dégradations causées par le temps, les artistes ne verront pas sans plaisir l'élégante décoration qui domine le passage conduisant au quai. Des trois niches qui y avaient été pratiquées, deux sont actuellement vides; elles renfermaient autrefois les statues de Charlemagne et de

Louis XI auquel on doit la transformation du Conseil Delphinal en Parlement. Dans la niche centrale est placée une statue de la Justice, tenant d'une main une épée et de l'autre une balance.

À l'intérieur du palais, trois salles méritent l'attention du visiteur: ce sont d'abord la salle des audiences solennelles et la première chambre de la Cour, toutes deux décorées de plafonds en bois sculpté datant du règne de Louis XIV; mais surtout la première Chambre du Tribunal civil où siégeait autrefois la Chambre des Comptes et dont les boiseries, exécutées en 1521 par un artiste allemand nommé Paul Jude, sont des merveilles de légèreté et d'élégance, qui dénotent une prodigieuse habileté de main. Le morceau capital de cette décoration est la cheminée où, sous un dais formé de feuillages de pendentifs et de fleurons, quatre hommes d'armes se tiennnent debout la lance au poing.

Les quatre monuments dont nous venons de présenter une sommaire description, constituent à peu près toutes les richesses archéologiques de Grenoble : toutefois, quelques fragments peuvent être encore signalés à l'attention des membres du Congrès qui parcourront en curieux les rues de notre ville. Nous en empruntons la liste à l'excellent guide de M. Antonin Macé. C'est d'abord la voûte, avec nervures entrecroisées et pendentifs du passage de l'Hôtel-de-Ville, et la porte de la salle des Concerts, ayant fait partie, l'une et l'autre, de l'hôtel de la Trésorerie qui a servi de résidence aux gouverneurs jusqu'au xviiie siècle ; la voûte, avec sculptures analogues, et la cage de l'escalier de la maison n° 22 de la rue Barnave ; la voûte de la maison n° 8 de la rue Sainte-Claire ; la cour de la maison n° 6 de la rue Brocherie ; la façade de la maison de la rue Chenoise n° 8, où est né Vaucanson ; la voûte à ogives et nervures de la maison n° 10 de la même rue ; des sculptures, malheureusement très dégradées, sur la façade de la maison n° 7 de la rue J.-J. Rousseau ; une charmante tourelle à trois pans, avec pilastres et arcatures, à la maison n° 1 de la même rue ; la Tour carrée de la Citadelle sur les bords de l'Isère, construite en 1409, et qui servit d'Hôtel-de-Ville jusqu'à la fin du xvie siècle ; l'élégant pavillon qui fut la Porte de France ; le rétable de la chapelle de Sainte-Marie-d'en-Haut donné au couvent de la Visitation par le maréchal de Créqui, et enfin l'Hôtel-de-Ville, ancienne résidence de Lesdiguières, qui l'avait fait construire et dont les héritiers le vendirent à la ville en 1719.

Suivant un pieux usage qui a pour but de perpétuer dans la mémoire du peuple le souvenir des grands hommes, l'administration municipale de Grenoble a fait apposer des plaques commémoratives sur les maisons où sont nés les Grenoblois dignes de mémoire : elles apprennent aux passants que Vaucanson est né rue Chenoise, 8 ; Mably, rue des Clercs, 12 ; Condillac, Grand'Rue, 13, et Mounier, Grand'Rue, 6. La plaque rappelant que Barnave est né le 21 septembre 1761, au n° 18 de l'ancienne rue Perolerie, a disparu aujourd'hui, par suite de la rectification de cette rue qui a pris, en souvenir de ce fait, le nom du grand orateur dauphinois.

MONUMENTS MODERNES

Parmi les monuments religieux, nous n'avons à citer que l'église Saint-Bruno, achevée récemment par M. Berruyer, architecte diocésain, d'après les dessins de son prédécesseur, M. Péronnet. C'est une église romane d'un bel effet, et dont le clocher, haut de 62 mètres, domine toute la ville.

A l'extrémité de la rue Lesdiguières, non loin de la porte dite des Adieux, parce qu'elle conduit au cimetière, les fidèles du Culte réformé se réunissent dans un temple de style roman, construit en 1874 par M. Péronnet, architecte.

Nous ne dirons rien de la bizarre chapelle mauresque que les Pères de la Salette ont érigée sur la place Malakoff. C'est là une erreur de goût qu'on ne saurait trop déplorer.

La place de la Constitution est bornée, sur trois de ses faces, par des constructions monumentales qui l'encadrent d'une façon grandiose. C'est d'abord :

La Préfecture, qui occupe toute la face sud : elle a été construite vers la fin de l'Empire, sur les plans de M. Questel, membre de l'Institut, et sous la direction de M. Riondel père, architecte départemental.

Sur la face ouest :

L'École d'artillerie, derrière laquelle se trouve, entre cour et jardin, l'hôtel du général d'artillerie édifié en 1858, lorsque l'école d'artillerie fut définitivement fixée à Grenoble.

Le Musée-Bibliothèque, construit de 1865 à 1872, sur les plans de M. Charles Questel, forme un vaste parallélogramme de 84 m. 65 de long, sur 47.15 de large. Il a coûté 1.667.000 francs. Peu de villes de province peuvent abriter leurs richesses artistiques et littéraires dans une plus somptueuse demeure : il est vrai de dire que si l'écrin est splendide, les joyaux qu'il renferme ne méritaient pas moins.

Nous empruntons à M. Questel (1) la description de cette œuvre magistrale

---

(1) *Musée et bibliothèque de Grenoble*, par Charles Questel, architecte, membre de l'Institut. Versailles, 1876, in-f°.

dont il a le droit d'être fier. La façade principale pour laquelle il a été tenu compte, dans une certaine mesure, des dispositions du bâtiment de l'école d'artillerie, comprend deux pavillons et une partie en arrière corps; les pavillons, ornés de pilastres, sont percés chacun d'une fenêtre à leurs divers étages; l'arrière corps est décoré de quatre colonnes corinthiennes engagées encadrant trois grandes arcades.

Un étage formant attique contient au centre une large inscription de marbre et, à droite et à gauche, des niches ornées de statues.

La corniche supérieure de la façade est couronnée par un cheneau de pierre sculptée et la toiture en ardoise est terminée par une crête découpée.

Les statues qui décorent l'attique représentent, du côté du musée, la Peinture, l'Architecture et la Sculpture, et du côté de la bibliothèque, la Poésie, la Science et l'Histoire. Sous ces figures sont six médaillons représentant Lesueur, Pierre Lescot, Jean Goujon, Corneille, Descartes et Montesquieu.

Le fronton qui couronne l'inscription

est décoré d'une tête de Minerve entourée de rinceaux : ce fronton est surmonté d'un trépied.

Si nous pénétrons dans l'intérieur, nous trouvons d'abord un vaste vestibule d'une grande richesse décorative qui donne accès d'une part au musée et de l'autre à la bibliothèque. Il est composé de trois travées divisées par des pilastres qui donnent naissance à des voûtes d'arête et terminé à ses extrémités par deux hémicycles.

Dans la grande niche qui fait face à la porte d'entrée, on a placé un moulage pris sur la Pallas de Velletri du musée du Louvre ; cette place d'honneur appartenait à la divinité que les anciens regardaient comme la protectrice des lettres et des arts.

Ce vestibule, dont les soubassements sont de marbre, est entièrement recouvert de peintures. Les murs sont peints d'un ton jaune uni ; les voûtes sont décorées d'arabesques et les figures allégoriques des arts, des sciences et des lettres ornent les tympans qui couronnent les deux grandes portes.

Sur des tables de pierre blanche incrustées dans les murs, on a gravé les noms des fondateurs et des principaux donateurs du musée et de la bibliothèque.

Le dallage de marbres de diverses couleurs répond par sa richesse à celle de la décoration peinte ; des colonnes de marbre avec base et chapiteaux ornés supportent des bustes antiques.

La partie de l'édifice consacrée au musée se compose, pour la peinture, de trois grandes salles éclairées par le haut ; trois galeries sont consacrées aux sculptures.

La partie méridionale affectée à la bibliothèque comprend d'abord une grande salle pouvant contenir 80,000 volumes : sa longueur est de 62 mètres et sa largeur de 13 m. 68. Elle est divisée en cinq travées couvertes par des coupoles plates au milieu desquelles sont pratiqués les chassis qui répandent une lumière égale dans toutes les parties de ce vaisseau. Les travées sont séparées par des colonnes accouplées supportant les grands arcs doubleaux et les pendentifs des coupoles. Les colonnes élevées sur un haut soubassement de marbre de Chomérac sont en pierre jaune de l'Echaillon ressemblant au marbre dit brocatelle. Les futs polis sont formés de trois tronçons superposés et reliés par de riches ceintures en fonte de fer bronzée.

Au centre de la salle, sur un piédestal de marbre de couleur, repose un grand vase de porcelaine de la manufacture de Sèvres.

Dans les douze tympans des travées, deux artistes dauphinois, MM. Blanc Fontaine et Raoult, ont reproduit les figures allégoriques des diverses sciences, théologie, philosophie, législation, etc. Au centre de l'ornementation qui décore les pendentifs sont inscrits les noms des hommes qui se sont le plus illustrés dans les lettres et les sciences.

Nous parlerons plus loin des richesses artistiques et bibliographiques conservées dans ce palais.

Sur la face sud de la place de la Constitution se trouve :

L'Hôtel de la division militaire, construit en 1862 sur l'emplacement de l'ancien Hôtel du Gouvernement.

Le Palais des facultés dont les plans ont été dressés par M. Henri Daumet, architecte, a été inauguré en 1879; les frais de construction se sont élevés à

975,300 fr. 99 cent. L'aménagement des locaux réservés à la faculté des sciences y est particulièrement remarquable.

Sur la place Vaucanson :
L'Hôtel de la Banque de France et l'Hôtel des Postes encore inachevé.

A l'angle de l'avenue de la Gare et de la rue de France, l'hôpital, dont la façade monumentale a été réédifiée en 1863. Les sculptures qui décorent le tympan de la porte sont l'œuvre de M. Irvoy.

Dans la nouvelle ville :
L'école de natation et les nouvelles casernes d'artillerie, cours Gambetta ; le lycée actuellement en construction sous la direction de M. Emile Vaudremer, de l'Institut, le gymnase municipal, avenue d'Alsace-Lorraine, et de nombreux groupes scolaires parmi lesquels il convient de citer le groupe du Cours Saint-André et celui du Cours Berriat.

Deux fontaines méritent une mention : celle de la place Grenette, baptisée du nom un peu trop pompeux de Château d'eau a été établie en 1823 ; les dauphins qui l'alimentent sont l'œuvre du sculpteur dauphinois Sappey.

Du même auteur est le lion écrasant sous sa patte un énorme serpent qui décore la fontaine placée en 1843 a l'entrée du faubourg Saint-Laurent. Si la situation de cette fontaine et le choix du sujet ont été souvent critiqués, on est unanime à reconnaître dans cette œuvre l'habileté de main qui caractérisait le maître grenoblois.

Bornons-nous à indiquer les fontaines de la place N. D. et du marché Sainte-Claire qui n'offrent rien de remarquable.

SCIENCES ET ARTS

Les Consuls du vieux Grenoble ont légué à nos administrations contemporaines leur religieuse passion pour l'Instruction publique. Stimulée encore par le courant des idées du jour, cette passion s'est manifestée, depuis dix ans, par des organisations de cours publics, de conférences et de bibliothèques populaires, et surtout par de nombreuses constructions d'écoles, auxquelles on n'a pu adresser d'autre reproche que celui d'être trop luxueuses. C'est que depuis un demi-siècle, la note dominante de notre ville a changé : elle n'est plus exclusivement, comme autrefois, une ville de Parlement, peuplée de magistrats et de procureurs : elle est avant tout une ville d'études.

Pour le démontrer, il suffit d'énumérer les établissements scientifiques et littéraires qui s'y trouvent.

L'administration de l'Instruction publique est sous la haute direction d'un Recteur, chef d'une Académie qui a son siège à Grenoble et qui comprend les départements de l'Isère, de la Drôme, des Hautes-Alpes et de l'Ardèche.

Un inspecteur d'Académie est chargé de la surveillance des établissements d'enseignement secondaire et primaire dans le département.

L'enseignement supérieur est représenté par les trois Facultés de Droit, des Sciences et des Lettres.

Une École préparatoire de Médecine et de Pharmacie permet aux étudiants des départements de l'Isère, de la Drôme, des Hautes-Alpes, de l'Ardèche, de la Savoie, de la Haute-Savoie et de l'Ain de prendre douze inscriptions avant de se rendre dans une des grandes facultés de médecine : cet établissement a ce double résultat d'élever le niveau du Corps médical de notre ville et de fournir à nos hôpitaux civils et militaires un personnel d'internes dévoué et compétent.

L'enseignement secondaire est donné dans un Lycée dont les succès s'affirment tous les ans dans les concours généraux, et qui fournit aux grandes écoles du gouvernement ses plus brillants élèves. Cet établissement qui a été élevé, il y a quelques années, à la première classe, possède actuellement 374 internes et 358 externes. Il sera prochainement transféré dans de vastes bâtiments qui occuperont une superficie de 28,000 mètres carrés et qui coûteront environ trois millions.

Le Collège de jeunes filles (1), installé depuis quelques années au rez-de-chaussée de l'Hôtel-de-Ville et dans les dépendances du presbytère de Saint-

---

(1) Ouvert le 14 avril 1882.

André, comprend cinq années d'études et trois cours élémentaires. L'enseignement y est donné par des professeurs des Facultés et du Lycée, auxquels sont adjointes quelques maîtresses formées par l'Ecole de Sèvres. Le succès de cette institution, jeune encore, est le meilleur plaidoyer en faveur de son utilité.

L'enseignement primaire est distribué dans seize écoles laïques de garçons et huit de filles, réparties dans les différents quartiers de la ville, et installées dans des bâtiments neufs, sagement aménagés, et où ont été appliqués tous les principes qui régissent les constructions scolaires. La population des écoles laïques s'élève à 5,313 élèves, dont 2,906 garçons et 2,327 filles. Si l'on tient compte des 2,850 enfants qui fréquentent les écoles libres, on arrive à un total de 8,163, qui est celui de la population scolaire de Grenoble.

Au sortir de ces écoles, les enfants qui témoignent de dispositions spéciales peuvent compléter leurs études dans deux écoles primaires d'un degré plus élevé.

Le personnel des écoles primaires est formé dans deux écoles normales, l'une pour les instituteurs, située sur le Cours Berriat, et l'autre pour les institutrices, récemment transférée dans un vaste bâtiment construit aux frais du département, par son architecte, M. Riondel.

L'enseignement professionnel, destiné à former des industriels, des commerçants et des agriculteurs, est donné dans une école fondée par la ville et placée par elle sous le patronage du grenoblois Vaucanson.

Signalons encore une école de dessin, une école de sculpture architecturale, une école de moulages décoratifs pour l'emploi du ciment, des cours d'histoire naturelle, de dessin industriel, de coupe de pierres et de charpente, d'arboriculture et de musique vocale.

Non contents de former des hommes instruits et des ouvriers habiles, la ville de Grenoble se préoccupe de préparer des soldats à la patrie. Son bataillon scolaire, avec ses guerriers minuscules, fait la joie de la population lorsqu'il défile, clairons en tête, dans les rues de la cité. Un vaste bâtiment, récemment achevé, fournit à toutes les écoles une salle de gymnase parfaitement aménagée. Trois sociétés de gymnastique, qui n'ont aujourd'hui aucune raison pour ne pas fusionner, servent de points de ralliement à ceux de nos jeunes concitoyens que séduisent ces viriles distractions. Enfin, un tir communal, où des armes sont mises à la disposition du public, permet à chaque citoyen de compléter son éducation militaire.

En dehors de ces établissements publics, il en est un grand nombre d'autres dus à l'initiative privée. De ce nombre, sont le Petit-Séminaire du Rondeau et son annexe l'externat N.-D., les écoles primaires dirigées par les Frères de la Doctrine Chrétienne, et un certain nombre de cours et d'externats particuliers.

Les habitants de Grenoble, soucieux de compléter leur éducation artistique ou littéraire, comme ceux qui désirent se délasser de leurs fatigues quotidiennes par la vue des chefs-d'œuvre de l'art ou la lecture d'un beau livre, trouvent une ample satisfaction dans le beau monument consacré au Musée-Bibliothèque, dont nous avons donné plus haut la description et dont nous devons signaler au moins sommairement les richesses.

Le Musée de Grenoble a été fondé le 28 pluviôse an VI (16 février 1798), sur l'initiative de Louis-Joseph Jay, professeur de dessin à l'Ecole centrale, et de quelques autres citoyens éclairés de la ville, qui durent, pour obtenir ce résultat, faire, en quelque sorte, violence aux administrations de l'époque. D'abord établissement départemental, un décret daté d'Osterode le fit passer, le 12 mars 1807, sous la direction de la municipalité.

Les premiers tableaux qui y furent exposés provenaient des communautés religieuses et des émigrés : l'abbaye de Saint-Antoine et la Grande-Chartreuse en fournirent un assez grand nombre. A ces premiers éléments, vinrent s'adjoindre des achats faits avec le produit d'une souscription, et des dons du gouvernement. Les toiles les plus remarquables ont été concédées à la ville par l'empereur Napoléon Ier : un décret du 15 février 1811 répartit entre les villes de Lyon, Dijon, Grenoble, Caen, Toulouse et Bruxelles deux cent-dix-neuf tableaux provenant, pour la plupart, des pays conquis par nos armes. Dans cette distribution, la ville de Grenoble eut pour sa part trente et un tableaux fort remarquables que, faute de pouvoir trouver 1,500 francs nécessaires pour en payer le transport et l'emballage, elle faillit laisser à Paris.

Depuis cette époque, le musée s'est enrichi tous les ans des dons des particuliers et du gouvernement et des achats que permet de faire un trop modeste crédit inscrit au budget départemental et au budget municipal. Il constitue aujourd'hui une importante collection, dans laquelle nous signalerons spécialement à l'admiration du visiteur le Saint-Grégoire de Rubens, le joyau de notre musée, enlevé à l'abbaye de Saint-Michel d'Anvers pendant les guerres de la Révolution et donné au musée de Grenoble en 1811, un Saint-Sébastien du Pérugin, le Christ guérissant la femme hémorroïsse de Paul Véronèse, le martyre de Saint-Barthélemy de Ribeira, une réception dans l'ordre du Saint-Esprit de Philippe de Champaigne, le portrait de l'abbé de Saint-Cyran, du même, une vue de Venise, de Canaletti, un splendide Van der Meulen, représentant Louis XIV passant sur le Pont

Neuf, accompagné de ses gardes, pour se rendre au Palais, une marine et paysage de Claude Lorrain, un Léonard de Vinci, un Murillo, un Vlasquez, un paysage d'Hobbema signé et daté de 1659.

Une galerie attenante aux salles du musée de peintures contient un certain nombre de plâtres d'après l'antique et quelques œuvres des sculpteurs de la région.

Dans une section spéciale réservée à l'épigraphie, on trouve tous les fragments de la période romaine et du moyen-âge recueillis dans le sol de notre ville.

Au premier étage, dans une vaste salle, dite la salle Genin, les visiteurs ne verront pas sans plaisir une belle collection de meubles anciens donnés à la ville par M. Auguste Genin.

Le deuxième étage est occupé par une intéressante exposition de dessins et de gravures.

Bibliothèque. — La bibliothèque de Grenoble fut fondée après la mort de l'évêque de Grenoble Jean de Caulet (27 septembre 1771), par un groupe de citoyens de la ville qui acquirent, moyennant 45,000 livres, la riche bibliothèque de ce prélat qui ne comprenait pas moins de 34,000 volumes. A ce premier noyau vint s'ajouter quelques années après la bibliothèque de l'ordre des avocats, riche de 6,000 volumes. Pendant la Révolution, elle s'enrichit des dépouilles des communautés religieuses et notamment d'une importante collection de manuscrits et d'incunables provenant de la Grande Chartreuse. Depuis cette époque, un certain nombre de généreux donateurs dont les noms sont gravés sur deux plaques de pierre placées dans le vestibule, ont accru son patrimoine et en ont fait une des plus complètes bibliothèques de province.

Actuellement, en effet, la bibliothèque de Grenoble ne possède pas moins de 7,000 manuscrits, 640 incunables et 170,000 volumes imprimés.

Sans entrer dans le détail de ces trésors, nous devons signaler à l'attention des bibliophiles :

1° Parmi les manuscrits :

Une très intéressante collection de bibles et de livres d'heures, œuvres patientes des moines calligraphes et enlumineurs du XI° au XVI° siècle ;

Une bible en langue vaudoise (xiiie siècle);
La bible de Raoul de Presles (xive siècle);
Les œuvres de Marguerite d'Oyngt (commencement du xive siècle), qui fournissent un spécimen de la langue vulgaire parlée au xiiie siècle dans le Lyonnais et le Dauphiné ;
Le roman de Galahaut et du roi Artus (xiiie siècle) ;
Dante. — *Liber de vulgari eloquio sive idiomate* (xve siècle);
Le manuscrit célèbre des poésies de Charles d'Orléans (xve siècle) ;
Le roman de Melusine ;
Le roman de la Rose;
Martin-Franc. — Le Champion des Dames;
Les poésies d'Alain Chartier (xve siècle);
Le Registre delphinal de Mathieu Thomassin, etc.

2° Parmi les incunables et livres rares :
Le Catholicon de 1460, revêtu d'une splendide reliure du temps en cuir ciselé ; ce précieux incunable dont un exemplaire semblable est monté au prix de 7.125 fr. à la vente du duc de Sunderland, est probablement sorti des presses de Guttemberg : il provient de la Grande-Chartreuse.

La Danse macabre, édition princeps, de

Guyot Marchand. Paris, 1485, ex. unique.

La Bible des Poètes d'Antoine Vérard, 1493.

L'hystoire de Mgr Gérard de Roussillon, exemplaire unique.

La rarissime première édition de l'*Hypnerotomachia* d'Alde Manuce de 1499;

Albertus. — *De re ædificatoria*, Florence, 1485.

Les *Decisiones* du Guy-Pape, premier livre imprimé à Grenoble en 1490.

Les livres d'heures imprimés sur velin de Pigouchet, Thielman Kerver, etc.

Ces ouvrages sont pour la plupart exposés dans les vitrines de la grande salle qui contiennent encore : les reliures les plus remarquables, portant sur leurs plats les armes des principaux bibliophiles célèbres, une intéressante collection d'autographes, un médailler encore riche malgré les vols dont il a été victime, et une collection d'antiques provenant en grande partie de l'abbaye de Saint-Antoine.

A côté de la grande Bibliothèque dont elle reste absolument distincte, une *Bibliothèque circulante* a été créée le 24 février 1883 : elle compte actuellement 2430 volumes et a consenti, depuis sa création jusqu'au 1er janvier 1885, 34050 prêts.

La rue Villars, qui doit son nom à un savant botaniste dauphinois, conduit naturellement au Muséum d'histoire naturelle, construit de 1848 à 1850 au-devant du Jardin des Plantes. En dehors des éléments qui constituent généralement ces sortes de collections, on peut y étudier dans la galerie de l'attique, la riche collection minéralogique vendue à la ville par M. Gueymard, ancien ingénieur en chef des mines, consistant en géodes, cristaux, minerais de toute nature et de toutes provenances, et la collection léguée au Muséum par M. Albin Gras et qui fournit aux travailleurs de précieux spécimens des fossiles de tous les terrains et spécialement de ceux des montagnes du Dauphiné.

Les Sociétés savantes :

1° L'Académie delphinale est la plus ancienne des sociétés savantes de notre ville. Fondée en 1772 à la suite de la création de la bibliothèque, à laquelle elle a puissamment contribué, elle reçut son nom du roi Louis XVI par lettres patentes données à Versailles en mars 1789. Supprimée pendant la révolution elle ne tarda pas à reparaître sous le nom de Lycée et, plus tard, de Société des sciences et des arts de Grenoble. Depuis sa réorganisation, opérée en 1836 par les soins de M. Hugues Berriat, elle a publié sous le titre de Bulletin de l'Académie delphinale, 26 volumes de mémoires et 3 volumes de documents inédits relatifs à l'histoire du Dauphiné qui est le principal objet de ses études. L'Académie delphinale est actuellement composée de 50 membres résidants et d'un nombre illimité de membres correspondants.

2° La Société de statistique des sciences naturelles et des arts industriels du département de l'Isère a été fondée en 1838 et reconnue comme établissement d'utilité publique le 16 mars 1874. Elle a pour programme, comme son nom l'indique, l'étude de toutes les branches des sciences, ce qui ne l'empêche pas de posséder des historiens et des archéologues qui ont enrichi son bulletin annuel du fruit de leurs laborieuses recherches sur l'histoire de notre région. Ce bulletin en est arrivé à son 24e volume.

Le nombre des membres de la Société de statistique est illimité.

3° La société des sciences naturelles du sud-est, créée en juillet 1881 et autorisée par arrêté préfectoral du 8 septembre 1881, s'est donnée comme mission l'étude de la nature dans notre région : son programme comprend la zoologie, la botanique, la géologie et la minéralogie. Le nombre de ses membres est illimité.

4° La société des Amis des Arts, fondée à Grenoble en 1832, a pour but de favoriser les progrès des beaux-arts et d'en propager le goût par des expositions périodiques. Elle compte actuellement 400 membres qui payent une cotisation annuelle de 10 fr.

5° La société des Touristes du Dauphiné, fondée le 24 mai 1875, a pour but l'étude des Alpes dauphinoises au point de vue scientifique et pittoresque.

6° La section de l'Isère du Club-Alpin-Français, fondée le 27 août 1874.

7° La société de l'Union des Touristes dauphinois, fondée à Grenoble le 1er février 1882.

8° La société de Médecine, de Chirurgie et de Pharmacie de l'Isère, fondée en 1804 sous le titre de société de Santé de Grenoble.

9° La société de Pharmacie du Dauphiné et de la Savoie, fondée le 14 mars 1882, et un certain nombre de Sociétés musicales parmi lesquelles il convient de citer l'Association artistique qui a inauguré cet hiver, dans le hall du Gymnase municipal, des concerts de musique classique qui ont obtenu un grand et légitime succès.

La *presse* est représentée à Grenoble par quatre journaux quotidiens : le *Courrier du Dauphiné* (65e année), l'*Impartial des Alpes* (24e année), le *Réveil du Dauphiné* (15e année) et le *Républicain de l'Isère* (4e année). Malgré cette abondance d'organes politiques qui paraissent devoir satisfaire toutes les opinions, les petits journaux de Lyon comptent à Grenoble un grand nombre de lecteurs dû à la rapidité de leurs informations télégraphiques.

Parmi les journaux non politiques, nous citerons le *Dauphiné*, revue littéraire, historique et artistique, paraissant tous les dimanches; le *Sud-Est* et le *Bulletin agricole et horticole*, organes des agriculteurs paraissant tous les mois ; le *Journal de la Société de médecine et de pharmacie* et les

Alpes françaises, revue des montagnes du Sud-Est.

La presse religieuse est plus particulièrement représentée par la *Semaine Religieuse* et la *Revue catholique des Institutions et du Droit*.

INDUSTRIE ET COMMERCE

On ne saurait parler de l'industrie grenobloise sans citer en première ligne le nom de Louis-Joseph Vicat, le célèbre ingénieur dauphinois, auquel on doit la découverte des chaux hydrauliques artificielles et des ciments. Codifiant les observations faites par Parker, Wyatts et Smeaton en Angleterre, Bagge en Suède, Chaptal en France, Saussure et Collet Descautels sur les diverses espèces de chaux qu'ils avaient étudiées, il généralisa les faits, et après de nombreuses expériences fixa les règles d'après lesquelles on pouvait réaliser la fabrication des chaux hydrauliques, ciments, pouzzolanes et trass. Cette découverte qui pouvait faire sa fortune il n'essaya pas de se la réserver par un brevet, et la mit généreusement à la disposition de tous. Par les multiples applications dont elle était susceptible elle contribua puissamment à la construction des travaux d'art des chemins de fer qui, sans elle, auraient exigé des sommes exorbitantes capables de rebuter les compagnies financières.

Né à Grenoble, le ciment constitue encore une des principales industries de la ville : le renom européen du ciment dit de la Porte de France suffirait à l'attester. Les flancs des montagnes voisines fournissent abondamment les calcaires argileux dont la cuisson fait des chaux hydrauliques et des ciments.

La situation actuelle de cette industrie est prospère : les deux établissements de Saint-Martin-le-Vinoux occupent 105 ouvriers dont le salaire journalier varie de 2 fr. 50 à 6 fr.

Toutes les sociétés qui exploitent les carrières de ciment de la région ont à Grenoble un comptoir et souvent leur siège social.

La Ganterie. — Si la ville de Grenoble est fière d'avoir été le berceau du ciment, sa plus ancienne et sa principale industrie est la ganterie. Depuis trois siècles les grenoblois fabriquent des gants et depuis le xviie siècle le gant de Grenoble est célèbre; un vers du Virgile travesti de Scarron constate cette célébrité. Si la révocation de l'Édit de Nantes arrêta quelque temps le développement de la ganterie grenobloise, elle reprit rapidement son essor et, dès le commencement du xviiie siècle, elle expédiait ses produits non seulement à Paris et dans les principales villes du royaume, mais encore en Allemagne, en Suisse, en Savoie et en Piémont. Vers la fin du même siècle ses principales relations étaient avec l'Angleterre ; aussi les guerres de l'empire lui portèrent-elles un coup terrible dont elle ne s'était pas encore relevée lorsqu'un homme de talent, Xavier Jouvin, perfectionnant sa fabrication par l'invention d'un nouvel outillage, lui conquit définitivement la première place parmi les ateliers de ganterie des deux mondes.

Transformée par l'invention de Xavier-Jouvin, la ganterie grenobloise traversa une assez longue période de prospérité : elle créa des fortunes dans la ville et le bien-être dans toutes les campagnes des environs où près de 15,000 femmes étaient occupées à la couture des gants. Aujourd'hui, il faut le reconnaître, les temps ont changé, les commandes étrangères se sont ralenties, et la production est sensiblement diminuée. Néanmoins on compte encore actuellement (décembre 1884) dans la ville de Grenoble 119 établissements en activité occupant un personnel de 3,129 ouvriers ou ouvrières dont le salaire journalier est pour les hommes de 3 fr. 50 à 5 fr., pour les femmes de 1 fr. 50 à 2 fr., et pour les enfants de 0,75 c. à 1 fr.

La mégisserie, qui souffre de la même stagnation que la ganterie dont elle est une annexe, comprend 13 établissements et occupe 245 ouvriers dont le salaire est de 3 fr. à 4 fr. 50.

Il y a en outre 17 teintureries en peau comptant 140 ouvriers dont le salaire varie de 2 fr. 25 à 3 fr 25.

En dehors de ces deux industries principales, Grenoble possède encore des fabriques de liqueurs assez estimées, telles que le Ratafia, le China, le Genépi; 15 ateliers mécaniques occupant un personnel de 207 ouvriers, dont le salaire journalier varie de 4 à 6 fr.; des fabriques de chapeaux de paille ; 5 imprimeries, etc.

Grenoble est en outre l'entrepôt d'un commerce important de bois de construction, de plâtre et d'anthracite provenant des mines de la Motte-d'Aveillans et de la Mure.

Non loin de la ville se trouvent un certain nombre de papeteries dont quelques-unes jouissent d'une grande réputation.

En voici la liste avec le chiffre des ouvriers qu'elles occupent :

Coublevie	2	établissements	901	ouvriers
Domène	4	—	250	—
Charavines	1	—	80	—
Estrablin	1	—	60	—
Livet et Gavet Riouperou	1	—	260	—
Moirans	1	—	69	—
Pontcharra	2	—	160	—
Pont-de-Claix	1	—	350	—
Renage	1	—	220	—
Rives	4	—	560	—
Tullins	5	—	140	—
Vizille	2	—	250	—
Voiron	2	—	330	—

Le salaire des ouvriers papetiers varie de 2 à 5 francs.

Citons encore des fabriques de soieries à

Allevard, Bourgoin, Voiron, Rives, Moirans et Vizille, des aciéries à Rives et à Voiron, des fonderies de fer, de plomb, de cuivre et d'argent, à Allevard, à Vizille, à Allemont, à Rioupérou et dans toute la vallée de l'Oisans.

INSTITUTIONS CHARITABLES

Un ancien maire de Grenoble, M. Frédéric Taulier, a écrit sur les institutions charitables de Grenoble un grand et beau livre, et il n'a pas épuisé le sujet : c'est que nulle ville peut-être ne s'est montrée plus ingénieuse que la nôtre à résoudre ce terrible problème social qu'on appelle la misère. Etroitement limité par le cadre de cette notice, nous ne pouvons que donner une sèche nomenclature des établissements philantropiques qui s'y trouvent.

Le plus ancien, comme le plus important, est l'hôpital fondé au XVe siècle par Aymon de Chissé, évêque de Grenoble, il contient 315 lits; l'hospice qui lui est annexé en a 450 ; enfin, l'hôpital militaire en comprend 351. Le budget de l'hôpital-hospice s'élève en recettes et en dépenses à environ 500,000 francs. Le produit de la dotation s'élève en moyenne à 200,000 francs. Il est desservi par quarante religieuses de la congrégation autorisée de Saint-Thomas-de-Villeneuve.

Le Bureau de bienfaisance, créé par la loi du 7 frimaire an v, secourt annuellement 727 ménages comprenant environ 2,000 personnes auxquelles il distribue des secours en argent et en nature. Son budget s'est élevé en 1884 :
En recettes à 50,969 fr. 56.
En dépenses à 50,407 fr. 07.

La Société de Patronage des Apprentis est due à l'initiative de la Franc-maçonnerie grenobloise ; reconstituée en 1851, elle s'est rapidement développée et est actuellement en pleine prospérité. Son but est de faciliter aux enfants indigents l'apprentissage d'un métier. Chacun de ses jeunes protégés est placé sous le patronage d'un membre de la Société qui défend ses intérêts vis-à-vis du patron, surveille sa conduite, son travail et ses progrès et lui remet des secours prélevés sur les fonds de l'association.

Le budget de cette société s'élève annuellement à 19,174 francs.

Elle assiste actuellement 124 enfants des deux sexes. Depuis sa réorganisation en 1851, elle a fait élever 1,500 jeunes garçons et 425 filles.

La Société de Patronage des Vieillards, fondée en 1837 sous le nom de Société pour l'extinction de la mendicité, distribue des secours aux vieillards qui ne veulent ou ne peuvent être admis à l'hospice.

Son budget s'élève à 11,470 francs.

Elle secourt annuellement 174 individus.

La Crèche ou Nursery, ouverte le 15 décembre 1884, est une salle d'asile pour les enfants de 2 à 30 mois que leurs mères occupées durant la journée dans des ateliers ne peuvent soigner dans leur domicile. Cet établissement compte actuellement 34 berceaux.

La Société alimentaire, fondée en 1851 par M. Frédéric Taulier, alors maire de

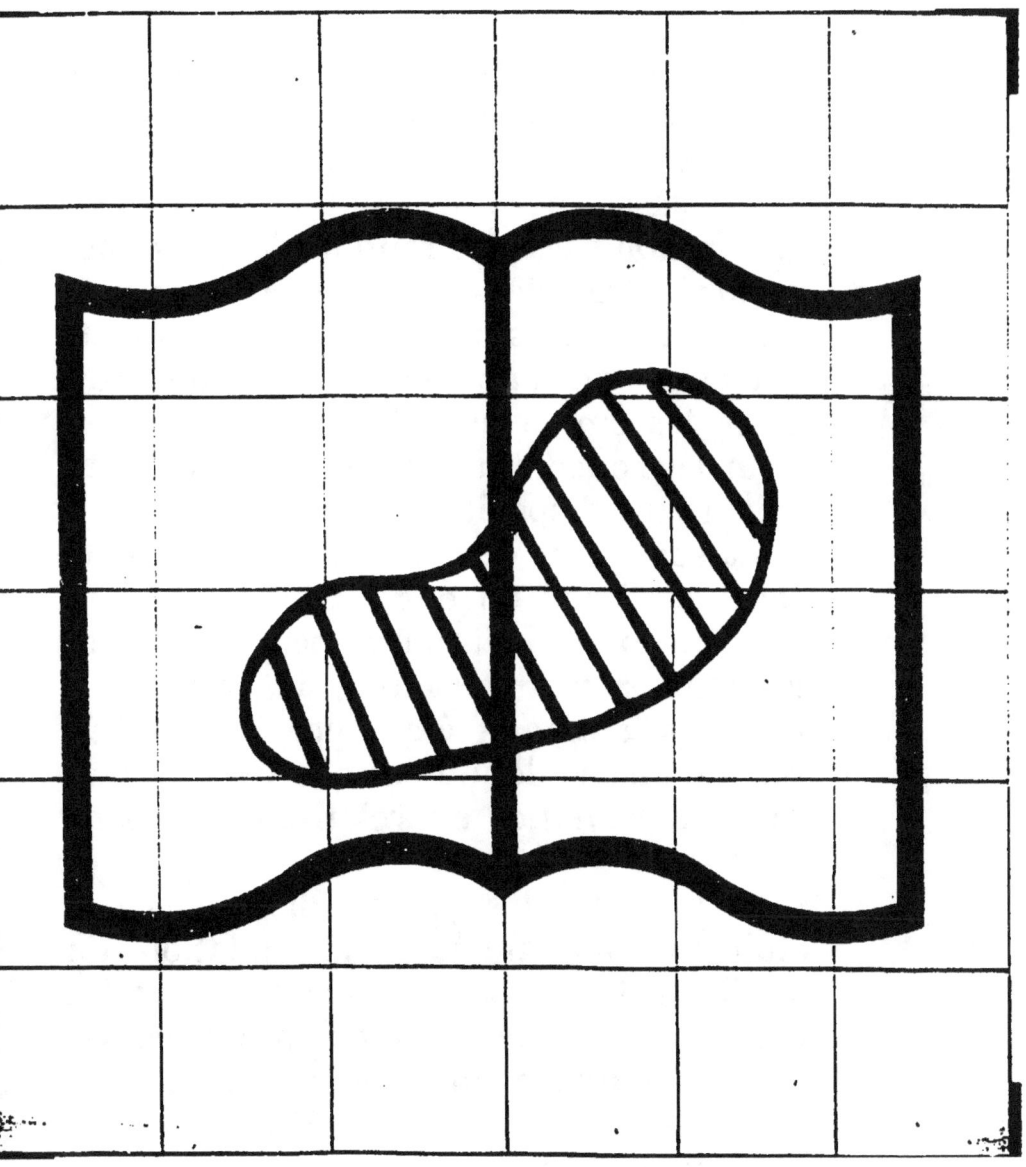

Grenoble, est une des plus belles institutions qu'ait inspirées depuis un siècle le sentiment de la bienfaisance. Son but est ainsi expliqué dans l'article 1ᵉʳ de ses statuts : l'association alimentaire de la ville de Grenoble est une réunion de personnes ayant le droit de venir acheter au moyen de jetons acquis à l'avance des aliments préparés dans une cuisine commune, soit pour les emporter à leur domicile, soit pour les consommer dans des réfectoires mis à leur disposition.

La société ne devant pas faire de bénéfices et étant en outre déchargée d'un certain nombre d'impôts, peut vendre les aliments à peu près au prix de revient, les frais généraux étant peu élevés : il en résulte qu'elle donne pour 70 centimes un repas substantiel et relativement abondant.

Le nombre des jetons distribués qui était en 1851, année de la fondation, de 882,874 s'était élevé en 1856 à 1,310,715. La moyenne actuelle est d'environ 1,400,000 jetons produisant une somme de 140,000 f.

Le budget de l'exercice 1884 s'est réglé ainsi qu'il suit :

Recettes (y compris la nourriture de l'école professionnelle)..................... 201,444'45

Dépenses :

1° Achat de denrées et boissons................ 173,765 90
2° Combustible et éclairage   5976 45   } 198,561 30
3° Frais généraux.......... 18,818 95

Bénéfices nets........ 2,883'15

La prospérité de cette institution est telle que depuis sa fondation elle a pu dépenser en œuvres de bienfaisance près de 12,000 francs, distribuer en gratifications à ses employés environ 9,000 francs, consacrer à des constructions et réparations de bâtiments plus de 30,000 francs et se constituer néanmoins un fond de réserve qui dépasse 40,000 francs.

La société du Prêt Charitable fut établie à Grenoble en 1691, autorisée par lettres patentes du 4 janvier 1693 et réorganisée en 1825 et 1840. C'est un mont-de-piété, à cette différence près qu'elle ne prête qu'à des personnes recommandables et qu'elle n'exige aucun intérêt. — Le montant des prêts consentis annuellement s'élève en moyenne à 35,000 francs formant 1870 lots.

La maison des religieuses du Bon-Pasteur, fondée en 1833 à Saint-Robert et installée en 1840 dans le château de la Plaine, près Grenoble, est à la fois une maison de correction pour les enfants et un asile pour les Repenties.

Les Dames de la miséricorde ou Sœurs Franciscaines reçoivent aussi des filles repenties et des libérées, auxquelles elles s'efforcent de rendre le goût du travail.

Quand nous aurons cité les Petites Sœurs des Pauvres installées à la Tronche près Grenoble, grâce à la générosité du général russe le comte Yermoloff, les Conférences de Saint-Vincent-de-Paul, l'Œuvre de Saint-Joseph, nous n'aurons pas tracé un tableau complet des œuvres de bienfaisance grenobloises.

En effet, plus efficacement encore que les diverses institutions que nous venons d'énumérer, les sociétés de secours mutuels, si nombreuses et si prospères dans notre ville, contribuent à atténuer les terribles effets du chômage et de la maladie.

La plus ancienne société de secours

mutuels de Grenoble, celle des gantiers, a été fondée le 1ᵉʳ mai 1803. Encouragées par le bienveillant appui du maire, M. Renaudon, et du préfet de l'Isère, M. Fourier, d'autres ne tardèrent pas à lui succéder, et, à l'heure actuelle, on ne compte pas moins de 44 sociétés, 24 d'hommes et 20 de femmes, qui, au moyen d'une cotisation mensuelle, garantissent à leurs membres actifs des secours en argent, lorsqu'ils sont sans travail, des visites de médecins et des médicaments, en cas de maladie, et parfois une modeste retraite qui assure la tranquillité de leurs vieux jours.

III

ENVIRONS DE GRENOBLE

Sans prétendre usurper le rôle réservé à la Commission des excursions, nous devons indiquer sommairement les promenades les plus intéressantes que les membres du Congrès pourront faire dans les environs de Grenoble.

La liste en est longue, car les sites pittoresques abondent dans un rayon de vingt kilomètres autour de notre ville; nous serons donc forcément très bref et les touristes qui nous prendront pour guide ne devront pas s'attendre à ce que nous leur dictions par le menu les impressions qu'ils devront éprouver en face des splendides panoramas qui se dérouleront devant leurs yeux. Notre but plus modeste se réduit à leur indiquer les endroits à visiter, l'itinéraire à suivre et les moyens de transport.

1° LE FORT RABOT ET LA BASTILLE. — Se munir préalablement d'une permission au bureau du commandant de la place à la Citadelle.

Itinéraire.. — La montée de Chalemont qui débouche près de la fontaine du Lion, quai Perrière ; on passe devant le couvent de Sainte-Marie-d'en-Haut et l'on arrive en peu de temps par un beau chemin au Rabot où l'on jouit déjà d'une vue magnifique sur la ville, la rivière, la vallée et les montagnes.

Lorsqu'on est parvenu à la Bastille (483 mètres d'altitude), on a devant soi un des plus beaux panoramas de la France entière : sur la droite et au delà de l'Isère, grossie par le Drac, Sassenage et les cascades du Furon, puis en remontant la ligne des montagnes, Fontaine, Seyssinet et Seyssins ; en deçà du Drac, le Cours Saint-André, qui aboutit au Pont-de-

Claix, la route d'Eybens, par laquelle l'empereur arriva en 1815 et enfin la route départementale de Montmélian qui traverse Gières, Domène, Goncelin et Pontcharra. De tous côtés, des montagnes grandioses encadrent cet admirable tableau.

Cette promenade n'exige pas plus de 3 à 4 heures.

2° LE PONT DE CLAIX. — 8 kilomètres de Grenoble. — Service de voitures place Grenette.

Itinéraire. — Le Cours Saint-André.

Le pont de Claix a été jadis considéré comme l'une des sept merveilles du Dauphiné; il a été jeté sur le Drac en 1611 par le connétable de Lesdiguières. Du haut du parapet de ce pont on jouit d'un admirable coup-d'œil. « Vers le Nord, dit M. Macé, on aperçoit les fortifications de la Bastille et par dessus encore tous les grands pics du massif de la Grande Chartreuse...; à l'Ouest, le plateau de Saint-Nizier et les mamelons de Parizet, de Vouillant et de Seyssinet, Seyssins et le rocher de Comboire, dominés à une hauteur considérable par les escarpements du Moucherotte; à l'Est, tous les pics de la grande chaîne depuis le Mont Blanc jusqu'à Taillefer, l'entrée de l'Oisans où coule la Romanche et la montagne de Connexe et de Monteynard qui borne la rive droite du Drac; plus près se montre une immense étendue de terrains couverte de galets, de sable, de cailloux roulés, au milieu desquels le Drac et la Romanche, dont on voit la jonction, promènent capricieusement leurs divers bras. »

3° SASSENAGE. — 6 kilomètres de Grenoble. — Service de voitures place Grenette.

Itinéraire. — Le Cours Berriat, le pont du Drac, Fontaine, où se trouvent des grottes curieuses dites les Balmes de Fontaine ; à Sassenage visiter l'église dont le clocher du XIe siècle a été conservé. Dans cette église, sous un marbre noir sans inscription, se trouve le tombeau du connétable de Lesdiguières. Visiter aussi le château appartenant à la famille de Bérenger.

Le véritable attrait de Sassenage, c'est la gorge du Furon et les Cuves, dont nous empruntons la description à l'excellent guide de M. Joanne.

« Derrière la place principale du village s'ouvrent les gorges du Furon. Né dans les montagnes de Lans, au pied de la grande roche Saint-Michel (1621 mètres), ce beau torrent descend de cascade en cascade dans un ravin surplombé par les immenses parois à pic de roches grisâtres, recouvertes d'une vigoureuse végétation partout où une graine emportée par le vent a pu trouver un point d'appui.

« Après être sorti du village, dit M. A. du Boys, on rencontre un de ces paysages où la nature semble avoir affecté la plus minutieuse perfection de détails. Tout y est gracieux, riant, pittoresque. Un aqueduc qui passe sur un arceau revêtu de lierre encadre délicieusement le premier plan du tableau. Sur la droite, on aperçoit des usines, des prises d'eau, des moulins et des chaumières étagées et admirablement groupées sur une pente rapide; puis, dans le lointain, la gorge qui remonte et fuit derrière l'aqueduc. En grimpant le long du sentier escarpé qui mène aux grottes, ce sont à tous moments des paysages, des tableaux qui se renouvellent avec une inépuisable variété. Tout à coup on est arrêté par un ruisseau latéral qui se précipite dans le Furon. Ce ruisseau, qui est d'un volume très considérable au printemps, sort comme par enchantement des entrailles de la montagne et se fait jour sous un sombre péristyle de rochers que l'on voit sur la gauche. On monte encore quelques pas et, après un petit circuit, on peut parcourir ce péristyle, s'enfoncer dans les grandes grottes et dans le four des Fées. A mesure que l'on pénètre dans ces cavernes mystérieuses, on entend de nombreux ruisseaux se croiser, se choquer et se perdre en murmurant dans des abîmes sans fond. On cesse de s'étonner alors que cet antre magique soit, d'après les traditions du Moyen-Age, la demeure d'une fée, être amphibie et surnaturel que l'on craint et que l'on vénère.

« A l'entrée même de la grotte, sur la droite, on voit ce qu'on appelle les *Cuves* : ce sont deux excavations naturelles, en forme de cône renversé, remplies d'eau au printemps (quand il n'y a pas d'eau au printemps, c'est, dit-on, un signe de stérilité). La fée Mélusine ne pouvait pas y prendre ses bains habituels... La tradition porte, en effet, que Mélusine, surprise par son mari dans la honteuse métamorphose qu'elle était obligée de subir une fois par semaine, s'élança d'un bond de la grande tour du vieux château jusque dans la caverne qui est de l'autre côté du Furon. Là, on la chercha en vain dans le labyrinthe que forment les grottes sinueuses et coupées de distance en distance par des ruisseaux, des cascades et des précipices. Depuis ce temps, elle ne se mêla plus aux mortels et put baigner à l'aise ses queues de couleuvres dans les retraites humides qu'elle avait choisies, sans crainte d'être jamais troublée par un œil indiscret... »

Après avoir rapporté les poétiques fictions de la légende, écoutons, sur cette même grotte, le langage plus positif de la science : « La montagne de Sassenage, dit M. Lory, se termine supérieurement par un large plateau qui s'étend, vers le sud, jusqu'au village de Saint-Nizier : le sol de ce plateau, couvert d'une grande quantité de blocs erratiques des grandes Alpes, est formé soit par les couches fendillées de la craie à silex, soit par un dépôt de mollasse et de poudingues tertiaires qui les recouvre à Saint-Nizier ;

ce sol, éminemment perméable, boit les eaux pluviales et l'inflexion des couches qui forment, sous Saint-Nizier, une gouttière concave, dans la direction même de la faille supposée prolongée, concentre naturellement ses eaux à l'origine de cette fracture. Elles s'y engouffrent, la suivent, descendent à mesure qu'elle s'approfondit et arrivent ainsi au niveau des grottes. A ce niveau, comme nous l'avons vu, le calcaire néocomien supérieur qui forme le bord oriental de la faille repose sur les marnes à spatangues, première assise de l'étage néocomien inférieur; ces couches, peu consistantes, ont dû s'ébouler dans la faille et y former un fonds marneux imperméable. Dès lors, les eaux, arrêtées dans leur chute, se sont frayé des passages à travers les roches fendillées de la craie formant l'autre bord de la faille. De là l'ouverture des grottes, sorte de robinet latéral par lequel jaillissent les eaux amassées dans la faille et retenues inférieurement au niveau des marnes néocomiennes. »

Après avoir visité les Cuves, il faut franchir le torrent et revenir sur la rive gauche par un sentier étroit et escarpé, d'où l'on voit dans tout son ensemble la plus belle cascade du Furon.

De Sassenage, on peut se rendre aux Gorges d'Engins soit par des sentiers, soit par la route de Sassenage au Villard-de-Lans.

4° La Tronche, Montfleury, Bouquéron, Corenc, Le Sappey, Le Saint-Eynard.

Itinéraire. — Tramway de la place Grenette à La Tronche, où il convient d'aller admirer, dans l'église paroissiale, la délicieuse Vierge d'Hébert. Une belle route, tracée par le génie militaire, conduit de La Tronche au sommet du Mont Saint-Eynard, où se trouve un fort. De la route, on aperçoit d'abord le Couvent de Montfleury, fondé en 1349, par Humbert II, pour des Religieuses Dominicaines. Madame de Tencin y resta six années. Aujourd'hui, le couvent appartient aux Religieuses du Sacré-Cœur qui y ont étabi un pensionnat. Un peu plus loin, c'est le Château de Bouquéron, ancienne résidence féodale, aujourd'hui transformé en établissement hydrothérapique pour les affections nerveuses, les maladies chroniques, les rhumatismes et les catarrhes. Les gens bien portants peuvent néanmoins s'y arrêter pour contempler un beau panorama sur la vallée de l'Isère et les montagnes qui l'entourent.

En suivant la route, on arrive au village de Corenc, dont l'église, récemment construite, domine toute la vallée. Au-dessus de ce village, sont les vastes bâtiments de la Maison-Mère des Religieuses de la Providence qui fournit encore des institutrices à certaines communes rurales du département.

Après trois heures de marche, voici les premières maisons du Sappey, village situé à 1,000 mètres d'altitude, sur la route de la Grande-Chartreuse. De là, on peut, en deux heures, faire l'excursion de la montagne de Chamechaude (2,807 mètres), d'où l'on jouit d'une admirable vue sur la vallée du Graisivaudan, l'Obiou, le mont Aurouze, les divers pics du Pelvoux, les glaciers des Grandes-Rousses, de Belledonne, des Sept-Laux, le Grand-Charnier, les montagnes de la Maurienne et de la Tarentaise, le petit Saint-Bernard et toute la chaîne du Mont-Blanc.

Les touristes moins ambitieux se contenteront de suivre la belle route du fort, et, moyennant une autorisation de l'autorité militaire, ils pourront visiter cette forteresse bâtie il y a quelques années, à 1,359 mètres d'altitude. De ce point, on découvre un des plus magnifiques paysages du Dauphiné.

5° URIAGE, PRÉMOL, CHANROUSSE, L'OURCIÈRE. — 12 kilomètres de Grenoble. — Voiture place Grenette.

Itinéraire. — On traverse le faubourg de la Croix-Rouge, le hameau de la Galochère, le village de Gières ; puis on s'engage dans la gorge pittoresque où coule un ruisseau nommé le Sonnant ; un peu avant d'arriver, on aperçoit, au sommet d'un coteau, le vieux château d'Uriage, ancienne résidence de la famille des Alleman.

Uriage est un établissement hydrothérapique que les Romains connaissaient déjà. Sa réputation, répandue dans les deux mondes, lui attire tous les ans de nombreux visiteurs. La source minérale d'Uriage est chlorurée, sodique et sulfureuse : elle est efficace dans les cas de dermatose et de scrofules, dans les rhumatismes, l'aménorrhée, la dysménorrhée, les abaissements et déviations de l'utérus, les laryngites, etc...

Pour ceux qui ont le bonheur de n'être affectés d'aucune maladie, Uriage est un agréable but de promenade où l'on peut passer sans ennui une excellente journée. Le château mérite une visite spéciale : on y trouve une intéressante collection d'antiquités égyptiennes, grecques et étrusques, et une belle galerie de tableaux.

D'Uriage on peut faire de nombreuses excursions: dans la vallée de Vaulnaveys, qui aboutit à Vizille, à la montagne des Quatre-Seigneurs, aux Mûriers, au Marais et surtout à la Chartreuse de Prémol d'où l'on peut se rendre au sommet de Chanrousse (2,247 mètres) et revenir par la cascade de l'Ourcière.

6° EYBENS, TAVERNOLLES ET HERBEYS. — Voitures pour Eybens, place Grenette.

Itinéraire. — A Eybens (6 kilomètres de Grenoble), la route incline à gauche dans le vallon du Verdaret; on arrive en quelques minutes à Tavernolles (8 kilomètres) où l'on prend sur la gauche un chemin qui conduit à Herbeys. En arrivant dans ce village on remarque une vaste construction qui fut jadis la résidence des évêques de Grenoble. C'est là que l'évêque Hay de Bouteville se brûla la cervelle en 1788. On peut revenir par Villeneuve d'Uriage et Uriage où l'on reprend la voiture de Grenoble.

7° Vizille. — 17 kilomètres de Grenoble. — Chemin de fer de Grenoble à Gap et voitures publiques place Grenette.

Itinéraire. — Le Cours Saint-André, le Pont de Claix, puis la route incline au sud-est et remonte la rive droite du Drac. On passe devant la papeterie Breton qui occupe 350 ouvriers; après le confluent du Drac et de la Romanche on remonte la rive droite de ce dernier torrent jusqu'à Vizille.

Le grand attrait de Vizille, c'est son château construit par Lesdiguières au commencement du xvii° siècle. Sur le fronton du portail se trouve une statue équestre du connétable qui est généralement attribuée au sculpteur Jacques Richier. Du côté du parc, la façade est ornée d'un magnifique escalier à plusieurs étages de doubles rampes dont l'effet est grandiose.

C'est dans la salle du jeu de paume de ce château que se tint en 1788 la célèbre réunion de Vizille. Cette salle n'existe plus aujourd'hui ; le château de Vizille a en effet été presque complètement détruit en 1825 par un incendie.

Des mains des héritiers du connétable, le château de Vizille passa en 1775 en la possession d'un négociant de Grenoble nommé Claude Périer, souche de l'illustre famille de ce nom. Il est actuellement en vente.

De Vizille on peut monter en deux heures de marche au village de Laffrey où se trouvent des lacs d'une assez grande étendue et d'où l'on jouit d'une vue magnifique sur la vallée de la Romanche et les montagnes voisines. C'est dans ce village qu'à son retour de l'île d'Elbe Napoléon Ier rencontra les troupes envoyées pour arrêter sa marche et que se passa cette scène légendaire que la gravure a popularisée. Une plaque placée sur le mur d'un jardin rappelle ce grand événement.

8° VIF, LA FONTAINE ARDENTE. — Chemin de fer de Grenoble a Gap jusqu'à Vif, où il convient de visiter l'église, dont le clocher, le portail et l'abside méritent l'attention des archéologues.

Itinéraire. — De Vif, on suit la route de Grenoble à Sisteron et l'on passe successivement d'abord aux hameaux du Crozet, des Tallandiers, du Poyet, laissant à droite le Genevray et à gauche les Saillants, puis au Sert, aux Brets, à Faverol, aux Jails et à Beney. Arrivé à l'auberge de la Fontaine Ardente, on prend à droite un chemin qui conduit à un ruisseau sur la rive droite duquel se trouve la fameuse fontaine qui brûle, l'une des sept merveilles du Dauphiné. Ce phénomène se produit depuis une haute antiquité puisque saint Augustin en parle dans sa Cité de Dieu et qu'on a trouvé non loin de là une inscription romaine en l'honneur de Vulcain. Il est produit par les émanations d'un gaz composé de 99 o/o d'hydrogène sulfuré et de 1 o/o d'acide carbonique, qui s'enflamme lorsqu'on l'allume en produisant une flamme bleuâtre assez vive.

9° SEYSSINET, LA TOUR-SANS-VENIN, LE DÉSERT DE JEAN-JACQUES. — Voitures pour Seyssinet, rue du Lycée, 30.

Itinéraire. — De Seyssinet, une bonne

route conduit d'abord au château de Beauregard, bâti de 1768 à 1785, dans la plus admirable position des environs de Grenoble, puis à la Tour-Sans-Venin, qui domine le château de 335 mètres. Cette tour qui fut, elle aussi, une des sept merveilles du Dauphiné, n'est plus qu'une ruine: elle doit son nom bizarre à une légende d'après laquelle le paladin Roland qui l'avait bâtie aurait jeté à l'entour des terres apportées de Paris, lesquelles possédaient la singulière vertu de faire périr tous les reptiles venimeux. Le village où elle est située s'appelle Pariset. Il est probable que ce nom de Sans-Venin n'est qu'une déformation populaire du nom primitif qui devait être Saint-Véran. La vraie merveille, ce n'est pas ce pan de mur sans caractère, c'est l'admirable panorama qui, du haut de cette cîme, se déroule devant les yeux.

De la Tour-Sans-Venin, on arrive en une demi-heure à un ravin bordé de rochers et de bouquets de sapins que l'on appelle le désert de Jean-Jacques Rousseau, parce que, suivant une tradition douteuse, le philosophe genevois y serait venu souvent pour herboriser.

Si l'on ne veut pas reprendre la même route, on peut revenir par Sassenage ou par Fontaine.

10° Seyssins, Comboire, Claix.

Itinéraire. — Le Cours Saint-André, le Cours Berriat, le Pont sur le Drac; au delà du Drac on tourne à gauche et on arrive à Seyssins (7 kilomètres de Grenoble), d'où l'on jouit d'une belle vue sur la vallée du Graisivaudan et les montagnes de l'Isère et de la Savoie. De Seyssins, par un chemin resserré entre la Moucherotte et le rocher de Comboire, on arrive au Pont-de-Claix d'où l'on peut revenir en voiture à Grenoble.

11° Saint-Robert, Saint-Egrève, Proveyzieux, Quaix, Saint-Martin-le-Vinoux. — Voiture de Grenoble à Saint-Robert, place Grenette.

Itinéraire. — A Saint-Robert, hameau de la commune de Saint-Egrève, nous recommandons comme très intéressante la visite de l'Asile départemental d'aliénés. C'est un des plus beaux établissements de ce genre, dont l'excellente organisation est l'œuvre de M. le docteur Evrat et du directeur actuel, le sympathique M. Pinot.

C'est à Saint-Robert que Barnave fut arrêté au mois d'août 1792.

De Saint-Robert, on se rend au hameau de la Monta, dépendant aussi de Saint-Egrève, et de là, on monte à Proveyzieux par une route assez roide, de laquelle on jouit de très beaux points de vue sur la vallée de l'Isère, les montagnes de Saint-Nizier, le Casque de Néron, Roche-Pleine, les rochers de Chalves, les vallées de Tenaison et de la Vence. Entre ces deux vallées, se dressent deux pics, l'Aiguille (1,148 mètres) et la Pinéa (1,779 mètres). Au dessus de Sarcenas, on aperçoit la cime neigeuse de Chamechaude (2,087 mètres). En une heure, on arrive à Proveyzieux, d'où l'on découvre encore un fort bel horizon. De Proveyzieux, on peut se rendre à Quaix, petit village situé à 520 mètres d'altitude et revenir à Grenoble par Saint-Martin-le-Vinoux. Si le temps manque, on peut revenir de Quaix à Saint-Egrève, où l'on prend la voiture de Grenoble.

12° Le Couvent de Chalais et la Grande-Aiguille. — Chemin de fer de Grenoble à Lyon, jusqu'à Voreppe.

Itinéraire. — A Voreppe, on remonte la rive gauche de la Roize : on passe successivement aux hameaux de Rassin et de Gerboudière, et, après avoir traversé une belle forêt de sapins, on arrive en deux heures au couvent de Chalais, situé à 940 mètres d'altitude, à la base septentrionale de la Grande-Aiguille.

Chalais était, au commencement du xiie siècle, une abbaye bénédictine : les Chartreux s'y établirent en 1303 et le gardèrent jusqu'à la Révolution. En 1844, le P. Lacordaire en fit l'acquisition et y établit un noviciat de Dominicains. Aujourd'hui, Chalais appartient à un particulier.

« Après avoir visité le couvent qui, reconstruit en 1640 par les Chartreux, n'offre rien de bien remarquable, on ne doit pas manquer, dit M. Ad. Joanne, de monter à la Grande-Aiguille, en suivant un Chemin de Croix dont la 14e station est précisément le sommet de la montagne (1,095 mètres). Du pied de la grande croix qui la domine, on jouit d'un admirable panorama : on voit successivement, au sud-ouest, Voreppe, l'Echaillon, le coude de l'Isère, Moirans, Tullins, la Tour de Saint-Quentin ; à l'ouest, Parménie, le plateau de Bièvre, la vallée du Rhône, le mont Pila, Voiron, la chaîne du Raz, la vallée de la Placette, la route de Saint-Laurent-du-Pont ; au nord, une partie du massif de la Grande-Chartreuse ; au sud, la montagne de Saint-Nizier, la plaine de Grenoble, le cours du Drac, son confluent avec l'Isère ; à l'est enfin, se dressent l'Obion et Taillefer, couronnés de neiges éternelles. »

On peut revenir de Chalais à Grenoble par Mont-Saint-Martin et Fontanil.

Nous terminerons là cette liste, nécessairement très incomplète, des excursions que l'on peut faire autour de Grenoble. Pour épuiser ce sujet, il nous faudrait un volume qui, du reste, ne ferait que répéter ce qui a été excellemment exposé dans des guides nombreux qui sont aujourd'hui dans toutes les mains. Nous nous en remettons à ces ouvrages pour indiquer aux membres du Congrès qui désireraient faire plus ample connaissance avec notre beau pays, les routes qui conduisent à Allevard-les-Bains, au château Bayard, à La Ferrière et aux Sept-Laux, à La Salette, à La Motte-les-Bains, au Bourg-d'Oisans, et nous laissons à la Commission locale chargée de préparer les excursions le soin d'expliquer l'itinéraire des courses projetées à la Grande-Chartreuse, dans la vallée de l'Oisans et aux Goulets.

Structure Géologique

DES ALPES OCCIDENTALES

APERÇU SOMMAIRE

SUR LA

STRUCTURE GÉOLOGIQUE

DES ALPES OCCIDENTALES

Aucune ville en France, ni en Suisse, n'est située aussi favorablement que Grenoble, pour saisir, d'un coup d'œil, les principaux traits de la structure des Alpes occidentales.

La large vallée de l'Isère, ou vallée de Grésivaudan, depuis Albertville jusqu'à Grenoble, et le cours du Drac, remonté depuis Grenoble jusqu'à Saint-Bonnet (Hautes-Alpes), établissent nettement la séparation entre deux régions montagneuses, complètement distinctes, la *Région des chaînes alpines*, à l'Est ; et la *Région des chaînes subalpines*, à l'Ouest.

RÉGION DES CHAÎNES ALPINES

1. — Le caractère le plus frappant de la *Région des chaînes alpines* consiste en de grandes saillies de roches cristallines schisteuses du *terrain primitif*, gneiss, micaschistes, schistes amphiboliques, schistes chloriteux, etc., auxquelles sont associés divers types de roches *granitiques*, stratiformes ou massives.

Le type le plus net de ces massifs fondamentaux de roches cristallines anciennes est représenté, en face de Grenoble, par la splendide chaîne de Belledonne, atteignant trois mille mètres d'altitude. Dirigée, dans son ensemble, du S.-S.-O. au N.-N.-E., cette chaîne traverse en entier les deux départements de l'Isère et de la Savoie, du canton de Valbonnais au canton de Beaufort ; les profondes coupures par lesquelles s'écoulent la Romanche, l'Arc, l'Isère et le Doron de Beaufort mettent à nu sa structure sur des milliers de mètres de hauteur et n'en font que mieux ressortir la parfaite continuité. Elle se lie, par des attaches manifestes, avec d'autres massifs de même nature : au midi, le massif du Pelvoux, celui des Grandes-Rousses, en Oisans, et celui du Rocheray, près de Saint-Jean-de-Maurienne ; au nord, dans la Haute-Savoie, les massifs du Mont-Blanc et des Aiguilles-Rouges.

2. — Les roches cristallines qui constituent ces massifs ne diffèrent pas essentiellement de celles du Plateau central de la France, ou des autres régions considérées comme types du *terrain primitif*. Les roches plus ou moins feuilletées, stratiformes y prédominent de beaucoup, et elles sont même bien moins disloquées en détail, bien moins hachées de filons éruptifs, que leurs analogues du Plateau central. La profondeur des tranchées naturelles dans lesquelles on peut suivre leurs allures permet de déterminer, plus nettement que partout ailleurs, leur ordre normal de succession et de superposition.

Dans la chaîne de Belledonne, par exemple, sur tout le versant qui regarde la vallée de Grésivaudan, les schistes cristallins, fortement inclinés, plongent uniformément vers l'O.-N.-O. Le premier groupe, revêtant les premières pentes de la chaîne, se compose de schistes d'un éclat nacré ou soyeux, souvent onctueux au toucher, désignés communément sous le nom de *schistes talqueux* ou *talschistes* (*talcites* de Cordier) ; mais il est à noter qu'ils ne renferment que rarement du *talc* proprement dit, et leur aspect caractéristique est dû surtout à certaines variétés de *micas (séricite*, etc.). Les environs d'Aiguebelle (Savoie), les roches traversées par les filons de *fer spathique* d'Allevard ou du canton de Vizille, le versant ouest du mont Taillefer présentent de très bons types de ces schistes cristallins. Souvent ils sont colorés en vert plus ou moins foncé, par un mélange de *chlorite*, et il en est de même d'une grande épaisseur de schistes plus quartzeux qui viennent ensuite et qui s'élèvent jusque dans les premières sommités de la chaîne.

Ces *schistes chloriteux* passent, par des alternances nombreuses, à des *schistes amphiboliques* qui présentent, particulièrement, un développement extraordinaire, dans la partie de la chaîne située à l'Est de Grenoble et dans la coupure transversale de cette chaîne par la gorge de la Romanche, entre Grenoble et le Bourg-d'Oisans. C'est la partie la plus tenace et la plus résistante de l'ensemble des schistes cristallins et elle a subsisté ainsi en une arête saillante, aux formes hardiment découpées, comprenant, entre autres sommités, les trois pics de Belledonne, points culminants de la chaîne. Un peu plus au nord, au col de la Coche, l'épaisseur des schistes amphiboliques diminue rapidement ; ils se fondent, pour ainsi dire, par des alternances multiples, avec les *schistes chloriteux*, et l'arête qu'ils constituaient s'abaisse brusquement.

En franchissant le col de la Coche, on voit succéder aux *schistes amphiboliques*, sur le versant de l'Olle, les *micaschistes*, qui renferment souvent dans nos pays des couches de *calcaires cristallins*, tantôt purs (comme les *marbres* du Valsenestre, Isère), tantôt mêlés de mica et de grains de quartz (*marbres cipolins*) ; — puis des *gneiss*, inclinant toujours dans le même sens et formant le groupe le plus inférieur de cette série, dont l'épaisseur totale ne peut guère être évaluée à moins de six mille mètres.

Les *gneiss*, devenant de plus en plus *granitoïdes*, forment les parois du cirque des Sept-Laux, dont le centre est occupé par un *granite* massif : les *gneiss* s'appuient sur ce noyau granitique, avec des pentes inverses à l'Ouest et à l'Est, et forment, de ce dernier côté, des pics qui rivalisent de hauteur avec ceux de Belledone.

Cette partie de la chaîne de Belledonne nous présente ainsi une coupe complète du *terrain primitif* des Alpes, et la succession des divers types de schistes cristallins que nous venons de décrire se montre partout la même. Mais ces divers groupes ne constituent pas des divisions absolument tranchées ; ils se lient les uns aux autres par des alternances multiples et font partie d'une seule et même grande formation.

3. — Au-delà du cirque des Sept-Laux, vers l'Est, en suivant la profonde coupure du Maupas, on traverse de nouveau les *gneiss* et les *micaschistes*, plongeant alors

vers l'Est ; ils sont recouverts, de même que sur l'autre versant, par des *schistes amphiboliques* et des *schistes chloriteux*.

Le *granite* massif des Sept-Laux offre des indices de texture *granulitique*, et cette texture est encore bien plus prononcée dans des filons minces qui traversent les gneiss et les micaschistes de la gorge du Maupas ; mais ces filons ne paraissent pas atteindre les *schistes amphiboliques*.

4. — Au sud du Bourg-d'Oisans, sur le chemin de Venosc, on voit surgir des filons *granulitiques*, qui coupent aussi les *micaschistes*, mais qui pénètrent dans les schistes *amphiboliques* ou *chloriteux* situés en-dessus et s'enchevêtrent avec ces schistes. Alors, les caractères de ces *granulites* se modifient : leurs micas se chargent de *chlorite* et deviennent d'un vert terne ; leurs deux feldspaths (*oligoclase* et *orthose*) deviennent aussi un peu ferrugineux, prennent des teintes vertes ou rosées ; on a alors le type de roche granulitique connu sous le nom de *protogine*, dont une belle variété est exploitée comme pierre de taille, près du Bourg-d'Oisans.

La même transformation de la *granulite* massive, traversant les *gneiss*, en *protogine*, enchevêtrée avec les schistes chloriteux ou amphiboliques, se montre bien plus en grand dans les parties centrales du massif du Pelvoux, entre les Etages et la Bérarde ; et toute la grande arête orientale de ce massif, entre la Grave et Vallouise, est formée de *protogine strati-liforme*, alternant avec des schistes chloriteux feldspathiques, dont elle est inseparable. Ce sont exactement les mêmes allures que celles de la *protogine* du Mont-Blanc, *stratiforme* aussi, comme l'a décrite de Saussure, et intimement associée à des schistes feldspathiques chloriteux ou amphiboliques. La *protogine* peut donc être définie, ce semble, comme étant une transformation d'une *granulite* éruptive, qui, après avoir traversé, en *filons*, les *gneiss* et les *micaschistes*, s'est enchevêtrée avec les *schistes amphiboliques* et *chloriteux*, à l'époque même de leur formation ; elle est devenue alors *strati-forme*, comme un filon de basalte qui s'épanche en coulée, et elle a reçu, des dépôts avec lesquels elle se trouvait ainsi en contact, des modifications, des imprégnations de *chlorite* et de *talc*, en même temps que les schistes amphiboliques ou chloriteux, eux-mêmes, ont reçu d'elle une augmentation de leur richesse en feldspath.

Ces idées théoriques me semblent répondre aux caractères et aux allures de la protogine dans les Alpes et fixer en même temps, d'une manière précise, les conditions et l'âge de la formation de cette roche, qui joue un si grand rôle dans les deux massifs culminants des Alpes françaises, ceux du Pelvoux et du Mont-Blanc, et a aussi une importance considérable dans le massif des Alpes Bernoises.

5. — Sur les flancs de nos grands massifs de roches *primitives* s'appuient diverses formations sédimentaires : des grès, avec couches *d'anthracite*, contenant les empreintes végétales caractéristiques du *terrain houiller*; — le *trias*, plus ou moins développé, avec amas de *gypse*, calcaires magnésiens et sources salines; — des calcaires noirs, schisteux ou compacts, avec Ammonites et Bélemnites, représentant les étages inférieurs du terrain *jurassique*, et principalement le groupe du *lias*.

A ce dernier appartiennent les calcaires

noirs, argileux, feuilletés, prenant souvent la texture d'ardoises grossières, qui constituent, sur la rive gauche de l'Isère, les pentes inférieures de la chaîne de Belledonne, les collines à formes arrondies, cultivées ou boisées, d'Uriage, de Domène, d'Allevard, etc.

Les couches de ces divers terrains sédimentaires sont toujours fortement disloquées et plissées ; elles attestent ainsi que le façonnement des chaînes alpines est postérieur à leur dépôt. Les mêmes terrains occupent, au Sud-Est des massifs cristallins *primitifs* ci-dessus énumérés, de vastes surfaces, que l'on pourrait appeler les *pays intra-alpins,* tels que le Briançonnais, la Maurienne et la Tarantaise. Le *terrain primitif* y perce encore çà et là, par plusieurs déchirures : par exemple, en Savoie, dans les massifs de la Vanoise, du Thuria, du Ruitor. Mais il reparaît surtout sur le versant italien en une large bande continue, bordant immédiatement les plaines, depuis le lac Majeur jusqu'à Saluces. Ce puissant rempart de roches cristallines est traversé complétement par les profondes coupures qui donnent issue à la Doire d'Aoste et à celle de Suse, au

Pô et à ses premiers affluents, entre Pignerol et Coni.

6. — Telle est, dans son ensemble, la constitution de la *Région des chaînes alpines*: sa largeur, mesurée normalement à la courbure générale des Alpes, est d'environ 100 kilomètres. Les massifs saillants de *terrain primitif* y sont disposés suivant deux zones concentriques : l'une, bordant immédiatement les plaines de l'Italie, que nous appelons la *zone du Mont-Rose* ; l'autre, où ces massifs sont moins continus, faisant face aux *chaînes subalpines*: nous l'appellerons la *zone du Mont-Blanc*. C'est à celle-ci qu'appartiennent la *chaîne de Belledonne* et les autres massifs primitifs des Alpes Dauphinoises.

Il existe des différences de structure très importantes entre ces deux divisions de nos chaînes alpines.

Dans la *zone du Mont-Rose*, quelque faible ou quelque forte que soit, suivant les localités, l'inclinaison des couches des terrains de sédiment, ces couches sont toujours sensiblement parallèles à celles des schistes cristallins primitifs sur lesquels elles s'appuient. Les *schistes cristal-*

lins, jusqu'aux *gneiss* les plus inférieurs, sont encore à peu près horizontaux sur de vastes surfaces du versant italien, et ils devaient être généralement ainsi, quand ils ont été recouverts par le *trias* et ensuite par le terrain *jurassique* : l'ensemble n'a été façonné en montagnes que postérieurement au dépôt de ce dernier, et même, comme nous le verrons bientôt, à une époque bien plus récente.

Les dislocations que ces divers terrains ont éprouvées en commun ont donné lieu à de *grandes failles* et surtout à des *plissements* réguliers, plus ou moins profondément rompus suivant leurs axes, rappelant ainsi, sur une échelle cinq ou six fois plus grande, les caractères si connus de l'orogénie des hautes chaînes du Jura.

7. — Au contraire, dans la *zone du Mont-Blanc*, les schistes cristallins *primitifs* sont presque toujours très fortement inclinés, et l'on voit souvent reposer sur leurs tranches, préalablement corrodées, des couches horizontales ou peu inclinées de *trias* ou de *lias*. Des faits de ce genre s'observent aux niveaux les plus divers, depuis 700 jusqu'à 3,500 mètres d'altitude.

En vue même de Grenoble, il existe plusieurs exemples de cette *discordance de stratification*, dans les lambeaux de calcaires qui couronnent le terrain *primitif*, entre Vaulnaveys et Séchilienne, au sommet de Chanrousse (2,253 mètres) et à la crête de Brouffier (2,400 mètres environ), près du sommet de Taillefer. En Oisans, ces cas de superposition des calcaires du *lias*, en couches à peu près horizontales, sur les tranches des schistes cristallins fortement inclinés, s'observent sur une foule de points, à moins de 800 mètres d'altitude, sur le chemin de la Garde, jusqu'à 2,800 mètres, sur les plateaux étagés des Petites-Rousses, et entre 3,000 et 3,500 mètres, sous les glaciers du Mont-de-Lans et au col de la Lauze. D'ailleurs, ce n'est pas seulement sur les tranches des schistes cristallins que l'on voit reposer ainsi, en discordance, les couches du *trias* ou du *lias :* elles reposent de même sur les tranches des *grès à anthracite* (terrain *houiller*), au Mont-de-Lans et dans le canton de La Mure.

Il est donc bien évidemment démontré que, dans la *première zone alpine*, ou *zone du Mont-Blanc*, les terrains anciens, y compris le *terrain houiller*, avaient été déjà redressés, antérieurement au dépôt des terrains secondaires, et qu'ainsi les montagnes de cette zone sont le résultat complexe de dislocations se rapportant à deux époques au moins, très différentes.

Il faut même ajouter que les *grès à anthracite (terrain houiller)*, qui, dans l'Oisans, sont sensiblement concordants avec les schistes cristallins, sont, au contraire, dans le canton de La Mure et sur divers points de la chaîne de Belledonne, en discordance sur les tranches de ces schistes. Tandis que, dans la *zone du Mont-Rose*, le *terrain primitif* n'a été façonné en montagnes qu'avec l'ensemble des terrains secondaires qui l'avaient recouvert, celui de la *première zone alpine*, ou *zone du Mont-Blanc*, a été disloqué, dans toutes ses parties, avec le terrain *houiller*, antérieurement à la période du *trias*, et il porte même, sur quelques points de son bord occidental, des traces de dislocations plus anciennes.

8. — Nos schistes cristallins de la *zone du Mont-Blanc* ont donc été véritablement *le noyau de l'orogénie des Alpes occidentales*.

Jusqu'à l'époque *houillère*, ils formaient, sans doute, un même tout avec ceux du Plateau central, et étaient même, certainement, bien moins disloqués que ces derniers.

C'est à la fin de la période *carbonifère*, postérieurement au dépôt des *grès à anthracite* de la Mure, (correspondant à la base des houilles de Saint-Étienne), que les Alpes occidentales ont véritablement pris naissance. C'est alors que fut constituée cette *première zone alpine* ou *zone du Mont-Blanc*, à laquelle se rattachent, par les mêmes caractères statigraphiques, au Sud-Est, le massif des Grandes Alpes maritimes, et en Suisse, ceux de l'Oberland bernois et du Saint-Gothard ; grand rempart demi-circulaire, ou plutôt polygonal, s'étendant ainsi du col de Tende jusqu'au canton des Grisons.

9. — Cet ensemble de chaînes primitives fut soumis à une dénudation générale pendant la période *pénéenne* (ou *permienne)*, qui ne paraît être représentée, dans les Alpes françaises, par aucune formation sédimentaire bien caractérisée et le serait seulement, dans le centre et l'est

de la Suisse, par quelques-unes des couches désignées sous le nom de *verrucano*.

Par suite d'un affaissement graduel de la région, la majeure partie de cette zone se trouva, dans le cours de la période du *trias*, recouverte par des lagunes où se formèrent des dépôts gypseux et salifères, discontinus, de caractères variables et généralement peu épais. La submersion continuant devint générale, pour les Alpes françaises, dans les premiers temps de la période *jurassique*, et notre *première zone* fut ainsi recouverte d'un puissant dépôt de *lias*, atteignant, dans nos pays, plus de mille mètres d'épaisseur.

Des accumulations de sédiments encore bien plus considérables et supposant de pareils affaissements progressifs, ont eu lieu, de part et d'autre, comme nous le verrons bientôt, dans les autres zones alpines et dans celle des chaînes subalpines. Ces énormes affaissements, accompagnés d'énormes surcharges, ont fini par rompre l'équilibre, et ont abouti, dans le cours des temps tertiaires, aux mouvements qui ont façonné les reliefs de ces diverses zones et qui ont, en même temps, remanié et complètement modifié la structure de la *première zone alpine* ou *zone du Mont-Blanc*.

Si, en effet, sur ses plateaux étagés et même sur des sommets culminants, cette zone nous offre encore des lambeaux de terrains secondaires en position horizontale ou très peu inclinée, il n'en est plus de même, en général, sur les pentes et sur les flancs des vallées, où ces mêmes terrains sont toujours fortement bouleversés, en couches plissées et contournées. C'est ce qui se montre surtout, d'une manière frappante, pour les calcaires argileux du *lias*, dans l'Oisans et les hautes vallées de la Savoie; et les énormes pressions qui ont déterminé ces contournements si curieux, ont aussi déterminé, dans les mêmes roches argilo-calcaires, le développement du *clivage ardoisier*, suivant un sens normal à ces pressions et indépendant de celui de la stratification.

10. — Dans ces dislocations qui ont produit le nouveau façonnement de la première zone alpine, les terrains anciens, déjà plissés, consolidés et usés sur leurs tranches, se sont comportés comme des masses *rigides*: ils ne se sont pas prêtés

à de nouveaux plissements; mais ils ont été découpés par des *failles*, en grands lambeaux qui ont glissé les uns par rapport aux autres. Le *trias* et le *lias*, au contraire, jusque là horizontaux, se sont comportés comme des corps flexibles et même plus ou moins plastiques, surtout quand l'élément argileux dominait dans leur composition. Ils n'ont été rompus complètement que par des failles d'importance majeure; partout ailleurs, ils se sont adaptés, par des glissements et des plis multipliés, aux nouvelles formes de leur base disloquée, de manière à en mouler, pour ainsi dire, les saillies et les angles rentrants. Ils ont laissé souvent, sur les sommets et sur les plateaux étagés résultant des *failles* des massifs anciens, des lambeaux, *témoins* de leur ancienne extension, conservant souvent une stratification horizontale : l'Oisans nous en montre les plus beaux exemples jusqu'à 3,500 mètres d'altitude. Mais cette couverture de terrains secondaires a glissé, en majeure partie, dans les dépressions qui résultaient de l'affaissement graduel de certaines parties de sa base, disloquée par les failles. Ces terrains secondaires se montrent alors, sur les flancs des vallées, en couches fortement inclinées, coutournées en plis multipliés, qui contrastent avec les allures uniformes des terrains anciens auxquels ils se trouvent adossés.

Les dislocations qui ont ainsi façonné à nouveau la *première zone alpine* ont eu lieu principalement selon des directions parallèles à celles suivant lesquelles s'était opéré le plissement des terrains anciens. Il était résulté de ce plissement des lignes de moindre résistance, tout indiquées pour l'emplacement des nouvelles fractures. C'est de préférence vers les axes des ruptures anticlinales, ou suivant les bandes de micaschistes, partie la moins résistante des schistes cristallins, que se sont produits les affaissements qui ont donné lieu aux vallées alpines. Les massifs cristallins de cette zone, sous leur forme actuelle, représentent de *grandes ruines restées debout*, au milieu des autres parties du terrain primitif, qui se sont affaissées, soit en masse, par de grandes failles, soit en détail, par des glissements échelonnés.

11. - On comprend ainsi les différences remarquables d'aspect et de structure qui

existent entre nos massifs cristallins de la *première zone* ou *zone du Mont-Blanc* et ceux des autres zones alpines. Tandis que ces derniers représentent, en général, de grandes voûtes ou *plis anticlinaux* à double pente, aucun de nos massifs actuels de la *zone du Mont-Blanc* n'est conforme à ce type. Quand on étudie avec soin la succession et les inclinaisons des divers groupes de schistes cristallins, partout où l'on peut encore les voir affleurer, on reconnaît qu'ils avaient dû être façonnés autrefois en grands plis réguliers, anticlinaux et synclinaux: mais les failles qui les ont découpés ultérieurement, les affaissements ou exhaussements relatifs qui en ont été la conséquence, ont rompu la continuité et l'intégrité de ces anciens plis, dont les parties solidaires peuvent ainsi avoir été scindées entre deux massifs profondément séparés l'un de l'autre.

C'est ainsi que la chaîne de Belledonne, considérée entre Grenoble et Allemont, ne représente qu'un *crêt*, dont les couches plongent uniformément à l'ouest; la dépression dans laquelle s'est affaissé le *lias*, où sont les villages d'Allemont et d'Oz, correspond à une partie des micaschistes et de la voûte centrale de *gneiss*; l'autre partie de celle-ci, découpée par des failles, en gradins étagés, appartient déjà au massif des Grandes Rousses, qui comprend, dans sa partie culminante, un autre pli anticlinal, flanqué de deux plis synclinaux, dans lesquels sont serrées deux bandes étroites de *grès houiller*.

Le massif du Pelvoux, traversé à son extrémité nord par la gorge de la Romanche, entre le Dauphin et la Grave, montre deux plis synclinaux très aigus, avec un pli anticlinal entre eux. Complété par le grand crêt de *gneiss chloriteux* et de *prologine* qui s'étend de la Meidje au Pelvoux, ce massif est encore celui qui, dans son ensemble, s'éloigne le moins de la forme d'une grande voûte régulière, rompue et effondrée dans sa partie médiane.

Le Mont-Blanc est formé tout entier par les étages supérieurs des schistes cristallins et la *prologine*, plus ou moins stratiforme, qui leur est intimement associée. Ces roches sont disposées *en éventail*, c'est-à-dire en un pli synclinal très aigu, limité des deux côtés par les *failles* suivant lesquelles s'est affaissé le *lias*, dans les profondes vallées de Chamonix et d'Entrèves. D'un côté, la partie inférieure des schistes cristallins, le gneiss, se retrouve dans le massif du Brévent et des Aiguilles Rouges, plongeant sous le Mont-Blanc; de l'autre, sur le versant italien, elle disparaît dans la profondeur par suite d'une faille de premier ordre, dont nous allons bientôt constater l'importance. La même explication de la *structure en éventail* par un *pli synclinal* paraît pouvoir s'appliquer au massif du Saint-Gothard et aux parties des Alpes bernoises où l'on observe cette structure.

12. — Entre la *zone du Mont-Blanc* ou *première zone alpine* et la *zone du Mont-Rose*, on peut distinguer deux autres zones, où les affleurements de *terrain primitif* sont rares, et qui sont constituées principalement par des plis synclinaux des terrains stratifiés. Les limites de ces diverses zones sont définies géologiquement par des alignements de *failles*, qui ne correspondent pas à des dépressions continues, mais à des séries de passages faciles entre les divers *pays intra-alpins*, Briançonnais, Maurienne, Tarantaise, etc.

C'est particulièrement dans la belle coupure transversale de la Maurienne que ces *failles-limites* des diverses zones alpines sont le plus nettement indiquées; elles passent respectivement, à très peu près, par Saint-Jean-de-Maurienne, Saint-Michel et Modane, et sont naturellement désignées par les noms de ces trois localités.

La *faille de Saint-Jean-de-Maurienne* peut être suivie, sans discontinuité, sur un parcours de 180 kilomètres, depuis le versant oriental du massif du Pelvoux jusqu'à la vallée du Rhône, en Valais, où viennent aussi converger avec elle, sous des angles très aigus, les *failles* de Saint-Michel et de Modane. Au midi, ces failles convergent de même dans la vallée de la Durance, vers le confluent du Guil, près de Montdauphin.

13. — Ces grandes lignes de fracture remontent à une très haute antiquité, dans l'histoire géologique de nos Alpes; car elles coïncident d'une manière frappante avec les limites d'extension ou les variations brusques d'épaisseur et de structure des divers étages sédimentaires, y compris le terrain *houiller* lui-même.

La *première zone* (ou *zone du Mont-Blanc*), limitée à l'est par la *faille de Saint-Jean-de-Maurienne*, est *la seule* où les terrains anciens (y compris le terrain *houiller*) aient été disloqués et plissés avant le dépôt des terrains secondaires : la structure des massifs saillants de cette zone est le résultat complexe de dislocations appartenant à deux époques au moins, très différentes. Le *trias* y est très mince et manque très souvent ; le *lias* y est presque entièrement à l'état de schistes argilo-calcaires, affectés souvent du *clivage ardoisier*.

La *deuxième zone*, entre la faille de Saint-Jean-de-Maurienne et celle de Saint-Michel, ne montre que de rares affleurements de terrain *primitif* et de terrain *houiller*, semblable à celui de la première. Elle est constituée principalement, dans sa partie nord, depuis Moutiers jusqu'en Valais, par un énorme développement du *trias* et surtout de l'étage supérieur de ce terrain, sous la forme de *schistes gris lustrés*, avec *gypse* et calcaires plus ou moins magnésiens, souvent cristallins (marbres de l'Etroit-du-Ciex, en Tarantaise). D'autre part, dans la partie sud de cette zone, il s'est produit, dans le cours des temps tertiaires, une longue et étroite dépression où la mer *nummulitique*, venant du sud, a pénétré et formé de puissants dépôts, depuis le versant oriental du Pelvoux jusqu'auprès de Moutiers.

La *troisième zone*, entre la *faille de Saint-Michel* et la *faille de Modane*, est constituée presque entièrement par un énorme étage de *grès à anthracite*, plus anciens que ceux de la *première* et de la *deuxième* zones. La formation de ces grès, dont l'épaisseur atteint 2,000 mètres, suppose qu'il s'est produit sur cet emplacement, dans le cours de la période *houillère*, une dépression lente et progressive dont les limites, à l'ouest et à l'est, correspondaient à peu près avec les directions actuelles des *failles-limites* de cette zone.

La *quatrième zone* (ou *zone du Mont-Rose*) ne paraît renfermer aucune trace de terrain *houiller*; mais elle est caractérisée par un énorme développement du *trias* supérieur, avec le faciès de *schistes gris lustrés*, comme dans la partie nord de la *deuxième zone*. Le *lias* et quelques traces d'autres étages *jurassiques* y sont représentés par un ensemble de calcaires compacts (*calcaires du Briançonnais*), comme dans les deux zones précédentes. C'est dans cette quatrième zone que le *terrain primitif* affleure sur les plus vastes surfaces; mais il n'a été mis à découvert que par des dislocations postérieures aux dépôts des terrains secondaires, qui s'appuient sur lui en stratification concordante.

Ainsi chacune de nos zones alpines a son histoire géologique spéciale : dès la période de la houille, elles étaient distinctes, autant qu'elles le sont aujourd'hui : l'extension des divers terrains, ou leurs variations de puissance ou de faciès ont été, à toutes les époques, coordonnées à ces alignements de *failles* qui marquent aujourd'hui les limites de ces quatre zones.

En nous reportant maintenant vers la limite occidentale de la *première zone alpine*, nous verrons bientôt que sa séparation d'avec la *région des chaînes subalpines* donne lieu à des observations absolument du même genre.

RÉGION DES CHAÎNES SUBALPINES

14. — La Région des chaînes subalpines est représentée, dans l'horizon que l'on peut embrasser des environs de Grenoble, par les massifs montagneux situés, au nord, sur la rive droite de l'Isère ; à l'ouest et au sud, sur la rive gauche du Drac.

Nulle part, le contraste de sa structure avec celle de la *Région des chaînes alpines* n'est plus frappant que d'un côté à l'autre de la vallée de Grésivaudan. En face de la chaîne *primitive* de Belledonne et des collines de *lias* qui en revêtent les pentes inférieures, on voit se dresser, sur la rive droite, le front oriental du *massif de la Chartreuse*, formé par de grandes assises de calcaires, les uns plus ou moins argileux et peu résistants, donnant lieu à des pentes cultivées ou boisées; les autres, purs et compacts, constituant des escarpements ou des crêtes dénudées. Les premiers gradins, en regard des chaînes alpines, appartiennent aux étages moyens et supérieurs du *terrain jurassique* ; mais la plus grande partie du massif et ses arêtes les plus saillantes sont constituées par divers étages du *terrain crétacé*, qui ne se rencontre *nulle part* dans la région des chaînes alpines.

15. — Ce sont ces mêmes étages, jurassiques et crétacés, qui dominent dans les diverses parties de la *Région des chaînes subalpines* et leur impriment une physionomie caractéristique.

Ils forment, sur le versant des Alpes, en France et en Suisse, cette zone plus ou moins large de montagnes calcaires, aux formes abruptes, aux longues lignes d'escarpements, faisant face, d'un côté, aux *chaînes alpines*, et de l'autre aux plaines. De nombreuses coupures transversales, donnant issue aux rivières, partagent cette zone en divers *massifs* et en mettent à nu la structure, par des profils naturels d'une netteté saisissante. Telles sont la coupure de l'Isère, de Grenoble à Moirans; celle de Montmélian à Chambéry; celle de Faverges et du lac d'Annecy; la coupure de l'Arve, en aval de Sallanches; enfin celle du Rhône, dans le Bas-Valais, à partir d'Evionnaz.

Toutes ces grandes coupures transversales sont rectilignes et sensiblement parallèles, suivant une orientation au N. 35° E., qui est *oblique* à celle des chaînes. Elles ne sont point de simples *vallées d'érosion*, mais bien un ensemble de fractures, résultant d'un même mode de dislocation. Elles sont l'origine, et non la conséquence, du régime hydrographique suivant lequel s'écoulent toutes nos grandes rivières des Alpes.

La vallée de l'Isère, de Grenoble à Moirans, est le type le plus net de ces larges et profondes *coupures transversales* de la *région des chaînes subalpines*. Il est aisé de voir que, si la disposition générale des divers étages géologiques est la même des deux côtés, si quelques accidents orogéniques de premier ordre, par exemple la *faille de Voreppe*, se continuent d'un bord à l'autre, les inclinaisons des couches et les directions des crêtes qu'elles constituent sont très différentes, sur la rive gauche, de ce qu'elles sont sur la rive droite. C'est donc réellement une grande cassure, qui ne doit pas sa configuration actuelle à une érosion progressive par les eaux, mais à un écartement profond de ses deux bords, en rapport avec une déviation brusque des actions mécaniques qui ont redressé et plissé ce grand ensemble d'assises calcaires : les chaînes ont été rompues, comme se rompt un bâton auquel on imprime une trop forte courbure.

16 — Dans la direction du sud, à partir de Grenoble, la *région des chaînes subalpines* s'élargit de plus en plus. Elle comprend, entre l'Isère et la Drôme, les massifs de Lans, du Royans et du Vercors; ceux de la Croix-Haute et du Dévoluy, vers la limite commune des trois départements du Dauphiné; toutes les montagnes du département de la Drôme et la plus grande partie de l'arrondissement de Gap.

Sa délimitation d'avec la région des chaînes alpines, si bien marquée par la vallée de l'Isère, entre Grenoble et Albertville, se continue, au nord, par Ugine, Sallanches, le col d'Anterne, la vallée de Sixt, Saint-Maurice et le flanc droit de la grande vallée du Valais, jusqu'à Louèche. Au sud de Grenoble, la même limite est tracée par le Drac, en remontant jusqu'à Saint-Bonnet, et se poursuit, moins nettement indiquée, dans la direction du sud-sud-est, à travers les Basses-Alpes et les Alpes-Maritimes, jusqu'à Menton.

17. — Le terrain *jurassique* est, en général, le terrain le plus ancien qui se montre à découvert dans la région des chaînes subalpines; et même, dans la plus grande partie de cette région, on n'en voit pas affleurer les étages inférieurs. Le plus souvent, il ne montre que des pentes ravinées de marnes noires *calloviennes* (schistes à *Posidonomyes*) et *oxfordiennes* (marnes à géodes de Meylan, calcaires argileux à ciment des environs de Vif, de Saint-Ismier, Crolles, etc.), surmontés d'une grande épaisseur de calcaires bruns compacts, les *calcaires de la Porte-de-France* de Grenoble, dont l'aspect caractéristique se retrouve, sur toute la longueur des Alpes, dans les escarpements qui font immédiatement face aux *chaînes alpines*. Ces calcaires représentent la partie supérieure du terrain *jurassique*, sans qu'il soit possible d'y reconnaître nettement une série d'étages correspondant à ceux du Jura ou du nord de la France. Leur dernière assise est consti-

tuée par les bancs massifs dits *tithoniques*, à Térébratules perforées (*Terebratula janitor*, Pict.), auxquels succède immédiatement l'assise des *ciments de la Porte-de-France* (Grenoble, Seyssins, Voreppe, Fourvoirie, Le Sappey), rapportée à la base du groupe *néocomien*.

18. — Celui-ci, beaucoup plus important et plus complet que dans le Jura, joue un rôle capital dans la constitution de la région. Au dessus de l'assise à *ciment* qui correspond, par ses fossiles, à la *zone de Berrias* (Ardèche), vient l'assise des marnes *infrà-néocomiennes*, pauvre en fossiles dans les environs de Grenoble, mais bien connue, par une faune très variée, à Saint-Julien-en-Beauchêne et autres localités, dans le sud du Dauphiné et dans les Basses-Alpes (*Belemnites latus*, *B. conicus*, *Ammonites neocomiensis*, *A. semisulcatus*, *A. Tethys*, etc.). Ces deux assises manquent complètement dans le Jura.

Les calcaires *valanginiens* du Jura sont représentés, avec un grand développement, aux environs de Grenoble, par les *calcaires du Fontanil*, exploités comme pierres de taille (*Natica Leviathan*, Pict.,

Ammonites Thurmanni, id., *Pygurus rostratus*, id., etc.), et par les calcaires roux, siliceux, à *Ostrœa rectangularis*. Au dessus, l'assise *néocomienne* proprement dite débute par un niveau glauconieux, à *Belemnites dilatatus*, *B. pistilliformis*, etc., surmonté des calcaires argileux à *Crioceras Duvalii*; ce n'est qu'à la partie supérieure que se trouvent les marnes à Spatangues *(Toxaster complanatus*, Ag.).

Cet ensemble d'assises, à partir des couches à ciment de la Porte-de-France, mesure au moins 600 mètres d'épaisseur : il forme généralement des talus ou des arêtes à pentes peu rapides, composées de roches d'un gris bleuâtre, devenant jaunâtres par l'oxidation du fer qui s'y trouve à l'état de sulfure. A mesure qu'on descend vers le midi, le faciès de l'étage néocomien s'éloigne de ce qu'il est dans le Jura, par la prédominance des Céphalopodes et la disparition des autres fossiles caractéristiques du *valanginien* ou des *marnes à spatangues*.

Au dessus des pentes *néocomiennes*, cultivées, gazonnées ou boisées, s'élèvent les calcaires *urgoniens*, massifs, constituant généralement des crêtes abruptes, qui sont les traits les plus saillants de nos chaînes subalpines. Ces calcaires, caractérisés par les fossiles contournés fortement engagés dans leur pâte (*Requienia ammonia*, *R. Lonsdalei*, etc.), forment deux grandes assises, recouvertes, chacune, d'une petite assise tendre de *marnes à Orbitolines*, connues par leur remarquable petite faune d'Oursins, fossiles décrits par Albin Gras et provenant surtout des environs du Villard-de-Lans et de Rencurel.

Dans le sud du Dauphiné et dans les Basses-Alpes, le calcaire *urgonien* perd beaucoup de son importance; à mesure qu'il tend à disparaître, il est, en quelque sorte, remplacé par le développement des *marnes aptiennes*, à *Belemnites semi-canaliculatus*, etc., marnes noires, friables, qui jouent, en topographie, un rôle absolument contraire.

19. — La limite entre les deux groupes *crétacés* est marquée, d'une manière assez constante, par le *gault*, ou étage *albien*, toujours très mince. L'étage *cénomanien*, bien caractérisé dans certains pays, par exemple au Villard-de-Lans (*grès verts* de la Fauge), dans le Vercors et dans le sud

de la Drôme, manque dans beaucoup d'autres, particulièrement aux environs de Grenoble et plus au nord. L'étage *turonien* manque généralement.

L'étage *sénonien* présente beaucoup de variations locales. Dans le nord du massif de la Chartreuse, à Entremont, au Grand-Som, au Charmant-Som, il est peu épais, presque crayeux, et il renferme divers fossiles de la *craie de Meudon* (*Belemnitella mucronata*, *Ananchytes ovata*, *Micraster Brongniarti*, etc.); sur un point, près d'Entremont-le-Vieux, il est recouvert par des calcaires à Baculites. Aux environs de Grenoble, les dalles de calcaire sableux ou finement siliceux désignés sous le nom de *lauzes* et les *calcaires à silex* qui viennent au dessus, à Fontaine, Sassenage, etc., renferment aussi la *Belemnitella mucronata* et autres fossiles de la même assise; on rencontre ces fossiles jusque dans les couches les plus inférieures des lauzes, celles qui sont exploitées, aux Côtes de Sassenage, pour la fabrication de la chaux hydraulique. Ces assises représentent donc, dans nos environs, la partie supérieure de l'étage *sénonien*, reposant directement sur le *gault*.

Un peu plus au sud, entre Autrans et Méaudre, on trouve au dessus des *calcaires à silex*, des indices de l'étage *danien*. Il y a aussi des motifs de penser que les nombreux gisements de *sables et argiles réfractaires* exploités dans l'Isère et la Drôme se rattachent encore aux derniers dépôts crétacés, sauf les remaniements que la plupart d'entre eux ont subis, dans le cours des périodes *tertiaires*, antérieurement au dépôt de la *mollasse*.

Aux limites communes des trois départements du Dauphiné, dans les massifs de la Croix-Haute et du Dévoluy, les grandes cîmes rocheuses sont constituées par un développement extraordinaire de *calcaires à silex*, prenant des teintes de plus en plus foncées. Jusqu'au sommet du Mont Aurouse, ou pic de Bure (2,713 m.), et aux environs de Veynes, on a retrouvé des fossiles de la *craie de Meudon (Belemnitella mucronata, Ananchytes ovata, Ostræa vesicularis,* etc.) et l'ensemble de ces calcaires, probablement tout *sénonien*, repose directement, soit sur les marnes *aptiennes*, à l'ouest et au sud, à Lus, la Cluse et Veynes, soit, au nord et à l'est, sur les tranches des calcaires jurassiques, disloqués antérieurement à l'époque *séno-nienne*. La mer qui a déposé les calcaires à silex s'étendait donc, dans cette partie de nos Alpes, un peu plus à l'est que ne l'avait fait la mer *néocomienne*.

Dans le canton de Rosans et dans tout le midi de la Drôme, le terrain crétacé supérieur a encore une grande importance et forme les cîmes rocheuses de la forêt de Saou, du bassin de Dieulefit, etc. Mais ses diverses assises, assez riches en fossiles caractéristiques, se rapportent à l'étage *cénomanien*, aux parties inférieures et moyennes de l'étage *sénonien*, et non à la craie à Bélemnitelles. Ces faits témoignent de l'extrême variabilité du lit des mers, dans notre région des chaînes subalpines, pendant les dernières époques de la période crétacée.

20. — En regard de cette variabilité dans les détails, il faut placer la constance de la limite qui a toujours maintenu les dépôts *crétacés* en dehors de la région des *chaînes alpines*.

Aux environs de Grenoble, cette limite est marquée de la manière la plus nette par la grande vallée de l'Isère ou vallée du Grésivaudan : elle a pour origine une *faille*, masquée par le creusement de la vallée, entre Grenoble et le confluent de l'Arc, mais devenant bien visible, un peu plus en amont, à Grésy, aux environs d'Albertville et dans son prolongement vers le nord, jusqu'à Sallanches.

Il est à remarquer que c'est au bord même de cette *faille* que l'ensemble des étages jurassiques et crétacés propres aux chaînes subalpines, du *callovien* au *sénonien supérieur*, présente la plus grande puissance et se termine par ces magnifiques escarpements calcaires qui font face à la *Région des chaînes alpines*. Dans celle-ci, on ne rencontre que des étages plus anciens qui n'affleurent que rarement dans les chaînes subalpines. Il est permis de croire que la limite si tranchée qui existe aujourd'hui entre ces deux ensembles ne peut pas être bien éloignée de marquer la position des rivages auxquels s'arrêtaient ces dépôts successifs propres à la région subalpine, depuis le *callovien* jusqu'au *sénonien* à Bélemnitelles.

Or, dans cette série d'étages, épaisse de plus de deux mille mètres, il y a des lacunes, il y a eu des interruptions considérables dans les sédiments : dans chacun de ces étages on trouve des couches qui n'ont pu être formées que sous des eaux peu profondes ; aucune trace de dérangements des couches inférieures, aucun caillou roulé, provenant des roches de la région alpine. Ces circonstances supposent que, durant une longue suite d'époques géologiques, une grande *faille* s'est produite lentement, sans secousses violentes, suivant une direction qui ne pouvait pas être bien éloignée du tracé de la faille actuelle de la vallée de l'Isère ; que le bord supérieur de cette *faille*, la Région des chaînes alpines actuelle, est resté, pendant tout ce temps, une terre basse, sans falaises notables, tandis que l'autre bord de la faille s'affaissait tranquillement, à mesure que les sédiments s'accumulaient, de manière que ceux-ci ne se formaient, généralement, qu'à de faibles profondeurs ; que cet affaissement a eu, toutefois, de longues intermittences, correspondant à des lacunes dans la série des sédiments ; et que le jeu tranquille de cette faille a continué, dans ces conditions, de manière à donner lieu à une dénivellation totale d'environ deux mille mètres, depuis l'époque *callovienne* jusqu'à celle de la *craie de Meudon*.

Il semble résulter de ces considérations, pareilles à celles que nous avons indiquées déjà, à propos de divers terrains de la *Région alpine*, des notions intéressantes sur le travail lent et tranquille des grandes *failles* et sur le rôle qu'elles ont joué comme *anciens rivages* dans les bassins géologiques des pays de montagnes.

21. — La *Région des chaînes subalpines* confine elle-même, dans les environs de Grenoble, aux derniers prolongements des chaînes du Jura, dont elle n'est plus séparée, comme en Suisse, par une large dépression, ni même, comme à Chambéry, par une vallée, celle du lac du Bourget. Le vallon de Saint-Laurent-du-Pont et de Voreppe est le dernier représentant de cette séparation entre les chaînes subalpines et le Jura, et ce vallon correspond à une grande *faille*, la *faille de Voreppe*, dirigée, au nord-nord-est, comme celle de la vallée de Grésivaudan. Cette faille règne sans interruption sur un parcours de 60 kilomètres, depuis le

massif du Vercors (Drôme) jusqu'à Saint-Jean-de-Couz (Savoie).

A l'est de cette faille, la partie supérieure du terrain jurassique et les divers étages crétacés présentent immédiatement les caractères et les développements qu'ils ont dans la région subalpine, et leur puissance totale correspond à l'épaisseur du massif compris entre Voreppe et Saint-Egrève, mesurée normalement aux couches, c'est-à-dire à environ deux mille mètres. A l'ouest, au contraire, toute cette série est brusquement réduite de plus de moitié : le groupe *crétacé supérieur* disparaît, ou est tout à fait rudimentaire ; le groupe *crétacé inférieur*, ou *néocomien*, est réduit à peu près aux proportions qu'il a dans le Jura méridional : on ne trouve plus aucune trace des assises inférieures, *marnes infrà-néocomiennes* et couches à *ciment de la Porte-de-France* ; les calcaires *valanginiens* reposent, comme dans le Jura, immédiatement sur le terrain *jurassique*. La partie supérieure de celui-ci ne montre rien qui puisse être assimilé aux calcaires *tithoniques ;* elle présente surtout un grand développement de calcaires blancs *coralligènes*, auxquels se rapportent le beau calcaire des carrières de l'Echaillon et celui des Balmes de Voreppe.

En suivant vers le nord le prolongement de la même chaîne, on la trouve coupée, dans la cluse de Chaille, à la Crusille, et enfin à sa soudure manifeste avec le Jura, dans la cluse de Pierre-Châtel, près de Belley, par des entailles profondes qui mettent à découvert ces mêmes calcaires *coralligènes*. On y voit, au dessus d'eux, des représentants des dernières assises du Jura typique, c'est-à-dire des couches à *Gryphées virgules*, des calcaires portlandiens et du dépôt lacustre (*purbeckien*) qui a terminé cette série de dépôts ; — tandis que, dans la *région subalpine*, toutes les assises supérieures à l'étage *oxfordien* sont de formation marine et ont les caractères de dépôts de mers profondes.

22. — Il est évident, d'après cela, que la *faille de Voreppe* correspond à une direction suivant laquelle ont existé, dans les dernières mers de la période jurassique et aussi dans celles de la période cretacée, des différences brusques de pro-

fondeur, correspondant même parfois à des interruptions des sédiments marins et déterminant les caractères si différents, d'un côté à l'autre de cette faille, dans les séries de dépôts compris entre les marnes *oxfordiennes* et les calcaires *valanginiens*.

La même différence existe, à Chambéry, entre la série *subalpine* des assises de Lémenc et du Nivolet, à l'est, et celles de la chaîne de l'Epine et du Mont du Chat, à l'ouest; et elle correspond aussi à une *faille*, se raccordant au même alignement que la *faille de Voreppe*.

Ainsi la séparation entre le Jura et les Alpes, comme celle entre les *chaînes subalpines* et les *chaînes alpines*, comme celles entre les diverses *zones alpines*, correspond à un alignement de grandes failles dont les traces remontent à une antiquité géologique très reculée et dont le jeu tranquille et incessant, durant les périodes secondaires, a déterminé les différences si remarquables que présente la série des dépôts, d'un côté à l'autre de ces lignes de fractures.

23. — Diverses formations *tertiaires* se rencontrent encore dans la *Région des*

chaînes subalpines, et deux d'entre elles y ont une importance considérable : le terrain *nummulitique* et la *mollasse*.

Le terrain dit *numulitique*, caractérisé par la présence des Nummulites, présente différents horizons de fossiles, qui paraissent indiquer des dépôts successifs, de divers âges, depuis la base de l'*Eocène* moyen (*parisien*) jusqu'au *miocène* inférieur (*tongrien*). Dans les Alpes occidentales, ce terrain a été déposé dans deux golfes distincts : l'un venant de l'est, suivant le versant nord-est des Alpes de la Suisse et de la Savoie, jusqu'aux Déserts, près de Chambéry ; l'autre, venant du sud-sud-est, par les Alpes maritimes, les Basses-Alpes et les Hautes-Alpes, jusque dans le Dévoluy, et se prolongeant en un *fiord* très étroit, dans une dépression de notre *deuxième zone alpine* jusqu'auprès de Moutiers. Le territoire du département de l'Isère formait un isthme entre ces deux golfes, si distincts d'origine, et dont les extrémités, distantes seulement d'environ 30 kilomètres, étaient complètement séparées l'une de l'autre par la saillie de la chaîne de Belledonne.

Le nord de la Savoie (Chablais et Faucigny), d'une part, et d'autre part les cantons des Hautes-Alpes et des Basses-Alpes, compris entre le versant sud du massif du Pelvoux et les sources du Var, sont les parties des Alpes françaises où ce terrain a reçu son plus grand développement. Les couches à Nummulites et autres fossiles ne forment, en général, qu'une minime partie de l'épaisseur totale, constituée surtout par une énorme accumulation de schistes argileux et de grès, désignés dans les Alpes suisses sous le nom de *flysch*. Tels sont ceux qui forment, vers les sources du Drac et des deux côtés de la Durance, aux environs d'Embrun, des massifs montagneux atteignant plus de 3,000 mètres d'altitude, et dans lesquels les couches du terrain en question, fortement ondulées dans le détail, mais à peu près horizontales dans l'ensemble, comptent pour une épaisseur de plus de quinze cents mètres. Les couches argileuses de ce terrain ont souvent un *clivage ardoisier* et sont exploitées comme ardoises, en Maurienne, entre Saint-Jean et Saint-Michel, dans les Hautes-Alpes, à Orcières et à Châteauroux, dans la vallée de l'Ubaye, etc.

24. — Le terrain *nummulitique* est séparé des terrains secondaires par une discontinuité très prononcée. Pendant le cours des périodes jurassique et crétacée, diverses parties des chaînes subalpines ont été affectées de dislocations dont nous avons déjà indiqué quelques traces (19), et qui ont eu lieu surtout, d'une part, dans la Haute-Savoie et dans ce que les géologues suisses ont appelé les *pré-Alpes* (Alpes de Vaud, de Fribourg, Simmenthal, etc.); d'autre part, dans les arrondissements d'Embrun et de Barcelonnette. Il est résulté de ces dislocations des districts très bouleversés, où l'on voit apparaître des terrains qui n'affleurent pas ordinairement dans la région des chaînes subalpines, des types de montagnes exceptionnels dans cette région où ils sont, pour ainsi dire, comme des îlots détachés de la région alpine. La montagne de Sullens, près de Thones, celle des Almes, entre le Grand-Bornant et Cluses, le Môle, près de Bonneville, les montagnes au nord de Taninges et la majeure partie du Chablais sont dans ce cas; et le terrain *nummulitique*, souvent même aussi une partie ou la totalité des étages

crétacés, entourent ces affleurements de terrains anciens, qui ont dû former des récifs ou écueils *(Klippen)* dans les anciennes mers crétacées ou tertiaires. C'est précisément dans ces régions, bouleversées avant son dépôt, que le terrain *nummulitique* a pris son principal développement. Au contraire, il manque complètement dans la région subalpine du Dauphiné, sauf la moitié orientale du massif du Dévoluy, seule partie de cette région où il y ait, comme nous l'avons vu ci-dessus (19), discordance entre le terrain *jurassique* et les calcaires à silex *sénoniens*, recouverts eux-mêmes, à Saint-Etienne et à Saint-Didier, par les calcaires à *nummulites*.

L'extension et les variations considérables d'épaisseur du terrain nummulitique marquent les zones d'affaissement de nos régions alpine et subalpine, de l'époque *parisienne* à l'époque *tongrienne*. Ces zones sont très différentes, comme on le voit, de celles qui s'étaient affaissées pendant la période *crétacée*.

25. — Un autre groupe de dépôts tertiaires, dans la région *subalpine*, appartient entièrement au terrain *miocène* et sa

partie la plus développée est la *mollasse marine* (étage *helvétien*). Souvent cette mollasse repose immédiatement sur l'un ou l'autre des étages *crétacés* ; c'est le cas ordinaire dans le département de l'Isère ; — d'autres fois elle en est séparée par des dépôts lacustres (calcaires et marnes à *Hélix Ramondi*, étage *aquitanien*).

On a fait depuis longtemps remarquer que la distribution de la *mollasse*, dans la région subalpine, est toute différente de celle du groupe *nummulitique*, de telle sorte que ce n'est que sur un petit nombre de points (du moins dans les Alpes françaises) qu'on peut les voir en contact l'un avec l'autre.

En Suisse, la *mollasse* occupe le grand *Bassin helvétique*, entre le Jura et les Alpes, et elle est redressée, aux approches des *chaînes subalpines*, de manière à former, à elle seule, des montagnes considérables, le Righi par exemple. Dans la Haute-Savoie, elle remplit, entre Genève et Annecy, l'extrémité sud de la même grande dépression, entoure le Salève et les autres chaînons qui jalonnent la liaison entre le Jura et les *chaînes subalpines*, et est redressée fortement sur les flancs des uns et des autres.

Dans le massif *jurassien* du Mont-du-Chat, dans les massifs *subalpins* de la Chartreuse, de Lans, du Royans et du Vercors, c'est-à-dire précisément dans ceux où le terrain *nummulitique* ne s'est pas étendu, la *mollasse* se trouve mêlée, plus intimement que partout ailleurs, aux replis et aux dislocations du terrain crétacé sur lequel elle repose. Il en est encore de même dans le Dévoluy (Hautes-Alpes), où le terrain *nummulitique* et la *mollasse* se touchent par leurs rivages extrêmes entre Saint-Étienne et la Cluse.

Dans la moitié sud de la Drôme, la *mollasse* ne se montre plus que dans la plaine et sur la lisière occidentale des premières chaînes crétacées, mais toujours fortement redressée sur les flancs de ces chaînes. Il en est encore de même dans les Basses-Alpes, tant pour la *mollasse marine* que pour les formations lacustres plus anciennes auxquelles se rapportent les gisements de *lignites* de la partie basse de ce département.

Il résulte évidemment de ces indications que les dernières et principales commotions qui ont façonné nos chaînes subalpines sont postérieures au dépôt de la *mollasse marine* ou étage *helvétien*, synchronique des *faluns* de la vallée de la Loire. C'est ce qu'ont établi depuis longtemps les observations d'Élie de Beaumont, faites principalement dans le massif de la Chartreuse, qui se prête, mieux que tout autre, à cette démonstration.

26. — L'orographie du massif de la Chartreuse est coordonnée entièrement à de grandes *failles*, qui sont toutes de même sens, déterminant toutes l'affaissement de leur lèvre occidentale. L'une d'elles est la *faille de Voreppe* dont nous avons déjà parlé comme séparant la *région subalpine* d'avec celle des *derniers prolongements du Jura* (21). De Voreppe à Saint-Laurent-du-Pont, on voit la *mollasse* buter contre la tranche des calcaires jurassiques formant l'autre bord de la faille ; et cette mollasse repose, en stratification très peu discordante, sur divers étages crétacés, ce qui indique que ceux-ci avaient subi, avant le dépôt de la mollasse, des dénudations plus ou moins profondes, mais

sans être notamment dérangés de la position horizontale.

Une autre faille, la *faille de la Grande-Chartreuse*, passant un peu à l'ouest du couvent, se prolonge, au nord, par Corbel (Savoie), jusqu'au bord oriental de la vallée de Couz, où elle finit, un peu plus loin que la faille de Voreppe ; vers le sud, elle détermine la direction du vallon de Proveyzieux, depuis le col de la Charmette jusqu'à Saint-Egrève. Fortement déviée par l'intersection avec la grande coupure transversale de l'Isère, elle se retrouve, sur la rive gauche, à Seyssinet, au pied des roches de Saint-Nizier, et limite à l'ouest la grande crête urgonienne jusqu'au pic de la Moucherolle. Sur toute son étendue, depuis le Villard-de-Lans, au sud, jusqu'à Corbel, au nord, le bord inférieur de cette faille est jalonné par des dépôts de *mollasse marine*, en couches fortement inclinées, à des altitudes qui varient entre 200 et plus de 1500 mètres. Elles reposent toujours, sans discordance sensible, sur les couches supérieures du terrain crétacé. Cette mollasse ne se retrouve nulle part à l'est de la faille.

Une troisième faille enfin prend naissance dans le Grand-Som, limite à l'ouest la vallée d'Entremont et se prolonge, par le col du Mollard, vers Chambéry et au delà, en continuant la direction de la *faille de Voreppe* et son rôle comme limite entre les *chaînes subalpines* et les *chaînes jurassiennes*. Dans la vallée d'Entremont, et jusqu'auprès de Chambéry, les dépôts *miocènes* arrivent jusqu'au bord de cette faille, mais ne la dépassent nulle part.

Ainsi l'ancienneté des grands alignements de *failles* et le rôle qu'ils ont joué comme *rivages* limitant l'extention des dépôts, avant les derniers grands mouvements qui ont façonné les montagnes, se manifestent dans les massifs *subalpins*, pour les terrains tertiaires les plus récents, aussi bien que dans la *région alpine*, pour des formations bien plus anciennes.

27. — La *mollasse* déposée dans le voisinage des Alpes est accompagnée, en France comme en Suisse, de *poudingues* à cailloux parfaitement arrondis, agglutinés par un ciment calcaréo-sableux, semblable à la pâte de la *mollasse* proprement dite. Ces poudingues, confusément stratifiés,

alternent, régulièrement, avec les assises de *mollasse* sableuse.

Elie de Beaumont avait cru reconnaître une discordance de stratification entre la *mollasse* exploitée dans les carrières de Voreppe et la grande masse de *poudingues* qui la surmonte : il en avait conclu que ces deux dépôts avaient été séparés l'un de l'autre par une discontinuité complète, que les *poudingues* appartenaient au terrain *tertiaire supérieur*, et n'avaient été déposés qu'après le *soulèvement des Alpes occidentales*, sur les tranches de la mollasse, disloquée et redressée par ce *soulèvement*. Un examen attentif montre qu'il y a, en réalité, une liaison intime, entre la mollasse et les poudingues, qu'il peut seulement y avoir, entre eux, des exemples de ces *contacts en biseau*, sous des angles très aigus, qui sont fréquents dans tous les dépôts sableux ou caillouxteux, formés dans des eaux littorales, plus ou moins agitées.

Dans la partie supérieure des poudingues, à Pommiers, se trouve intercalé un gîte de *lignite* compact, souvent rempli de petites coquilles d'eau douce ; mais au dessus même de ce lignite, il y a des alternances de sables et de marnes bleues, contenant des coquilles marines, des Cérithes (*Cerithium papaveraceum* et *Cer. Duboisi*), qui caractérisent encore l'étage *helvétien*; et par dessus ces dépôts locaux d'eau douce et d'eau saumâtre, revient une grande épaisseur de poudingues semblables à ceux de dessous. Ils ne forment donc qu'un seul et même tout avec la *mollasse*, à fossiles marins, des assises inférieures.

Dans le vallon de Voreppe, ces poudingues sont peu inclinés; mais dans celui de Proveysieux, on les trouve manifestement stratifiés, contenant, sur quelques points, des coquilles marines (*Pecten præscabriusculus*, Font.) et toujours fortement redressés, sous des inclinaisons qui vont à plus de 60°. Ils ne sont donc, bien évidemment, qu'un faciès cailouteux de la *mollasse marine*, comme le *nagelfluh* de la Suisse, et ils ont pris part, comme la *mollasse*, aux dislocations qui ont façonné nos chaînes subalpines.

28. — Ces poudingues *miocènes* ont des caractères très intéressants. Leurs cailloux, parfaitement roulés et arrondis, ne

sont pas tous des roches des Alpes ; on y trouve beaucoup de *porphyres quartzifères* et de *jaspes* rouges ou verts, dont la provenance doit être plutôt cherchée du côté du Plateau central. Ils présentent aussi cette particularité remarquable qu'ils ont été pressés fortement les uns contre les autres, et qu'alors ceux qui étaient formés des roches les plus susceptibles de se ramollir sous l'eau ont reçu, de leurs voisins plus résistants, des empreintes en creux ; d'autres, surtout fragiles, ont été fendus et écrasés. Ces caractères des *cailloux impressionnés* complètent l'assimilation de nos poudingues miocènes avec le *nagelfluh* des Alpes suisses.

PLAINES & PLATEAUX DU BAS-DAUPHINÉ

29. — C'est aussi par le terrain *miocène* et principalement par l'étage *helvétien* ou de la *mollasse marine,* que se trouve constitué le sol des pays de plaines et de plateaux compris entre les Alpes et la falaise occidentale du Plateau central, de même que la dépression de la plaine

helvétique et de la Basse-Savoie, entre les Alpes et le Jura.

Dans le Bas-Dauphiné méridional, la *mollasse marine* a été précédée de quelques autres dépôts tertiaires, spécialement des marnes et calcaires d'eau douce *aquitaniens* à *Helix Ramondi* (environs de Grignan, de Montélimar, de Crest, etc.). Dans le Bas-Dauphiné septentrional, entre l'Isère et le Rhône, ce n'est que vers les bords du bassin que l'on peut apercevoir le *substratum* de la *mollasse marine* : on la voit reposer, en couches horizontales, et en discordance bien manifeste, soit sur les lambeaux de *terrain primitif* des environs de Saint-Vallier, de Vienne et de Lyon, soit sur diverses assises des calcaires du Jura, dont le dernier gradin, représenté par le plateau calcaire des cantons de Crémieu et de Morestel, vient se cacher sous cette mollasse, aux environs de la Verpilière et de Bourgoin.

Il résulte de ces faits, comme l'ont établi depuis longtemps les observations d'Elie de Beaumont, que le sol des pays de la rive droite du Rhône et même celui des gradins inférieurs du Jura français étaient déjà façonnés comme ils le sont aujourd'hui, et que ces pays n'ont pas subi de dislocations appréciables, depuis le dépôt de la mollasse marine; — tandis que, sur la lisière des chaînes subalpines, aux environs de Pont-en-Royans, de Voiron, du Pont-de-Beauvoisin, on voit partout la même *mollasse* se redresser brusquement, et attester l'âge plus récent des dernières commotions de la *Région des chaînes subalpines*.

30. — Ce n'est pas à dire, toutefois, que le sol du Bas-Dauphiné septentrional n'ait éprouvé aucun dérangement appréciable dans la disposition de ses couches. En venant de Lyon à Grenoble par le chemin de fer, on traverse, sur un parcours sinueux de 96 kilomètres, jusqu'à Voiron, cette région constituée par des assises sensiblement horizontales à l'œil. Ce sont des sables plus ou moins agglutinés en grès tendres à ciment calcaire, et des poudingues à cailloux parfaitement arrondis, alternant avec ces couches sableuses. Leur ensemble augmente d'épaisseur à mesure qu'on se rapproche des Alpes et atteint environ mille mètres. Il est partagé en deux étages par une petite assise de

marnes bleues, à fossiles terrestres ou d'eau douce, contenant, principalement dans les cantons de la Tour-du-Pin et de Saint-Marcellin, des dépôts assez étendus de *lignites*.

L'étage inférieur à ces marnes est certainement de formation marine : et l'une de ses dernières assises, celle des sables à *Nassa Michaudi*, est connue par sa richesse en fossiles sur plusieurs points de la région: c'est encore l'étage de la *mollasse marine* ou *helvétien*. L'étage supérieur n'a présenté, jusqu'ici, aucun indice de fossiles marins ; il renferme, çà et là, de petites couches de marnes, probablement d'origine lacustre. Mais quand les marnes bleues à *lignite* s'amincissent et tendent à disparaître, comme cela arrive en bien des endroits, il devient impossible de tracer une limite nette entre les deux étages, dont la constitution sableuse et cailloutcuse est absolument la même, y compris la remarquable particularité des *cailloux impressionnés*. Ils sont étroitement liés entre eux et appartiennent tous deux à la partie supérieure du terrain *miocène*.

31. — Bien que leurs couches soient sensiblement horizontales à l'œil, les mesures d'altitudes font reconnaître qu'elles sont affectées d'ondulations en grand, et surtout d'un relèvement de plus en plus rapide, à mesure qu'elles se rapprochent, des chaînes subalpines. C'est ainsi que, de l'altitude de 350 mètres ou moins, dans le voisinage du Rhône, elles s'élèvent à 735 mètres, dans le plateau de Chambaran, à 787 mètres, dans les collines de Tullins, et à plus de 950 mètres, dans les collines au nord de Voiron.

On peut admettre qu'il s'est produit, pendant la fin de l'époque *helvétienne*, un exhaussement graduel des dépôts de *mollasse* formés sur le bord sud-est du bassin, sur l'emplacement actuel des *chaînes subalpines*; — que la mer a été ainsi refoulée vers le N.-O., puis remplacée par des lagunes d'eau saumâtre ou d'eau douce, dans lesquelles se sont déposées les *marnes à lignites* et les assises qui les surmontent. Pendant que la continuation des mouvements orogéniques aboutissait au façonnement des *chaînes subalpines*, ces mouvements s'étendaient aussi, avec une intensité bien moindre, aux dépôts *miocènes* supérieurs qui venaient de se former dans le Bas-Dauphiné, et imprimait à leurs couches des ondulations en divers sens ; elles se révèlent par des différences d'altitude des *marnes à lignites* accusant pour ces couches des pentes locales de 3 à 4 pour cent.

32. — Ces mouvements du sol aboutirent à une émersion générale de la région, à la fin de la période *miocène*. Ce fut seulement plus tard que la mer y rentra, probablement par le jeu d'une *faille* qui suivait la limite orientale du Plateau central et dont le bord supérieur avait lui-même été le rivage de la mer *miocène*. Les études précises de M. Fontannes ont mis hors de doute l'invasion de la mer *pliocène*, jusqu'au voisinage de Lyon, dans un golfe très étroit, dont la vallée actuelle du Rhône occupe encore, en partie, l'emplacement.

Ces dépôts marins furent peu étendus et de courte durée. Les dépôts plus récents indiquent le remplacement des eaux salées par des eaux douces, puis un énorme développement des *alluvions flu-*

viales, qui s'y sont entassées pendant la première partie de la période *quaternaire*. Puis est survenue la grande *extension des glaciers*, descendant depuis les cîmes des Alpes et poussant leurs *moraines* jusqu'à Bourg, Lyon et Vienne ; et enfin leur retraite, suivie de l'établissement du régime hydrographique qui caractérise l'époque actuelle. Le Bas-Dauphiné et les vallées par lesquelles y aboutissent les rivières alpines sont au nombre des pays les plus intéressants à étudier, au point de vue de ces grands phénomènes qui ont caractérisé les différentes phases de la *période quaternaire*.

33. — Dès le début de la période quaternaire, les limites des bassins hydrographiques de nos rivières alpines paraissent avoir été telles qu'elles sont aujourd'hui. Les profondes coupures transversales de Chambéry et de Grenoble, ouvertes par les dislocations postérieures à la *mollasse*, devenaient nécessairement les débouchés des eaux de l'Isère et du Drac. Pendant la première phase *quaternaire*, celle des *alluvions anté-glaciaires*, l'Isère passait par Chambéry et se dirigeait vers le Rhône

par l'emplacement actuel du lac du Bourget; — le Drac s'écoulait par la coupure de Grenoble, à une altitude supérieure de plus de 200 mètres à son lit actuel, et il allait joindre le Rhône par la vallée que parcourt aujourd'hui le chemin de fer de Rives à Saint-Rambert.

La vallée de Grésivaudan était alors, comme nous l'avons vu (20), une *combe de faille*, d'origine très ancienne, mais à fond inégal, n'offrant pas une pente continue pour l'écoulement d'une grande rivière. L'Isère *anté-glaciaire* y a jeté ses sables jusqu'à Saint-Nazaire, à 11 kilomètres de Grenoble; mais il y avait probablement, non loin de là, vers Montbonnot, un seuil qui empêchait le mélange de ces sables de l'Isère avec ceux du Drac, formant la grande terrasse au sud-est de la plaine de Grenoble.

34. — Lorsque les glaciers ont envahi nos vallées, la poussée de leurs énormes masses et la force érosive des eaux qui s'en écoulaient ont profondément labouré les terrains meubles ou peu consistants qui se trouvaient sur leur passage; plus tard, à mesure qu'ils se sont retirés, ils

ont laissé des *moraines*. Ces phénomènes de la grande phase glaciaire, déblayant et creusant certaines vallées, en encombrant d'autres, ont amené pour les rivières alpines des conditions nouvelles.

Après la retraite des grands glaciers, la coupure de Chambéry, encombrée de moraines, a cessé de donner passage à l'Isère; elle a cédé ce rôle à la vallée de Grésivaudan, régularisée dans sa pente par le travail des eaux sous-glaciaires.

Le glacier qui débouchait par la coupure de Grenoble et dont le niveau s'était élevé, à l'entrée de cette coupure, à une altitude d'environ 1,200 mètres, avait rencontré la grande nappe de glaces, plus importante encore, venant de la Savoie, et avait été rejeté, vers le sud, sur le flanc des chaînes subalpines, où il venait se terminer entre Vinay et Saint-Gervais. Les eaux de ce glacier ont creusé, dans la *mollasse*, le sillon que suit aujourd'hui l'Isère, depuis Moirans jusqu'à la vallée du Rhône. D'autre part, l'ancienne vallée de Rives à Saint-Rambert est restée en l'air, telle que le glacier l'a laissée en se retirant, et encombrée, entre la Côte-Saint-André et Beaurepaire, par de puissants restes de moraines terminales.

35. — Les dépôts glaciaires ont couvert tout le nord du département de l'Isère, jusqu'à une ligne sinueuse qui s'étend de Vienne à Vinay, en contournant, vers l'est, les plateaux de Bonnevaux et de Chambaran. Au sud de cette ligne, il n'y a plus de traces de l'extension des grands glaciers alpins, dans le Bas-Dauphiné.

Dans le bassin de la Durance, les traces des anciens glaciers alpins s'arrêtent à Sisteron. Plusieurs de nos massifs de la *région subalpine*, situés en dehors des grands glaciers alpins, ont eu leurs *glaciers locaux*, généralement peu étendus. Dans le Dauphiné, ces traces de glaciers secondaires ne se constatent que dans des bassins élevés, circonscrits par des cîmes qui atteignent au moins 1,600 mètres d'altitude. Cette donnée, qu'il conviendrait de faire varier avec la latitude, peut être utile pour discuter les faits qui ont été considérés, à tort, selon nous, comme attribuables à d'anciens glaciers, dans des massifs bien moins élevés.

Le développement des phénomènes glaciaires dans nos régions a eu une influence importante et très favorable sur la formation du sol superficiel, de la terre cultivable. Mais il a nécessairement retardé l'habitabilité de nos régions par les animaux de la période quaternaire. Dans les pays subalpins où se sont étendus les anciens glaciers, le Mammouth et l'Ours des cavernes sont relativement rares et ne se trouvent que dans des dépôts plus récents que les boues glaciaires. Il en est de même pour les traces les plus anciennes de l'habitation de l'Homme dans nos vallées des Alpes.

L'INDUSTRIE MINÉRALE

DANS LE DAUPHINÉ

L'INDUSTRIE MINÉRALE

DANS LE

DAUPHINÉ

EN 1885

E Dauphiné est une des régions de la France qui présentent les ressources minérales, sinon les plus importantes, du moins les plus nombreuses et les plus variées. Nous n'entreprendrons point de dresser ici le catalogue des matières utiles que l'on peut y rencontrer et des gîtes qui les renferment : notre but n'est pas, en effet, d'en donner une description géologique complète et nous préférons nous borner

à faire connaître ceux de ces gîtes qui, grâce à leur richesse, leur abondance, leur situation favorable, ont pu être mis en pleine exploitation et donner naissance à des industries importantes.

Nous devons cependant présenter d'abord un tableau sommaire des ressources minérales de chacune des régions naturelles des Alpes dauphinoises.

Les chaînes alpines proprement dites ont été divisées par M. Lory en quatre zones séparées les unes des autres par des lignes de faille et présentant chacune un ensemble de caractères particuliers bien distincts.

La première zone, qui s'étend de Grenoble au Lautaret et comprend les chaînes de Belledonne, des Grandes-Rousses et du Pelvoux, est constituée par un puissant système de roches cristallines primitives, généralement schisteuses, avec lambeaux discontinus de grès houiller, partiellement recouvert par des grès, dolomies et marnes triasiques et surtout par des calcaires tantôt compactes, plus souvent schisteux, appartenant au lias. Les schistes cristallins sont traversés par un grand nombre de filons; nous citerons par exemple les filons argentifères des Chalanches, justement célèbres autrefois ; le filon de quartz aurifère de la Gardette, le seul de cette nature connu en France ; les filons de galène du Grand-Clot, dans la vallée de la Romanche, tous abandonnés aujourd'hui, et surtout les innombrables filons de carbonate de fer spathique de la chaîne de Belledonne. Ceux-ci sont exploités sur une grande échelle à Allevard par MM. Schneider et Cie, et leurs produits alimentent plusieurs hauts-fourneaux, notamment ceux de MM. Charrière et Cie, à Allevard. Le grès houiller contient à la Mure de belles couches d'anthracite, sur lesquelles sont installées plusieurs exploitations importantes, et, dans l'Oisans, plusieurs couches moins régulières exploitées depuis Venosc jusqu'à Huez. Les gypses triasiques se rencontrent sur un grand nombre de points : on les utilise d'une manière suivie à Vizille et à Champ. Les calcaires du lias fournissent des ardoises dans l'Oisans, de la pierre à ciment à Allevard, Uriage, Villard-Saint-Christophe et surtout à Valbonnais, des pierres de taille à Laffrey.

La deuxième zone n'offre qu'une faible largeur ; elle s'étend du col du Lautaret au col de la Ponsonnière et est formée par des quartzites et des dolomies triasiques, par des calcaires compactes appartenant encore au lias, mais bien distincts des calcaires schisteux de la première zone, et par des grès et schistes nummulitiques qui prennent un grand développement dans l'Embrunais : ces schistes fournissent des ardoises de bonne qualité à Châteauroux, Vallouise, etc., dans la vallée de la Haute-Durance. Le seul gîte métallifère qui ait été exploité dans cette zone, en Dauphiné, est le filon de galène argentifère de l'Argentière, traversant les quartzites triasiques ; l'exploitation est aujourd'hui suspendue.

La troisième zone est formée par le terrain houiller du Briançonnais, de la Maurienne et de la Tarantaise ; elle renferme des exploitations d'anthracite nombreuses, mais peu importantes ; on n'y connaît, en Dauphiné, aucun gîte métallifère digne d'être cité.

Enfin la quatrième zone, qui s'étend depuis Briançon et Névache jusque bien au delà de la frontière franco-italienne est, dans la partie française, essentiellement formée de schistes rapportés par M. Lory au trias, avec gypses subordonnés, et de calcaires compactes semblables à ceux de la deuxième zone : on n'y connait aucune matière dont l'exploitation ait la moindre importance.

Revenons aux environs de Grenoble. Les chaînes subalpines de la Grande-Chartreuse et du Vercors sont essentiellement formées de calcaires jurassiques et crétacés, contre lesquels viennent s'appuyer les couches tertiaires qui prennent un si grand développement dans le Bas-Dauphiné. Les gîtes métallifères y font absolument défaut; les combustibles minéraux n'y sont représentés que par une couche de lignite à Pommiers, près Voreppe, mais les matériaux de construction y abondent; plusieurs étages géologiques y fournissent des pierres à chaux et à ciment d'excellente qualité, exploitées dans de nombreuses carrières souterraines ou à ciel ouvert et traitées dans de grandes et belles usines; la pierre de taille y est exploitée à la Porte-de-France, à Sassenage, au Fontanil, à l'Echaillon, etc.; des sables réfractaires emplissant, à Voreppe, à Proveysieux et ailleurs, d'immenses cavités naturelles creusées dans les calcaires néocomiens ou crétacés, s'expédient en quantités importantes aux verreries de la Loire et à la plupart des forges du centre de la France.

Nous n'irons pas plus loin vers l'ouest et laisserons par conséquent de côté les lignites de la Tour-du-Pin, les calcaires de la Grive, Trept, Amblagnieu, etc., qui se rattachent à ceux de Villebois dans le département de l'Ain ; les minerais de fer oolithiques des environs de la Verpillière, célèbres surtout par la beauté de leurs fossiles, mais aujourd'hui inexploités ; et enfin le bassin houiller de Communay, près Vienne, prolongement, dans l'Isère, de celui de Saint-Étienne et Rive-de-Gier. Tous ces gîtes minéraux sont bien situés dans le département de l'Isère, mais ils n'appartiennent plus, à aucun titre, aux chaînes alpines et subalpines dont nous nous occupons ici.

En résumé, les exploitations minérales les plus intéressantes actuellement en activité dans les Alpes dauphinoises peuvent être groupées comme suit :

I. Mines d'anthracite de La Mure, de l'Oisans, du Briançonnais.

II. Mines de fer des environs d'Allevard ; forges d'Allevard.

III. Exploitation du gypse à Vizille.

IV. Carrières et usines à ciments de l'arrondissement de Grenoble.

V. Exploitations de pierres de taille des environs de Grenoble.

VI. Sables réfractaires de Voreppe, Proveysieux, etc.

Nous allons décrire sommairement chacun de ces groupes.

I

MINES D'ANTHRACITE

I. BASSIN DE LA MURE

Le bassin de La Mure est aujourd'hui de beaucoup le plus important des bassins houillers des Alpes françaises. Il se compose de plusieurs lambeaux distincts qu'on peut comprendre dans un rectangle de 15 kilomètres environ de longeur sur 8 de largeur, limité à l'ouest par le cours du Drac, à l'est par la route nationale de Grenoble à Gap, au nord et au sud par deux lignes est-ouest, passant l'une par Laffrey, l'autre par La Mure, et ayant ainsi une surface totale de 120 kilomètres carrés. Au centre de ce rectangle apparaît, sur dix kilomètres carrés à peu près, un pointement de schistes cristallins, sur lesquels s'appuient les grès houillers, recouverts à leur tour par des calcaires liasiques. La surface totale des affleurements de grès houiller peut être évaluée à douze kilomètres carrés environ.

On y connaît cinq couches d'anthracite bien distinctes et sensiblement parallèles, savoir, en commençant par la couche la plus moderne :

1° Une petite couche, dite *Couche Rollande*, de 0 m. 60 à 1 mètre de puissance, connue sur quelques points seulement, au voisinage du recouvrement calcaire ;

2° La couche principale, dite *Grande-Couche*, dont la puissance est, en moyenne, de 7 ou 8 mètres et s'élève quelquefois à 12 ou 15 ;

3° Une couche de 1 mètre à 1 m. 50 de puissance, dite *Couche Henriette ;*

4° Une couche de 2 mètres environ, dite *Couche des Trois-Bancs ;*

5° La couche *inférieure*, de 0 m. 60 seulement de puissance.

Ces différentes couches, ayant ensemble

15 mètres environ de puissance totale, sont séparées l'une de l'autre par des massifs de grès qui ont chacun de 25 à 50 mètres d'épaisseur. Leur direction générale est nord-sud ; elles forment, d'ailleurs, de nombreux replis, souvent très aigus, et présentent, par suite, des inclinaisons très variables, tantôt vers l'est, tantôt vers l'ouest ; mais, en général, elles sont fortement redressées et parfois presque verticales. Les selles ont été fréquemment enlevées par les érosions de la période glaciaire. De nombreuses failles produisent des rejets souvent importants, mais on est arrivé aujourd'hui, par une étude attentive du bassin, à les connaître assez exactement pour ne plus en être sérieusement embarrassé.

L'exploitation est concentrée entre les mains de trois compagnies, savoir : la Compagnie des mines d'anthracite de La Mure, à La Motte-d'Aveillans et au Peychagnard ; MM. Dumolard frères, à Notre-Dame-de-Vaulx ; MM. Déchavannes et Cie, à Pierre-Châtel. Les travaux de la Compagnie des mines de La Mure sont, de beaucoup, les plus considérables ; constamment dirigés avec le plus grand esprit de suite par MM. Giroud, puis par MM. Rolland et Chaper, ils méritent, à tous égards, d'être cités comme des modèles. Nous ne voudrions pas donner à la présente notice un caractère trop technique; aussi nous contenterons-nous de dire que l'on attaque les couches au moyen de galeries principales étagées, situées à 25 mètres environ l'une au dessous de l'autre, et d'un très grand développement. Chaque couche, ainsi divisée en une série de massifs ou *niveaux*, est subdivisée encore par un réseau secondaire de voies, les unes montantes, les autres horizontales. Puis, le traçage terminé, ou plutôt au fur et à mesure que le traçage avance en descendant, on dépile les étages supérieurs et l'on n'abandonne la galerie principale d'un niveau qu'après avoir enlevé la totalité du charbon situé au dessus de cette galerie. Le centre des travaux tend ainsi constamment à s'abaisser. Tandis que, vers 1830, on n'exploitait encore que dans la montagne des Crêts, à 100 ou 150 mètres au dessus du village de La Motte-d'Aveillans, le centre de gravité des exploitations, si l'on peut ainsi parler, est aujourd'hui voisin du village, et dans vingt ans, il sera certainement bien au-dessous.

La production du bassin n'a cessé de se développer. Elle a été, en moyenne, d'après les statistiques officielles :

de   5.800 tonnes par an, de 1815 à 1824
de   10.500   —   de 1825 à 1834
de   23.200   —   de 1835 à 1844
de   43.500   —   de 1845 à 1854
de   66.370   —   de 1855 à 1864
de   90.365   —   de 1865 à 1874
de 107.020   —   de 1875 à 1884

et a atteint, en 1884, le chiffre considérable de 144,900 tonnes. Les différentes exploitations réunies occupent ensemble environ 1,000 ouvriers, dont 730 à l'intérieur et 270 à l'extérieur. Le salaire journalier moyen a été, en 1884, de 4 fr. 30 pour les ouvriers de l'intérieur, et de 2 fr. 97 pour ceux de l'extérieur, occupés surtout au triage ou au transport des charbons, ou à des travaux de terrassement. Un grand nombre d'ouvriers sont, en outre, logés à prix très réduit. Une caisse de secours, alimentée à la fois par les patrons et les ouvriers, assure à tous ses membres des secours médicaux et des secours en argent, soit en cas de maladie, soit en cas d'accident.

Les charbons du bassin de La Mure subissent, soit au sortir de la mine, soit dans des entrepôts ou même chez les marchands au détail, un triage et un classement qui les divisent en deux grandes catégories, les gros et les menus. Les gros sont employés surtout à la consommation domestique : ils sont un peu durs à allumer, mais tiennent bien le feu et dégagent une forte chaleur. Ils valent 14 francs sur le carreau des mines et de 30 à 32 francs à Grenoble. Les menus ont pour débouché principal les fours à chaux et à ciment de l'arrondissement de Grenoble : ils valent aujourd'hui 7 francs sur les mines et de 12 à 15 ou même 18 francs aux lieux de consommation.

Le développement qu'a pris depuis deux ans la production du bassin de la Mure est un fait des plus remarquables et un exemple de l'influence favorable que peuvent exercer les grands travaux publics lorsqu'ils répondent à de véritables nécessités. De 1873 à 1883, la production était restée à peu près stationnaire, oscillant entre le maximum de 106,600 tonnes (année 1876) et le minimum de 94,000 (année 1878). Mais, le 17 juillet 1879, fut compris dans la loi de classement le chemin de fer de Saint-Georges-de-Commiers à La Mure, destiné principalement à relier les mines de La Mure au réseau des chemins de fer de la Méditerranée. La loi du 27 mars 1881 en déclara l'utilité publique et en autorisa l'exécution par l'Etat: les travaux commencèrent peu après. Pour se mettre en mesure de tirer de cette ligne, dès son ouverture espérée pour la fin de l'année 1886, tout le parti possible, les deux principales compagnies, qui avaient consenti pour la construction des subventions de 700,000 et de 100,000 fr., ont entrepris elles-mêmes des travaux d'aménagement considérables. L'augmentation d'activité qui en est résultée s'est traduite, en deux ans, par un accroissement de 40 o/o sur la production, passée de 102,000 tonnes en 1882 à 144,900 en 1884. On voit qu'avant même d'être ouverte la ligne en construction a produit un effet des plus remarquables et amené la production à un chiffre qu'il y a quelques années encore on n'aurait osé espérer.

L'aménagement des ressources du bassin a été fait avec une prévoyance telle, que cet accroissement ne présentait, à vrai dire, aucune difficulté réelle; les mines pourraient aisément produire jusqu'à 200,000 tonnes par an, s'il suffisait de produire ou même de transporter à la plaine et si le premier devoir du producteur n'était de régler son activité sur les besoins des consommateurs, de n'extraire en un mot que le charbon qu'il pourra vendre.

Or la nature elle-même a limité les débouchés du bassin de La Mure. Le bassin de la Loire à l'ouest, celui du Gard au midi, lui disputent le marché du département de l'Isère. Sur 486,000 tonnes de combustibles minéraux consommées par le département en 1883, La Mure en a fourni 115,000, le reste de la production ayant été envoyé dans les départements voisins, le bassin de la Loire 305,000, et celui d'Alais 52,000. L'ouverture de la ligne de Saint-Georges-de-Commiers à La Mure permettra aux mines de diminuer légèrement leur prix de vente, mais cette diminution ne sera certainement pas suffisante pour leur créer des débouchés nouveaux de quelque importance, et c'est en somme surtout sur le développement progressif de la consommation dans la région grenobloise qu'elles peuvent et doivent compter pour augmenter graduellement leur production.

2. — MINES D'ANTHRACITE DE L'OISANS

Les schistes cristallins de l'Oisans renferment, depuis Venose jusqu'à Huez et même bien au delà, une bande étroite de terrain houiller pincé dans un pli aigu des terrains anciens. La Romanche traverse, près du Fréney-d'Oisans, cette formation singulière sur toute la longueur de laquelle s'échelonnent une série de petites exploitations minières, situées les unes presque au niveau de la vallée, les autres à plus de 2.000 mètres d'altitude. Il n'y a plus lieu de chercher ici les travaux réguliers et importants que nous indiquions tout à l'heure pour le bassin de La Mure. Une quinzaine d'associations, formées chacune de quelques personnes, emploient pendant l'hiver, dans autant de mines, les loisirs forcés que leur fait la mauvaise saison. A peine peuvent-elles suffire à la consommation des villages les plus voisins des mines; la production n'y dépasse pas 600 à 800 tonnes par année, ce qui donne pour chaque groupe d'exploitants une moyenne annuelle de 50 tonnes seulement. Les couches de charbon, violemment comprimées au moment du redressement et du ploiement du système entier, manquent de continuité : l'anthracite ne se présente guère que sous forme de lentilles de dimensions variables et, comme les ressources de la plupart des exploitants sont très faibles et leurs bénéfices presque nuls, il n'a été fait aucun travail de longue haleine permettant un classement systématique des divers amas rencontrés. Nous allons trouver d'ailleurs le même manque de continuité dans un autre bassin houiller plus important dont il nous reste à parler.

3. — MINES D'ANTHRACITE DU BRIANÇONNAIS

Le terrain houiller forme à Briançon une bande allongée de 30 kilomètres environ de longueur qui s'étend depuis l'Argentière jusqu'à la limite septentrionale du département des Hautes-Alpes et se prolonge ensuite au loin dans la Maurienne et la Tarantaise. La largeur, extrêmement variable en aval de Briançon, où de nombreux accidents ont divisé la formation houillère en plusieurs lambeaux discontinus, va ensuite en croissant régulièrement depuis Briançon jusqu'au Monêtier, où elle est de 8 kilomètres environ (entre le Monêtier et Névache). Le grès houiller affleure presque partout; ce n'est que sur les hauteurs qui séparent les vallées de la Guisanne et de la Clarée qu'il est recouvert, d'abord par les quartzites, puis par les calcaires compactes du Briançonnais. De nombreuses couches d'anthracite y sont connues ; elles sont généralement orientées nord-sud, avec des inclinaisons très variables. Presque horizontales à Saint-Martin-de-Queyrières, elles sont sensiblement verticales au Villard-Saint-Pancrace et généralement très redressées dans toute la partie du bassin située au nord de Briançon. Elles n'ont en général que peu de continuité ; le charbon s'y présente sous la forme d'une série de lentilles, séparées les unes des autres par des serrées ou parties stériles, qui paraissent avoir été produites par des compressions latérales violentes et déroutent souvent les exploitants.

L'anthracite de ce bassin est terreux et friable; lors même qu'à la sortie de la mine il paraît assez compacte, il ne tarde pas à s'effriter et à tomber en poussière. Il contient toujours une forte proportion de cendres : 15 à 20 o/o au minimum, parfois jusqu'à 35 et 40 o/o. On ne peut l'utiliser qu'en en façonnant des briquettes ou plutôt des boules, dans lesquelles un peu d'argile sert de matière agglomérante. Mais, s'il est difficile à allumer, il a l'avantage au moins, comme d'ailleurs tous les anthracites, de durer au feu ; dans tout le Briançonnais, on allume les poêles à l'entrée de l'hiver et on ne les laisse éteindre qu'au printemps : il suffit pour cela de couvrir le feu le soir, de le piquer en décrassant la grille puis de recharger le matin.

Les exploitations sont au nombre de trente environ, échelonnées tout le long des vallées de la Guisanne et de la Durance depuis le Monêtier-de-Briançon jusqu'à l'Argentière. Les plus importantes sont à une assez faible hauteur (200 à 400 mètres) au-dessus du fond de la vallée. La vallée de la Clarée, dont tout le cours moyen est en plein terrain houiller, n'a qu'une seule mine en exploitation. Partout, c'est au moyen de galeries à flanc de coteau que l'on atteint et suit les couches ; les galeries les plus profondes ne vont pas à plus de 200 mètres de la surface. Le travail est généralement suspendu dans les mines pendant toute la belle saison ; les exploitants sont en même temps cultivateurs, presque tous propriétaires, et ils préfèrent ne consacrer aux mines que les journées d'hiver pendant lesquelles le travail de la terre est forcément interrompu. L'exploitation ne commence en conséquence guère qu'en novembre ou décembre ; on emploie d'abord dix ou quinze jours, parfois un mois, à réparer les galeries, à en relever les parties éboulées ; l'extraction proprement dite ne dure que deux ou trois mois, parfois même beaucoup moins encore. A quelques rares exceptions près, le transport des charbons extraits est difficile et pénible. Il se fait sur des traineaux ou ramasses, pendant que le sol est gelé ou couvert de neige. L'ouvrier doit, chaque matin, monter à la mine en portant sa ramasse sur le dos et redescendre chaque soir à la vallée avec une charge utile de 2 à 300 kilogrammes de charbon seulement. Ne travaillant aux mines qu'une faible partie de l'année, et n'ayant le plus souvent pas eu l'occasion d'apprendre sérieusement son métier, il se montre généralement d'une médiocre habileté : aussi produit-il beaucoup moins par journée que dans les bassins plus importants où le travail est organisé plus régulièrement. En 1883, par exemple, la production moyenne par journée d'ouvrier à l'intérieur n'a été que de 370 kilogrammes dans le Briançonnais contre 750 kilogrammes dans le bassin de La Mure et 900 kilogrammes comme moyenne générale de la France entière.

Les mines du Briançonnais sont en somme peu importantes et peu florissantes. En 1883, 30 exploitations ont occupé ensemble 309 ouvriers et produit 7,400 tonnes seulement, soit moins de 250 tonnes en moyenne par mine exploitée. Tandis que partout ailleurs la production a notablement augmenté, ici elle est sensiblement stationnaire depuis plus de vingt ans. C'est que les mines de Briançon n'ont d'autre débouché que la consommation locale, et celle-ci ne tend point à se développer; on sait au contraire que la population des hautes vallées des Alpes a une tendance marquée à décroître plutôt qu'à augmenter. L'ouverture récente du chemin de fer de Gap à Briançon (fin 1884) ne paraît pas devoir modifier sensiblement la situation. Cette voie ferrée permettrait sans doute d'envoyer les anthracites des Alpes dans tout le département des Hautes-Alpes ou tout au moins jusqu'à Embrun et Gap, mais elle facilite aussi la pénétration des produits des autres bassins, notamment celle des houilles du Gard, dont l'usage est incontestablement plus agréable que celui de l'anthracite du Briançonnais, et qui, il y a quelques années encore, ne pouvaient être amenées à Embrun et surtout à Briançon qu'à des prix véritablement excessifs.

II

MINES DE FER

DES ENVIRONS D'ALLEVARD

Les filons de carbonate de fer spathique sont extrêmement nombreux sur le flanc occidental de la chaîne de Belledonne, notamment à Saint-Georges-d'Hurtière en Savoie, à Allevard, Theys et Vizille dans le département de l'Isère. Ils s'étendent même plus au sud, à Mésage et jusqu'à La Motte-Saint-Martin. Ils sont généralement encaissés dans les schistes cristallins, mais pénètrent aussi dans le terrain houiller (La Motte-Saint-Martin) et dans les quartzites triasiques (Allevard, Theys) qui recouvrent ces schistes. Exploités sur un grand nombre de points, dès le commencement du siècle, pour alimenter plusieurs hauts-fourneaux au bois, aujourd'hui presque tous disparus, les plus importants de ces filons, ceux d'Allevard, ont été acquis en 1873 par MM. Schneider et Cie, du Creusot, qui y ont exécuté des travaux d'aménagement considérables et les ont mis en relation avec le réseau général des chemins de fer au moyen d'un chemin de fer industriel à plans inclinés allant des mines de La Taillat (altitude 1,112 mètres) à la gare du Cheylas (altitude 248 mètres). La production annuelle, qui n'était autrefois que de quelques milliers de tonnes, dépasse aujourd'hui 50,000 tonnes. Le nombre des ouvriers dépasse 300. C'est assez dire qu'il existe actuellement à Allevard un centre industriel digne d'attirer l'attention de toutes les personnes compétentes.

La mine la plus importante et la plus connue est celle de La Taillat. MM. Schneider et Cie y exploitent deux filons principaux qu'une grande galerie de roulage, dite galerie Sainte-Madeleine, a recoupés l'un à 278 mètres de la surface, l'autre à 420 mètres. Le premier a une puissance de 6 à 8 mètres et contient un minerai à grandes lamelles, largement cristallisé, dit minerai maillat. C'est la qualité qui fournit les plus beaux échantillons minéralogiques, mais non la plus estimée; elle est en effet peu riche en manganèse, un peu réfractaire, et a l'inconvénient de décrépiter au feu. Le deuxième filon, le plus beau de toute la région, a la même puissance que le filon maillat: le minerai qu'il produit est à petites lamelles, à texture serrée, plus riche en manganèse que le maillat: il porte le nom de minerai rives. La gangue est essentiellement formée de quartz blanc, laiteux ou cristallisé, accessoirement de dolomie et de carbonates multiples de fer, manganèse, chaux et magnésie. La pyrite de fer, la pyrite de cuivre, parfois la blende s'y rencontrent sur quelques points, surtout au voisinage des nombreuses failles qui divisent les filons en une série de sections distinctes. Fréquemment, surtout lorsque les filons sont très puissants, des fragments détachés du toit sont intercalés dans le remplissage; on constate d'ailleurs que les filons ont généralement au mur une salbande assez nette, tandis qu'au toit ils se divisent en ramifications nombreuses.

L'exploitation se fait exclusivement par galeries divisant les filons en une série d'étages superposés. Les failles découpent ces étages en massifs que l'on enlève par tranches inclinées, en remplaçant le minerai, au fur et à mesure de son enlèvement, par des remblais qui descendent des étages supérieurs et sur lesquels s'élèvent les ouvriers mineurs chargés de l'abatage.

Arrivés au jour les vagonnets sortant de la mine sont chargés quatre par quatre sur des trucks, sur lesquels ils descendent, au moyen de trois plans inclinés bisauto moteurs, depuis les mines jusqu'à Champsapey, près de Saint-Pierre-d'Allevard. Là, les minerais sont culbutés sur des grilles, arrosés par de forts jets d'eau qui les débourbent, triés à la main et, s'il y a lieu, au marteau, de manière à en séparer le plus de stérile possible, enfin divisés en deux grandes catégories, les gros et les menus. Ils passent ensuite aux fours de grillage, que l'on prendrait aisément, à leurs grandes dimensions, pour de véritables hauts-fourneaux. Trois fours de forme ordinaire servent à griller ou plutôt à calciner les gros; deux autres, de construction intérieure fort différente, sont réservés au traitement des menus, qui y circulent sur une série de tablettes inclinées disposées en chicane : des fours semblables à ceux destinés au grillage des gros seraient en effet immédiatement obstrués et le tirage ne s'y ferait plus. Les uns et les autres sont chauffés au moyen de gaz combustibles produits dans des générateurs spéciaux. Le grillage a pour effet d'expulser l'acide carbonique et l'eau qui imprègne toujours le minerai à la sortie de la mine; en même temps le protoxyde de fer absorbe de l'oxygène et se transforme en peroxyde. Chimiquement pur et complètement grillé, le carbonate de fer perdrait au grillage, en se transformant en peroxyde, de 31 à 32 o/o de son poids. En fait, à cause de la présence de la gangue et de l'impossibilité d'arriver à un grillage parfait, la perte de poids, au grillage, ne dépasse pas 25 o/o. Le minerai grillé rend aujourd'hui 45 o/o environ de fer et manganèse; il y a quelques années encore, l'on s'estimait heureux lorsqu'on arrivait, à force de soins, à obtenir un minerai grillé rendant 42 o/o. Il produit des fontes excellentes, ayant à un haut degré la propension aciéreuse ; les forges d'Allevard l'emploient exclusivement ; la partie de la production qu'elles ne consomment pas est envoyée au Creusot et à diverses usines de la Loire.

Un nouveau progrès tout récent vient d'être réalisé et mérite d'être signalé brièvement. La proportion des menus est malheureusement considérable : or la présence de menus dans un haut-fourneau en rend la marche difficile et irrégulière. Aussi avait-on dû, depuis dix ans, entasser une grande partie des menus produits, faute de trouver à les utiliser. On vient d'installer un atelier pour les classer après grillage, les enrichir par le lavage et enfin les agglomérer. On obtient le classement en broyant les fragments les plus gros dans des cylindres broyeurs et tamisant ensuite les fragments broyés et les menus fins dans des trommels, c'est-à-dire des cribles tronc-coniques, mobiles autour d'un axe horizontal ; le minerai est ainsi divisé en cinq catégories, la première formée de grenailles ayant de 4 1/2 à 7 1/2 millimètres de diamètre, la dernière, composée de fines poussières. Chacune de ces catégories est envoyée à un lavoir continu à piston latéral et à deux tamis, où le minerai, dont la densité varie de 3,40 à 3,90 selon la perfection du grillage, descend au fond sur les tamis, tandis que les stériles montent à la surface et sont finalement entraînés sur un déversoir de superficie. Les matières les plus fines vont à des lavoirs à grille filtrante, dit lavoirs à feldspath ; on y utilise, en guise de feldspath, le quartz même des filons. Le classement par grosseur n'ayant d'autre but que de permettre le lavage, les produits lavés de tous les cribles se réunissent de nouveau et sont conduits par une toile sans fin à un malaxeur où ils se mélangent avec de la chaux dans la proportion de 3 à 5 o/o et d'où ils vont à une machine à fabriquer les agglomérés. Ils en sortent sous forme de briquettes solides, qui passent bien au haut-fourneau et dont la teneur en métaux peut s'élever jusqu'à 46 ou 48 o/o.

Les minerais de fer d'Allevard sont exploités depuis un temps immémorial et l'on peut dire que tous les affleurements ont été plus ou moins fouillés. Pendant les cinquante premières années du siècle, ils ont servi à alimenter un certain nombre de hauts-fourneaux au bois, dont les plus importants ont toujours été ceux d'Allevard même; les fontes produites, éminemment aciéreuses, étaient transformées en acier dans plusieurs usines : celles des environs de Rives ont donné leur nom à une méthode de traitement dite méthode rivoise, aujourd'hui abandonnée. La transformation radicale introduite dans l'industrie sidérurgique par l'emploi de plus en plus général des combustibles minéraux a amené la mise hors feu successive de tous ces hauts-fourneaux au bois : le seul qui existe encore aujourd'hui est celui de Brignoud et il est éteint depuis deux ans. Mais, même avec le coke, les minerais d'Allevard continuent à donner des fontes fines et aciéreuses; l'usine d'Allevard les emploie exclusivement pour la fabrication de ses aciers justement renommés, et elle en consomme chaque année des quantités importantes. L'excédent de la production est envoyé à diverses usines de la vallée du Rhône et au Creusot. La crise intense que traverse actuellement la métallurgie dans le bassin de la Loire oblige à maintenir l'extraction dans de sages limites ; mais, si inquiétante que soit pour l'avenir de cette industrie la concurrence des usines du nord-est, auxquelles la déphosphoration permet de traiter pour aciers communs des minerais médiocres, on peut espérer encore que l'avenir sera moins sombre que le présent, parce qu'on peut affirmer, sans crainte d'être contredit, que des minerais de bonne qualité donneront toujours des produits meilleurs que des minerais impurs et que les minerais spathiques et manganésés des Alpes resteront longtemps encore sans rivaux pour la fabrication des aciers fins.

III

CARRIÈRES DE GYPSE

DE VIZILLE

Le trias apparaît à Champ et à Vizille, non loin de Grenoble, sous forme de bandes étroites de dolomies et de gypse; de nombreuses carrières ont été ouvertes sur ces gîtes, qui ont joué un rôle considérable dans toutes les discussions relatives à la géologie des Alpes et dont l'âge paraît établi aujourd'hui avec une entière certitude.

Six exploitations seulement sont en activité, savoir : deux à Champ, deux à

Vizille, une à Saint-Pierre-de-Mésage, une à Notre-Dame-de-Mésage (carrière de la Touche, sur la rive gauche de la Romanche, en face de Vizille). Cette dernière est de beaucoup la plus importante. Les fours et les moulins, reconstruits récemment, ont été installés sur les modèles les plus nouveaux et donnent des produits de très bonne qualité, comprenant des plâtres blancs fins ou ordinaires, du plâtre rose, du plâtre d'engrais, ainsi que des sulfates de chaux crus ou cuits, employés dans beaucoup de fabriques de papiers. Les sulfates ne diffèrent d'ailleurs du plâtre ordinaire ou du gypse cru broyé que par la finesse extrême de leur pulvérisation et par leur blancheur. La valeur moyenne des plâtres de Vizille est de 11 à 12 francs la tonne; la production peut être estimée à 10,000 tonnes par an, le nombre des ouvriers à 50 environ.

Nous signalerons encore, à titre de curiosité plutôt qu'à raison de son importance industrielle, la présence, dans la carrière de la Touche, de nombreuses lentilles d'anhydrite d'un beau blanc légèrement azuré; ces lentilles atteignent souvent des volumes considérables. On a employé autrefois l'anhydrite, sous le nom de marbre de Vizille, à la fabrication de divers objets destinés à l'ornementation de l'intérieur des maisons. Le bon marché des marbres blancs d'Italie, incontestablement bien supérieurs à l'anhydrite, que l'humidité ne tarde pas à dégrader, a fait disparaître presque entièrement la petite industrie dont nous venons de parler.

IV

CHAUX & CIMENTS

DE L'ARRONDISSEMENT DE GRENOBLE

La fabrication des chaux hydrauliques, et surtout celle des ciments naturels ou artificiels, a pris, dans l'arrondissement de Grenoble, une très grande importance et constitue aujourd'hui l'une des principales industries de la région et l'une de celles qui contribuent le plus à donner aux nouvelles constructions de la ville de Grenoble leur caractère particulier.

On sait, et c'est le grand titre de gloire de M. Vicat de l'avoir établi, que tout calcaire marneux homogène contenant, naturellement ou par suite de mélanges convenables, de 23 à 30 0/0 d'argile finement et uniformément disséminée dans la masse, peut, par une cuisson bien dirigée, donner des ciments, c'est-à-dire des produits renfermant tous les principes qui les rendent capables d'un durcissement très rapide, sans addition d'aucun autre ingrédient. Au dessous de 23 0/0, il ne produirait que des chaux : chaux grasse ou maigre, si la proportion d'argile est inférieure à 10 ou 12 0/0 ; chaux hydraulique, si elle est comprise entre 12 et 20 ; chaux-limite si elle est supérieure à 20 et inférieure à 23 0/0. Au dessus de 30 0/0 d'argile, le calcaire ne donnerait plus qu'un ciment médiocre ; à 40 0/0, il se transformerait, par calcination, en un produit incapable de prendre une cohésion satisfaisante.

Les ciments naturels de l'arrondissement de Grenoble résultent tous de la calcination de calcaires marneux contenant de 23 à 30 0/0 d'argile plus ou moins pure ; ils renferment, en conséquence, de 35 à 44 0/0 d'argile calcinée et de 65 à 56 0/0 de chaux. La proportion d'argile que l'on peut regarder comme la meilleure, en règle générale, est celle de 23 à 24 o/o dans le calcaire, ou de 36 o/o dans le ciment. Les ciments naturels se divisent en deux classes : les ciments prompts, faisant prise en moins de vingt minutes; les ciments lents, faisant prise en une ou plusieurs heures. Les variétés intermédiaires, obtenues directement ou par mélange, sont appelées ciments demi-lents. D'une manière générale, on obtient les ciments lents en faisant cuire la pierre à haute température dans des fours intermittents, et les ciments prompts en diminuant la proportion de combustible et, par suite, la température : les fours sont alors ordinairement continus. En fait, une même fournée donne souvent des morceaux très cuits qui servent à faire le ciment lent, et d'autres faiblement cuits qui vont au ciment prompt. Il convient, en outre, d'ajouter que certains calcaires ne produisent que des ciments lents, tandis que d'autres, ordinairement plus argileux et surtout plus alumineux, ne donnent guère que des ciments prompts. Les fabricants de ciments des environs de Grenoble ont laissé imposer à leurs ciments lents le nom fort impropre de *Portland*; les ciments à prise rapide sont quelquefois appelés aussi, à l'étranger surtout, *ciments romains*.

Les ciments artificiels Vicat résultent de la cuisson à forte température, poussée presque jusqu'à fusion, d'un mélange de ciment naturel faiblement cuit provenant de calcaires qui tiennent de 20 à 40 o/o d'argile, et de chaux grasse, dosé de manière à présenter la composition des chaux limites, c'est-à-dire à contenir de 21 à 23 o/o d'argile. Ce sont, dans la région qui nous occupe, les seuls ciments qui subissent une double cuisson.

D'autres ciments, appelés aussi artificiels, résultent du simple mélange de ciments naturels fortement cuits avec diverses matières, notamment avec des grappiers de chaux hydraulique ou avec des parties surcuites et vitrifiées : la plupart des usines fabriquent aujourd'hui de ces ciments artificiels.

Ces préliminaires établis, il nous reste à indiquer la répartition des fabriques de ciments de l'arrondissement de Grenoble et à en faire connaître l'importance

Ciments naturels. — On peut classer les exploitations suivant l'âge géologique des bancs d'où elles tirent leur matière première et qui appartiennent, les uns au lias, d'autres au terrain oxfordien, d'autres enfin à la base du terrain néocomien. On trouve :

1° Dans *le lias*, les exploitations du Valbonnais, de Villard-Saint-Christophe, de Monteynard, d'Uriage, de La Chapelle-du-Bard. En raison de la distance considérable qui sépare les carrières, il est impossible de chercher à assimiler les bancs; les produits obtenus diffèrent d'ailleurs beaucoup les uns des autres. Le Valbonnais donne des ciments dits Portland, à prise très lente, d'une excellente qualité; Uriage produit des ciments demi-lents, où la proportion d'argile atteint 44 o/o et dépasse par conséquent, d'une manière sensible, la proportion que nous avons indiquée comme la plus favorable; les trois autres exploitations n'ont actuellement qu'une importance secondaire.

2° Dans *le terrain oxfordien*, deux groupes de carrières situées les unes sur la rive gauche de la Gresse, les autres sur la rive droite de l'Isère, en amont de Grenoble. La vallée de la Gresse comprend quatre exploitations, échelonnées de Vif à Saint-Barthélemy, ouvertes sur des bancs de calcaire tenant 28 0/0 environ d'argile et produisant uniquement des ciments prompts, souvent appelés ciments de Vif.. Sur la rive droite de l'Isère, deux exploitations seulement sont en activité, l'une à Saint-Ismier, l'autre à Crolles : elles produisent à la fois des ciments prompts et des ciments lents;

3° Dans *le terrain néocomien inférieur*, les diverses carrières exploitant les bancs dits de la Porte-de-France, savoir : à Saint-Martin-le-Vinoux, les anciennes carrières de la Porte-de-France, celle du mont Jalla, celles des Combes ; à Seyssins et à Claix, les carrières de Comboire et de Cossey, dont les couches sont le prolongement manifeste de celles de la Porte-de-France ; à Voreppe et à Saint-Laurent-du-Pont, celles du Chevallon et du Pont-de-l'Orsière ; au Sappey, celle de la Bordelière et enfin une carrière à Saint-Andéol. C'est au progrès de la géologie que revient l'honneur d'avoir permis l'assimilation de ces différentes couches, d'avoir établi qu'elles appartiennent en réalité à un seul et même étage géologique et d'avoir guidé les recherches des explorateurs. L'utilité pratique de la théorie apparaît ici d'une manière éclatante.

Ce sont les exploitations de ce groupe qui ont fait la réputation des ciments naturels de Grenoble; c'est à elles aussi que revient, de beaucoup, la plus forte part dans la production totale. Aussi croyons-nous devoir nous y arrêter quelques instants en prenant pour exemple les établissements de MM. Dumolard et Viallet à la Porte-de-France. La carrière est située au sommet du mont Jalla et comprend vingt étages de galeries de 3^m50 de hauteur, séparées par des plafonds de même épaisseur, et dont quelques-unes dépassent dès aujourd'hui 1,000 mètres de longueur. La couche principale a une épaisseur de 4^m50 et est inclinée sur la verticale de 15° environ; elle fournit un calcaire argileux, noir, bitumineux, à grain très fin et à cassure conchoïdale contenant 24 0/0 d'argile en mélange très homogène. Un chemin de fer à flanc de coteau amène les produits, après un parcours de 800 mètres environ, au sommet d'un escarpement de

310 mètres de hauteur ; un double câble aérien automoteur de 600 mètres de portée, avec câble de traction sans fin, décrit par M. Gariel dans les *Annales des Ponts et Chaussées* (avril 1877) permet de les faire descendre au pied de l'escarpement, où ils sont précipités dans un puits vertical de 80 mètres, puis amenés par une galerie souterraine au gueulard des fours.

Les fours, au nombre de 20, ont une capacité moyenne de 76 mètres cubes. Ils peuvent être mis, à volonté, à feu continu ou à feu intermittent, suivant que l'on veut y produire du ciment prompt ou du ciment lent. Le combustible employé est l'anthracite menu ou en poussière du bassin de La Mure, dans une proportion variant de 24 à 30 0/0, selon le produit que l'on veut obtenir. On peut admettre avec une certaine approximation qu'un four à feu intermittent produit, par jour et par mètre cube de capacité, 40 kilogrammes de ciment, et un four à feu continu, 100 kilogrammes. Au défournement, on trie les pierres surcuites, vitrifiées, de couleur noire, d'une grande densité, donnant le ciment lent, et aussi employées dans la préparation du ciment artificiel, les pierres cuites, mais non vitrifiées, de couleur jaunâtre, de densité bien inférieure, donnant le ciment prompt, et enfin les incuits, que l'on rejette.

Les produits triés sont transportés aux moulins situés à Saint-Robert et à Grenoble, la force motrice manquant au voisinage immédiat des fours. Ils passent d'abord au concasseur à mâchoires, puis aux meules horizontales, qui les réduisent en farine ; des vis d'Archimède les conduisent enfin aux silos où ils sont emmagasinés et d'où ils sont expédiés, soit en sacs, soit en fûts.

Comme nous le disions tout à l'heure, à quelques légères différences près, tous les ciments naturels se préparent de la même manière. Les conditions matérielles, le volume des fours, la proportion du combustible, les détails des ateliers de broyage peuvent varier d'un établissement à l'autre : le procédé ne varie pas. Nous signalerons seulement brièvement les tentatives faites par MM. Bertet et Sisteron pour introduire, à la place des concasseurs et des meules horizontales, un nouveau broyeur, de disposition ingénieuse, mais peut-être moins robuste que les appareils anciens, appelé par eux *broyeur à écrasement progressif.*

Ciments artificiels. — Les ciments artificiels proprement dits, résultant d'une double cuisson, ne sont fabriqués que dans la belle usine de MM. Vicat et Cie, au Genevray. Deux carrières situées dans le terrain oxfordien fournissent l'une des calcaires à 10 0/0 environ d'argile, l'autre des calcaires tenant de 25 à 35 0/0 d'argile. Toute la pierre extraite est passée aux fours, sans distinction de bancs, sur les carrières mêmes, puis transportée après une faible cuisson, à l'usine du Genevray où l'on pulvérise séparément la chaux et le ciment naturel provenant du calcaire argileux. On détermine, par des essais constants, leur composition et on en fait le mélange de manière à avoir une teneur de 22 0/0 d'argile environ. Le mélange est malaxé avec de l'eau, puis moulé en briquettes qui font prise rapidement parce que l'un des composants est un véritable ciment. On les passe aux fours de deuxième cuisson, où on les fait cuire à haute température, arrêtant le feu après sept ou huit jours, quand la partie inférieure, frittée ou même vitrifiée, fait voûte et s'oppose au passage de l'air. La pierre ainsi surcuite est concassée, broyée, blutée, puis mise en silos.

Quelques mots sur l'histoire de l'industrie des ciments, et sur son importance actuelle à Grenoble, pourront intéresser le lecteur.

M. L. Vicat fit connaître, le premier, par une série de travaux remontant à 1818, que les propriétés des chaux hydrauliques naturelles dépendent de l'argile disséminée dans le tissu de ces chaux ; il réussit à fabriquer en grand de la chaux hydraulique artificielle, désigna un grand nombre de carrières propres à fournir des chaux hydrauliques et détermina quelles conditions doit remplir un calcaire pour pouvoir donner des ciments naturels. Loin de se réserver l'exploitation de ses belles découvertes, il n'eut qu'un souci, qu'un but : les vulgariser et mettre tout le monde à même de les utiliser. Une pension nationale de 6,000 francs fut la récompense glorieuse de son patriotique désintéressement. Inspiré par M. Vicat, M. Gueymard, ingénieur des mines à Grenoble, fit connaître un grand nombre de gîtes du département de l'Isère, propres à la fabrication des chaux hydrauliques ou des ciments. La première exploitation de ciment fut tentée en 1835 par M. Voisins, à Narbonne, près Grenoble, dans des couches néocomiennes. En 1842, M. Felix Breton, aujourd'hui colonel du génie en retraite, reconnut l'importance et les propriétés des bancs à ciment de la Porte-de-France, et, dès lors, fut réellement fondée à Grenoble l'industrie des ciments qui, depuis, n'a cessé de se développer. On trouva le prolongement ou de nouveaux plis des couches de la Porte-de-France ; bientôt après, on reconnut dans d'autres terrains des bancs de composition convenable, et c'est ainsi que de nombreuses usines se sont successivement fondées partout où elles trouvèrent réunies les conditions indispensables d'une fabrication économique.

On peut estimer actuellement la production annuelle totale de l'ensemble des usines de l'arrondissement de Grenoble à 175,000 tonnes environ de ciments de toutes qualités, se vendant de 20 à 60 francs la tonne et représentant une valeur totale de près de huit millions de francs. Les ouvriers occupés aux carrières, aux fours et aux moulins sont au nombre de 1,250 environ.

Outre les ciments, l'arrondissement de Grenoble produit aussi des chaux de toutes qualités et notamment d'excellentes chaux hydrauliques. Nous nous bornerons à citer ici celles de Sassenage. Les bancs exploités pour la fabrication de ces chaux sont des couches très régulières appartenant au terrain crétacé supérieur (étage sénonien). Ce sont des calcaires gris, compactes, contenant en mélange intime de la silice très divisée et un peu d'argile ; la proportion du résidu insoluble dans les acides est de 17 0/0 environ. La pierre a ainsi une composition chimique presque identique à celle du Theil qui, cependant, appartient à un autre étage, celui du terrain néocomien. Les procédés de fabrication de la chaux sont identiques à ceux du Theil et les produits de qualité sensiblement équivalente.

V

PIERRES DE CONSTRUCTION

DES ENVIRONS DE GRENOBLE

Si les ciments jouent aujourd'hui dans les constructions de Grenoble et des environs un rôle absolument prédominant, dû surtout à l'économie de leur emploi, ce n'est pas cependant que la pierre de construction y fasse défaut, ni qu'elle ait cessé d'être exploitée. Les calcaires jurassiques et crétacés des chaînes subalpines fournissent au contraire des pierres de taille très résistantes, dont le seul défaut est d'être un peu difficiles à tailler. En première ligne se place la pierre de Sassenage, extraite d'un dépôt superficiel de blocs urgoniens que l'on doit regarder, avec Albin Gras, comme la moraine terminale d'un ancien glacier qui occupait autrefois la vallée de Lans; les murs des quais de Grenoble sont construits avec cette pierre de premier ordre. Nous citerons ensuite les carrières de l'Echaillon, d'où l'on extrait des blocs magnifiques employés parfois pour les façades des édifices (Hôpital de Grenoble, Banque de France, etc.), plus souvent pour la statuaire et pour les décorations intérieures, notamment pour les escaliers monumentaux, et donnerons en passant une mention aux beaux ateliers dans lesquels MM. Biron, propriétaires de la principale carrière de l'Echaillon, font tailler et polir les marbres les plus divers. Les moëllons nécessaires aux constructions de Grenoble et des environs sont fournis par les carrières de la Porte-de-France, du Fontanil, de Fontaine, etc. Ce qui manque malheureusement à Grenoble, c'est une bonne pierre de taille tendre, d'un prix modéré, analogue à celle de Saint-Paul-Trois-Châteaux, très employée dans toute la région pour les belles constructions (Musée-bibliothèque, nouvelles Facultés, etc.). On y a suppléé, non peut-être sans dommage pour le caractère architectural des édifices, par l'emploi général des pierres factices en béton de ciment, lequel caractérise tout spécialement l'art des constructions à Grenoble.

VI

SABLES RÉFRACTAIRES

DE VOREPPE, DE PROVEYZIEUX, ETC.

Il existe à Voreppe, à Proveyzieux, aux Echelles et sur divers points du Royans des dépôts locaux très intéressants de sables et argiles réfractaires appartenant au terrain sidérolithique ; ils ne constituent pas des gîtes réguliers, mais remplissent de vastes cavités, souvent très profondes, creusées à travers et entre les bancs du calcaire crétacé. Ces cavités sont remplies d'un sable très siliceux, tantôt blanc, tantôt coloré en rouge ou en jaune par un peu d'argile ferrugineuse. L'origine de ces sables doit, suivant toute apparence, être cherchée dans des sources thermales siliceuses analogues à celles qui ont déposé ailleurs des minerais de fer ou de manganèse. On les exploite avec une certaine activité, notamment à Voreppe et à Proveyzieux ; les sables blancs sont employés par la verrerie, les sables rouges, moins secs, par la métallurgie, pour le garnissage des soles des fours à reverbère, ou des parois des cornues Bessemer. On peut estimer à 10 ou 12,000 tonnes la production annuelle actuelle, ralentie par suite de la crise métallurgique, et à 150,000 francs environ la valeur créée chaque année par ces exploitations qui occupent une centaine d'ouvriers.

EAUX MINÉRALES

ous terminerons cette notice en appelant l'attention sur les sources minérales qui constituent l'une des ressources naturelles les plus importantes des Alpes Dauphinoises.

Trois groupes de sources seulement sont en pleine exploitation : Uriage, Allevard, La Motte-les-Bains.

Les eaux d'Uriage constituent le type le plus remarquable des eaux à la fois *salines et sulfureuses*; elles sortent des schistes argilo-calcaires du lias à une température de 27°,25, et contiennent par litre 10 gr. 42 de principes minéralisateurs ; le débit est de 300 litres environ par minute. Déjà utilisée par les Romains, la source d'Uriage est actuellement captée par une galerie de 270 mètres de longueur et un puits de 6 mètres, où court une conduite formant siphon qui conduit l'eau, en la préservant de tout contact avec l'air atmosphérique, à un établissement hydrothermal parfaitement organisé. L'eau d'Uriage réunit les principes des eaux sulfureuses énergiques, ceux des eaux chlorurées fortes et ceux des eaux sulfatées purgatives, qu'on ne trouve ailleurs que séparés. Elle convient particulièrement au traitement des maladies cutanées et de celles qui intéressent le système lymphatique. On peut estimer à 2,500 le nombre approximatif des baigneurs, et à 6,000 le nombre total des visiteurs, malades ou bien portants, qui viennent faire une saison à Uriage.

Les eaux d'Allevard sortent, comme celles d'Uriage, des calcaires du lias, reposant sur des grès, dolomies et gypses triasiques. Elles sont *carbonatées sulfureuses*, et particulièrement riches en acide sulfhydrique libre; leur température au griffon est de 16°; le débit de la source est de 90 litres environ par minute. Elle est captée dans un petit puits cimenté, d'où des pompes l'envoient aux buvettes, aux salles d'inhalation et aux réservoirs destinés à l'alimentation des bains et des douches. L'eau d'Allevard convient particulièrement au traitement des maladies de la gorge et des bronches : on peut estimer à 13 ou 1400 le nombre annuel des baigneurs.

Les eaux de La Motte-les-Bains émergent également des calcaires du lias. Elles sont remarquables par leur haute température, 60° à la source, et doivent être classées parmi les eaux *bromochlorurées sodiques*; elles sont limpides et sans odeur, d'une saveur franchement saline ; elles contiennent 4 grammes environ de chlorures (sodium, magnésium, potassium) par litre. Elles sont captées dans des enceintes en maçonnerie fondées sur le rocher, puis élevées au moyen de pompes foulantes puissantes jusqu'au château de La Motte, à 283 mètres au dessus des sources. Elles sont employées surtout en bains et en douches, conviennent parfaitement au traitement des affections rhumatismales et reçoivent chaque année 600 baigneurs environ.

Après les eaux dont nous venons de faire sommairement l'histoire, nous nous bornerons à citer quelques-unes des nombreuses sources d'importance secondaire qui émergent sur divers points de la région, telles que les sources alcalines et gazeuses d'Oriol, du Monestier-de-Clermont, de Saint-Pierre-d'Argençon; les eaux sulfureuses de La Terrasse, de l'Echaillon, du Bourg-d'Oisans; les eaux salines du Monêtier-de-Briançon et du Plan de Phazy (Hautes-Alpes). Toutes ces sources sont en général médiocrement ou mal captées : il n'y existe pas d'établissement hydrothermal de quelque importance; elles sont dès lors très faiblement utilisées.

On voit que les Alpes dauphinoises présentent une remarquable variété de richesses minérales. Nous nous sommes borné à citer les plus connues; beaucoup d'autres attendent encore le jour où il conviendra à l'industrie de les mettre en valeur. Mais, dès aujourd'hui, le Dauphiné offre aux naturalistes et aux ingénieurs un champ d'études des plus intéressants : nous souhaitons que la réunion à Grenoble du Congrès de l'Association française pour l'avancement des sciences inspire à quelques-uns des membres de l'Association le désir d'y revenir et d'élucider par leurs travaux quelques-uns des problèmes dont les Alpes n'ont pas encore livré la solution.

LA FLORE DU DAUPHINÉ

APERÇU
SUR LA
FLORE DU DAUPHINÉ

ous n'avons point l'intention de décrire la Flore du Dauphiné ; ce que les Villars et les Mutel ont fait n'est pas à refaire. Notre but, plus modeste, est d'esquisser les traits caractéristiques de la physionomie générale de cette flore, si riche que nulle ne mérite plus qu'elle de captiver l'esprit du botaniste. — « Qui peut se résoudre à passer une montagne sans herboriser ? » dit quelque part l'auteur d'Emile ; et l'on sait

qu'il parlait des montagnes du Dauphiné. Montagne! c'est bien le mot qui désigne la chose dont la compréhension se compose de toutes les conditions d'une végétation riche et variée. Quelles sont ces conditions? Les milieux extérieurs qui s'appellent terrain, pression atmosphérique, eau, chaleur, lumière, peut-être électricité, et un autre moins immédiat, mais qui importe et sur lequel nous insisterons plus bas, les insectes.

Éparses ailleurs sur de vastes surfaces, ces causes efficientes et relatives ne sont nulle part, plus qu'en Dauphiné, condensées sur des points plus restreints, il est vrai, mais multiples et comparatifs, car elles y ont tous les degrés. Varier la tension d'une corde, sa longueur, sa densité et son rayon, c'est varier le nombre et l'amplitude des vibrations, et obtenir une gamme chromatique d'autant plus étendue que la raison des sons sera elle-même plus fractionnée: de même, augmenter ou diminuer la pression de l'air avec ou sans poussières flottantes, varier les intensités des radiations calorifiques et lumineuses, les degrés d'humidité et en même temps, ou séparément, les éléments minéraux du sol et leurs proportions quantitatives, c'est se mettre dans les conditions les meilleures pour étudier l'influence de ces agents, tant sur la nature que sur la variabilité des espèces.

Or la montagne et surtout les montagnes du haut et du bas Dauphiné réalisent toutes les expériences que l'imagination la plus inventive peut tenter dans les laboratoires de botanique, avec cet avantage précieux d'être assuré qu'ici l'expérimentateur ne mêle pas ses désirs aux résultats vrais de l'expérience. De même que leur composition minérale est variée, puisque tous les âges géologiques s'y superposent, de même elles offrent tous les états hydriques, de concert avec toutes les intensités de chaleur et de lumière, car elles ont toutes les directions et aussi toutes les altitudes de 200 à 3,000 mètres. Telles plantes n'y ont jamais vu le soleil levant, telles jamais le coucher du soleil, celles-ci en éprouvent l'action directe du matin au soir, celles-là pendant quelques heures, les unes durant quelques minutes, d'autres enfin n'en ressentent toute leur vie que l'influence indirecte. Ce que nous disons de la lumière, nous devons le répéter de la chaleur et aussi de la pression, car la colonne barométrique baisse de près d'un millimètre par dix mètres d'altitude.

Or comme la possibilité de vivre est comprise entre deux limites minima et maxima et qu'il y a quelque part, entre ces limites, un optima, tant pour la lumière, la chaleur, que pour la pression et l'humidité, il en résulte des conditions modificatrices très nombreuses et, par suite, un certain polymorphisme pour la même espèce de plante, polymorphisme plus ou moins accentué et qui ne trompe que trop souvent les botanistes purement praticiens, chercheurs zélés et avides d'espèces, substituant l'apparence à la réalité et la multiplicité des noms à l'unité des choses.

Pour ceux-là, les dimensions si variables de la famille, les accidents de son limbe, un calice plus ou moins velu, etc., etc., ont une valeur d'espèce, parfois de genre, et c'est ainsi que la voie de la botanique systématique est de jour en jour plus encombrée par ce fléau que Linné appelait déjà *verbositas*. *Gentiana bavarica* et *brachyphylla* sont devenues deux espèces ; *Ranunculus Platanifolia, Humilis, Aconiti-*

folia, *Elatior* en forment quatre ; les espèces de *Viola*, de *Rubus*, de *Rosa*, d'*Hieracium* et de tant d'autres plantes malléables, menacent de devenir plus nombreuses que les étoiles.

Il faut pourtant savoir et ne pas oublier qu'un grand nombre de plantes sont plus sensibles à la lumière que les photomètres, à l'humidité que les hygromètres, à la chaleur que les thermomètres, aux anesthésiques que les animaux supérieurs, et qu'à l'exception des plantes grasses, elles sont douées d'un pouvoir de transpiration vraiment extraordinaire. Citons quelques exemples : un grand Soleil, en 12 heures de jour, transpire 0 kil. 625 ; une même branche de Douce-Amère transpire dans 12 heures, au soleil : 14 grammes ; à la lumière diffuse : 7 grammes ; à l'obscurité : 2 grammes. Le *stérigmatocystis* est si sensible aux anesthésiques que $\frac{1}{1.600.000}$ de nitrate d'argent l'empoisonne. Le safran ouvre sa fleur à 8°5 et la ferme à 8°. Si l'on place exactement, au milieu de la distance qui sépare deux sources lumineuses de même nature et reconnues égales par le photomètre de Bunsen, une tige de *Vicia*

Sativa, elle devrait, d'après les données de la physique, rester verticale ; or, elle s'incline vers l'une des deux lumières ; les sources ne sont donc pas égales. D'ailleurs, nous avons, par des expériences récentes, démontré l'action fléchissante de la lumière lunaire. Enfin, nous devons faire observer que la même espèce, poussant sur un terrain horizontal, oblique ou vertical, a trois degrés proportionnels de croissance et, par suite, trois faciès. C'est la cause principale qui a fait appeler la même *potentille* ici : *petiolulata*, là : *caulescens*, et cette cause n'est autre que l'influence favorable de la pesanteur, c'est-à-dire du géotropisme. Nous pourrions préciser davantage, mais cela suffit pour montrer combien les mêmes plantes doivent se présenter sous des dehors changeants, selon que l'une ou plusieurs de ces influences agissent sur elles simultanément ou séparément, et que, par suite, les montagnes du Dauphiné offrant tous les milieux nuancés, doivent produire une flore très riche en genres, espèces et variétés, et façonner un tapis végétal d'une incomparable beauté.

La plaine, par son milieu uniforme, est

condamnée à l'immutabilité. La variété, surtout l'imprévu, en sont bannis. Les fleurs nues, à la fin de son parcours, sont celles qu'on avait regardées au commencement. C'étaient des bruyères et ce sont encore des bruyères ; des stipa d'abord et des stipa ensuite ; répétition ennuyeuse des mêmes lignes et des mêmes fleurs, c'est la monotonie.

La montagne, au contraire, est faite d'antithèses ; ayant toutes les altitudes et toutes les expositions, elle a tous les climats. Ici, le granit massif, là, le granit schisteux, plus loin des masses calcaires ou gypseuses, des éboulis de toute nature, des plateaux arides ou couverts de forêts de sapins, des mélèzes ; des lacs limpides ou des marais tourbeux, des flancs dénudés ravinés ou tapissés d'un gazon épais ; glaciers, torrents, cascades, simples suintements d'eaux infiltrées, abîmes sombres, sommets dans la lumière ; partout la variété, le contraste, le mouvement, la vie. Quoi d'étonnant alors que dans des conditions si variées, des milieux si divers appropriés à tous les tempéraments, naissent des plantes de tout genre, de toute espèce et de toute variété, ajoutons de toute nuance. Et quoi d'étonnant aussi qu'il y ait une flore dauphinoise puisque nos montagnes offrent le vivre et le couvert aux plantes dont les besoins et les goûts sont les plus éloignés. Les plantes *calcicoles, silicicoles, argilicoles* et *gypsocoles*, les plantes *hygrophiles* et *xérophiles*, c'est-à-dire qui aiment les sols calcaires, siliceux, argileux, gypseux, humides ou secs ; celles qui préfèrent la chaleur au froid ou inversement ; plantes *thérophiles* et *chiménophiles*, celles dont les habitudes naturelles les portent à vivre à l'ombre des forêts, plantes silvicoles, ou en pleine lumière, plantes photophiles, sans parler des plantes indifférentes.

Prenons au hasard le genre saxifraga pour exemple, et aussi les genres primula et ranunculus. *Saxifraga petræa* ouvre sa corolle blanche sur les rochers arides et très éclairés des sommets, *exarata* préfère les roches granitiques ombragées ; *biflora* aime mieux les rochers schisteux des mêmes altitudes ; *retusa* se plaît sur le flanc nord, et *planifolia* sur le flanc sud des hautes montagnes ; *muscoïdes* ne peut vivre qu'au dessus de 1,100 mètres, et c'est vers les 2,000 mètres que cette saxifrage à pétales lavés de blanc, de jaune et de rouge, trouve avec une espèce voisine, l'*oppositifolia*, son milieu préféré ; *bryoïdes* aime le granit mouillé par les glaciers fondants ; *cuneifolia* se plaît à l'ombre des sapins et sur le lit humide des mousses ; *aïzoïdes* préfère à tout les parois verticales des rochers calcaires humides ; *aïzoon* les fissures des blocs roulés du lit des torrents ; *hypnoïdes* à pétales blancs demande des montagnes granitiques de 1,500 mètres ; *androsacea* monte plus haut et *rotundifolia* descend très bas sur les rochers calcaires et presque inondés des torrents et des cascades. Passons aux Primulacées.

Primula vulgaris vient partout dans la vallée et fleurit dès les premiers jours de l'année, suivie de près par l'*officinalis*, avec laquelle elle s'allie assez souvent pour donner le jour à la *variabilis* ; *suaveolens* fleurit à l'ombre des rares buissons que l'on trouve vers les 2,000 mètres ; *intricata* préfère les pelouses des mêmes hauteurs ; *auricula* descend plus bas, sur les montagnes calcaires ombragées et humides ; *marginata*, qui s'en rapproche bien, semble aimer mieux les rochers granitiques ; *gra veolens* et *viscosa* atteignent la base des glaciers assis sur le granit ; *farinosa* étale sa fleur rose dans les prairies humides et sur les bords des lacs, et, pour passer à un autre genre voisin, la *soldanella alpina* épanouit sa corolle bleue sous la voûte des glaciers et ne se laisse plus oublier quand on l'a cueillie dans de telles circonstances.

Quant au genre *Ranunculus*, sur lequel les botanistes praticiens se sont un peu trop exercés, il nous présenterait, avec des dizaines d'autres, les mêmes préférences de sol, d'altitude, de chaleur et de froid, depuis la *ranunculus aqualilis* qui est un peu partout en bas, jusqu'à la *glacialis* qui ne se plaît que dans les débris schisteux et granitiques des altitudes élevées.

Toutefois, la flore du Dauphiné ne montre sa richesse nulle part plus grande qu'à l'altitude où se rencontrent les espèces qui gravissent et celles qui descendent les montagnes, région dont les limites variables sont généralement comprises entre 500 et 2,000 mètres.

Au dessous de 500 mètres d'altitude, les fleurs n'y sont point rares ; elles sont même très abondantes dans certaines localités, et composées non-seulement des espèces qui ne sauraient vivre plus haut, mais encore de celles qui sont indifférentes, et enfin de celles, plus rares, dont les vents, les torrents et la toison des troupeaux ont transporté et disséminé les graines ; c'est ainsi qu'on a trouvé des pieds de *cerinthe minor*, de *brassica repanda*, de *Linaria Alpina*, etc., égarés dans les prairies de la vallée, ou naufragés sur les bords confluents du Drac et de l'Isère. Mais ces régions sont trop accessibles à la charrue, pour que Cérès n'en chasse pas Flore.

Plus haut, au contraire, les milieux se différencient, s'isolent ou se rapprochent, et Flore reprend les droits qu'elle avait perdus plus bas ; l'agronome recule devant le botaniste. Les montagnes du Dauphiné abondent, à ces hauteurs, en stations subalpines et alpines, où les fleurs luttent en variété, en nombre, en pureté et vivacité de couleurs. Nommer les plateaux de Saint-Nizier, du Villard-de-Lans, Saint-Ange, site favori du Cypripedium ; Monestier-de-Clermont, les montagnes de la Grande-Chartreuse, la Chartreuse de Prémol, le pic de Belledonne, surtout le Lautaret, avec cette admirable vallée de Romanche, une des merveilles du monde, c'est rappeler à tous ceux qui les ont parcourus les plus pures joies de la vie et le souvenir d'avoir cueilli des gerbes de fleurs au milieu de splendides paysages. Comment oublier qu'on a cueilli la *viola calcarata, saxifraga, muscoëides, geum montanum, soldanella alpina*, etc., au sommet du *Grand-Som*, pendant que notre regard se promenait, étonné et ravi, du Mont-Blanc aux montagnes du Vivarais, en passant au dessus des vallées de l'Isère et du Rhône, et n'était arrêté que par les glaciers brillants de lumière sur les pics majestueux des grandes Alpes! Voilà l'un de ces nombreux paysages que présentent les montagnes du Dauphiné et qui en font un pays d'une incomparable splendeur.

Mais revenons à la Flore. Les plantes qui la composent doivent se répéter souvent, et il y a même quelques stations où l'on ne revoit guère que les espèces vues dans d'autres ; aussi croyons-nous devoir signaler la plus riche de ces stations, celle qui les résume toutes, nous parlons du Lautaret. Énumérer les noms des plantes qui forment le tapis de ce que l'on appelle les prairies du *Villard-d'Arène*, de *Primemesse* du Lautaret proprement dit, et de celles qui couvrent les flancs et les sommets des montagnes environnantes des Trois Évêchés et des deux Galibiers, serait aussi long que fastidieux ; qu'il nous suffise de dire que là se trouve la vraie flore originale du Dauphiné, c'est là qu'il faut l'étudier. Mais pour la connaître, les herborisations doivent y être répétées à des intervalles de temps rapprochés, pendant le mois de juillet, ou plus exactement, il faut herboriser chaque jour et avec des alliés ; car, sitôt la fonte des neiges commencée, les plantes poussent avec une étonnante rapidité, et bientôt tous ces sites sont envahis d'un côté par les troupeaux de moutons et de bœufs, et, d'un autre, par ceux qui font le commerce d'Arnica, de Thé des Alpes, de Génépi, etc., et qui, tenant plus au poids de leur récolte qu'à la vraie qualité des plantes, ramassent au hasard, mais en quantité, les fleurs utiles et nuisibles à la santé.

C'est là que l'*Androsace Septentrionalis* montre à ceux qui connaissent leur site sa jolie corolle rosée à gorge jaune, l'*Allium Strictum* ses fleurs roses, la *Campanula Barbata* ses belles cloches bleues, à côté de la *Spicata* et un peu loin de l'*Allioni*, moins fréquente. Cette dernière vient très voisine de la rare *Callianthemum Rutæfolium* à fleurs blanches, et un peu éloignée, quoiqu'à la même altitude, des nombreuses espèces de *Pedicularis*, dont les *tuberosa* et *cenisia* sont les plus précieuses. Mais ce ne sont pas ces espèces rares qui, même ajoutées aux *Anemone baldensis*, *narcissiflora*, à la *Gregoria Vitaliana*, au *Dracocephalum ruyschiana*, etc., etc., constituent le caractère de cette station, c'est plutôt l'abondance de certaines espèces qui sont comme les sujets principaux de cet immense tableau floral, et parmi lesquelles nous citerons au hasard : *Dianthus neglectus*, *Veronica Allioni*, *Arnica Montana*, *Cirsium Spinosissimum*, *acaule* et leurs hybrides, les *Orchis Globosa*, *Sambucina*, les *Phyteuma Hemispherica*, *orbiculare* et sa variété *comosa* ; les *sedum anacampseros*, *Atratum* ; les *Sempervivum tectorum*, plante polymorphe, *Arachnoïdeum*; *Paradisia liliastrum*; *Urobus latens*; *Meum athamanticum*; *Laserpitium latifolium;* arrêtons-nous, car il faudrait en citer encore plus de trente genres, non moins abondants en espèces et en individus.

Nous terminerons cet aperçu très général de la Flore du Dauphiné par quelques considérations sur une des causes encore presque inédites de l'abondance, de la beauté et du parfum de nos plantes, c'est-à-dire sur le rôle considérable qu'y jouent les insectes.

Si la chenille est l'ennemie de la feuille, le papillon est l'ami de la fleur; ce qui veut dire que la larve, issue de l'œuf, se nourrit des organes végétatifs, et l'insecte adulte, sorti de la chrysalide, se nourrit du nectar de l'organe reproducteur des plantes. De ce dernier rapport entre l'insecte nectarophile et la plante, il résulte un grand avantage pour cette dernière. On sait en effet par les observations les plus patientes et les mieux suivies, que les *métis* l'emportent en force de résistance, en abondance de floraison, en coloris des pétales et en nombre de graines sur les produits de la postérité directe. La nature, dit Conrad Sprengel, a horreur de l'autofécondation. Or les vents et surtout les *insectes* sont les agents, les uns passifs, les autres actifs, de la fécondation croisée ou métissage. Nous disons *surtout les insectes*, car les vents n'apportent pas sûrement et par nécessité le pollen sur les stigmates, tandis que les insectes, ayant vue et odorat, sont guidés dans leurs besoins d'alimentation par ces deux sens, vers les corolles et les nectaires. Le pollen, attaché à un organe quelconque de leur corps, est donc déposé sur les stigmates des fleurs voisines, soit du même pied, soit de pieds différents d'une même espèce, soit d'une autre espèce, d'où il naîtra pour le premier cas un métis, pour le second, un hybride, nouvelle cause d'erreurs pour les herboristes. Eh bien, les Alpes du Dauphiné sont extrêmement riches en Lépidoptères et Hyménoptères; c'est là une vérité qu'il est presque incompréhensible de voir niée par des savants coupables de donner des conclusions d'après des prémisses incomplètes. Plus il y a de fleurs, plus il y a d'insectes; ceux-ci ont besoin de celles-là pour se nourrir et celles-là ont besoin de ceux-ci pour assurer la perpétuité de la race et la beauté de leurs produits.

Ne voulant et ne devant pas insister ici sur les preuves décisives de ce fait, notre conclusion est qu'il faut aux causes physiques (sol, lumière, chaleur, pression, humidité) de la richesse de notre flore, joindre une cause organique et vivante, les insectes.

Mais ce n'est point dans les ouvrages de botanique, ni même dans les herbiers, vrais cimetières des plantes, qu'il faut apprendre à connaître la flore dauphinoise ; c'est dans nos montagnes qu'il faut en admirer les éléments, et alors on comprend cette parole de Jean-Jacques : « Qui peut se résoudre à passer les montagnes du Dauphiné sans herboriser ? »

FORÊTS ET REBOISEMENTS

FORÊTS

ET

REBOISEMENTS

Située au sommet de l'angle dessiné par les vallées du Haut et du Bas Grésivaudan qui séparent le massif de la Chartreuse de la chaîne de Belledonne et des montagnes de Lans, menacée d'un côté par l'Isère qui paraît vouloir l'enserrer dans ses replis, de l'autre par le Drac qui semble se précipiter sur elle, en ligne droite, depuis les montagnes du Trièves, la ville de Grenoble a eu à souffrir d'inondations fréquentes :

> Lo Serpen et lo Dragon
> Mettront Grenobl' en savon

dit un ancien adage bien connu en Dauphiné ; la ville de Grenoble sera, un jour, détruite par les inondations du Drac et de l'Isère.

Les principales inondations qui ont frappé la ville et la vallée, ou du moins celles dont on a pu trouver les traces écrites et datées, ont eu lieu en 1219, 1409, 1469, 1524, 1525, 1651, 1673, 1711, 1733, 1739, 1740, 1764, 1773, 1778, 1816, 1840 et 1859, soit 17 inondations en 640 ans, moyennement une en trente ans.

De ces inondations, quatre surtout ont conservé une triste célébrité. Ce sont celles de 1219, 1733, 1740 et 1778.

En l'année 1191, une crue des deux torrents de *Vaudaine* et de l'*Infernet* qui tombent dans la Romanche, en face l'un de l'autre, à l'extrémité d'aval de la plaine d'Oisans, précipita une avalanche de rochers et de terre dans la rivière ; le cours de la Romanche fut barré et ses eaux s'amassèrent sur toute la plaine d'Oisans, qui fut transformée en un vaste lac (1). Le 14 septembre 1219, le barrage qui, depuis vingt-huit ans, maintenait ce lac, connu sous le nom de lac Saint-Laurent, fut rompu, et une véritable trombe d'eau se précipita dans la vallée et arriva sur Grenoble vers les dix heures du soir. Les eaux s'élevèrent dans la ville jusqu'à la hauteur de la clef de voûte de l'ancienne porte de la Cathédrale. Les habitants de la rive gauche, surpris dans leur premier sommeil, n'eurent que le temps de chercher un refuge au faîte des maisons, dans les tours et les clochers ; un certain nombre d'entre eux coururent au pont pour se réfugier dans la montagne, mais la porte s'en trouva fermée, et avant qu'on pût l'ouvrir, les eaux franchirent tous les obstacles et emportèrent un grand nombre de victimes. Après l'écoulement des eaux du lac Saint-Laurent, l'Isère, dont le cours

(1) La route de Grenoble à Briançon traverse le cône de déjections du torrent de Vaudaine, à deux kilomètres en amont du village de Livet : le voyageur, en passant, peut se rendre compte de la disposition des deux torrents et des dangers qui en résultent pour la plaine de l'Oisans.

avait été barré et qui avait inondé la plaine du Grésivaudan jusqu'à dix kilomètres en amont de Grenoble, se précipita à son tour sur la ville et détruisit le pont et nombre d'édifices. Plusieurs milliers de personnes trouvèrent la mort dans l'inondation de 1219, connue sous le nom de *Déluge de Grenoble* (1).

L'inondation de 1733 eut lieu le quatorze septembre, à la suite d'une crue extraordinaire de l'Isère et du Drac ; les eaux s'élevèrent, à Grenoble, à 5 m. 57 au dessus de l'étiage. Tous les ponts de la Romanche furent détruits ; le Drac emporta ses digues et renversa le pont de la Graille ; les eaux couvrirent la plupart des rues et des places de Grenoble, envahirent la Cathédrale, le Palais de Justice et s'élevèrent à 1 m. 58 au dessus de la place Grenette : plusieurs maisons du faubourg Saint-Laurent s'écroulèrent.

Sept ans après, les désastres causés par l'inondation de 1733 étaient à peine réparés, qu'une nouvelle inondation frap-

---

(1) Voir les intéressantes notices de M. Pilot de Thorey sur les inondations de Grenoble et sur les crues de l'Isère et du Drac.

pait Grenoble, en 1740. Les eaux s'élevèrent à 5 m. 70 au dessus de l'étiage ; les ponts-levis furent enlevés, une partie du quai Créqui fut détruite, et les ponts provisoires établis en 1733 furent emportés ; un grand nombre de bâtiments furent endommagés, les murailles mêmes de la ville furent attaquées; un bastion s'écroula. Cette inondation, qui dura deux jours entiers, fut aussi terrible pour la vallée que pour la ville de Grenoble ; un grand nombre de fermes et de chemins furent détruits; les récoltes et les bestiaux furent enlevés et une grande surface de terres cultivées fut couverte de limon et de graviers.

Les désastres de 1733 et 1740 ont été décrits par le poète grenoblois, *Blanc dit la Goutte*, dans le *Grenoblo Malherou* et la *Coupi de la Lettra*, œuvres pleines d'originalité, en patois du Dauphiné. C'est lui qui écrivit ces deux vers patois :

<blockquote>Grenôblô, t'eis perdu, lo monstre t'engloutit;
Malavisâ fut ceu qui si bas te plantit !</blockquote>

L'inondation de 1778 eut lieu le vingt-cinq octobre, jour de la fête de Saint Crépin, d'où son nom de *Déluge de*

Saint Crépin : le désastre fut un peu moins grand qu'en 1740, néanmoins les eaux s'élevèrent à 5 m. 40 au dessus de l'étiage, et toute la ville fut inondée, à l'exception de la place Saint-André et de quelques rues environnantes: il fallut, comme en 1733 et 1740, pourvoir à la sûreté et aux besoins des habitants par un service de bateaux.

De nos jours, l'inondation la plus violente qu'eût à subir Grenoble fut celle du 2 novembre 1859. Les eaux s'élevèrent à 5^m35 au dessus de l'étiage: toute la vallée fut transformée en un vaste lac et les communications par chemin de fer furent interrompues pendant quinze jours entre Grenoble et Voreppe. A l'exception des parties les plus hautes de la ville, c'est-à-dire des places Saint-André, Claveyson, et de quelques rues, toute la ville fut inondée: le niveau des eaux s'éleva à 1^m50 dans la rue Saint-Laurent, à 1^m85 dans la rue Bressieux, à 1^m25 sur la place Vaucanson, à 1^m36 sur la place Grenette, à 1^m80 au cimetière: pendant quinze jours le service des inhumations fut suspendu et on enterra provisoirement sur un bastion près de la porte des Alpes.

Au point de vue des inondations, la

situation de Grenoble ne s'est pas améliorée : la ville et la belle vallée du Grésivaudan sont toujours à la merci des crues extraordinaires du Drac et de l'Isère ; bien plus, les études faites depuis soixante ans sur le régime de ces rivières ont permis de démontrer que le niveau des crues tend à s'élever d'une manière inquiétante ; l'opinion publique elle-même est unanime pour reconnaître et l'exactitude de ce fait et l'immense aggravation qui en résulte pour la situation de la ville de Grenoble et de la vallée du Grésivaudan.

Les circonstances atmosphériques n'ont subi aucune modification depuis un temps immémorial ; d'autre part les expériences sérieuses et comparables faites sur le régime du Drac et de l'Isère ne remontent pas à une époque assez éloignée (soixante ans *au plus*) pour qu'il ait été possible de constater des modifications sensibles dans le volume des hautes eaux : on ne peut donc désigner comme causes certaines du relèvement du niveau des crues, que l'exhaussement du lit des deux rivières par la marche des bancs de graviers et les travaux d'endiguement exécutés en Savoie et dans l'Isère.

Les terrains relevant d'associations syndicales dans ces deux départements ont une contenance d'environ 50,000 hectares et les dépenses faites pour les travaux d'endiguement et les travaux complémentaires d'assainissement dépassent vingt millions ; il n'est donc plus possible d'abandonner le système des digues insubmersibles : *maintenir la montagne en bon état* afin d'empêcher la formation des torrents et l'accumulation progressive des graviers dans le lit des rivières, *conserver précieusement les massifs boisés existants, augmenter le domaine de la forêt* afin de diminuer la rapidité et le volume des hautes eaux et prévenir autant que possible les crues extraordinaires sont, par conséquent, des mesures qui intéressent au plus haut degré aussi bien la ville de Grenoble, la Vallée et le département, que le pays tout entier.

Dans le classement des départements, suivant la contenance proportionnelle des forêts, l'Isère occupe le vingt deuxième rang avec 21,7 o/o de superficie boisée, chiffre un peu inférieur à celui qui représente la moyenne en France. Le département de l'Isère est moins riche en forêts que la Drôme (proportion de la surface boisée 27 o/o), que la Haute-Savoie (25 o/o), que les Alpes-Maritimes (24 o/o), mais il est presque aussi boisé que la Savoie (22 o/o) et il est mieux partagé au point de vue forestier que les Hautes-Alpes (19 o/o) et les Basses-Alpes (18 o/o).

Les bois occupent dans l'I... une superficie de 182,458 hectares, répartie ainsi qu'il suit par nature de propriétaires :

10,832 hectares, soit 6 o/o de la superficie totale, appartiennent à l'Etat ;

59,484 hectares, soit 33 o/o, appartiennent aux communes et aux établissements publics ;

112,122 hectares, soit 61 o/o, appartiennent aux particuliers ;

Sur la contenance totale des bois, 66,113 hectares seulement, soit 40 o/o, sont soumis au régime forestier ; l'action de l'Administration des forêts ne s'exerce donc que sur les *huit centièmes* de la superficie du département.

Les chiffres que nous venons de donner ne sont que des moyennes et ne fournissent aucun renseignement concernant la répartition des bois sur le territoire du département qui présente deux régions bien distinctes, le *pays des plaines et des coteaux* comprenant les arrondissements de Vienne, Saint-Marcellin et la Tour-du-Pin, *le pays de montagne* comprenant l'arrondissement de Grenoble ; la montagne est-elle mieux boisée que la plaine ? les forêts sont-elles uniformément réparties dans le pays de montagne ?

La région des plaines et des coteaux a une superficie de 428,649 hectares ; la surface boisée occupe 76,091 hectares, soit environ 18 o/o du territoire ; 7,811 hectares seulement, soit 1,8 o/o de la superficie totale de la région, sont soumis au régime forestier.

La région des montagnes a une superficie de 410,112 hectares ; la contenance de ses bois est de 106,347 hectares à peu près 26 centièmes du territoire ; 58,302 hectares, soit 14 o/o de la région, sont soumis au régime forestier.

La montagne est donc mieux boisée que la plaine et le régime forestier y exerce son action sur une surface beaucoup plus considérable.

Toutefois les arrondissements de Vienne, La Tour-du-Pin et Saint-Marcellin sont relativement bien boisés : de plus, les particuliers y retiennent presque les 9/10 des forêts existantes et sont intéressés à leur conservation parce que dans les régions de plaines et de coteaux, à cause de la qualité du sol, à cause du climat, des facilités de transport et d'écoulement des produits forestiers, les forêts sont généralement des propriétés de rapport.

Nous ne nous occuperons pas davantage de cette région du département ; sa situation, son relief, le développement de la culture agricole font qu'elle offre peu d'intérêt au point de vue du maintien des terres sur les pentes et de la régularisation du régime des rivières torrentielles.

La région des montagnes peut se subdiviser en six régions secondaires :

1° La *région de Grenoble*, comprenant les trois cantons de Grenoble, les cantons de Voiron, de Sassenage, d'Allevard, du Touvet, de Goncelin, de Vif et de Vizille, soit les vallées du Haut et du Bas Grésivaudan, de Vif, de Vizille, et les versants des montagnes qui les dominent ;

2° La *région de Saint-Laurent-du-Pont*, comprenant le canton de ce nom et la plus grande partie du massif de la Chartreuse ;

3° La *région du Villard-de-Lans*, comprenant le canton de ce nom et le massif des montagnes de Lans ;

4° La *région de Mens*, comprenant les cantons de Mens, Clelles et Monestier-de-Clermont, soit les bassins de l'Ebron, de la Gresse et la rive gauche du Drac ;

5° La *région de La Mure*, comprenant les cantons de La Mure, Valbonnais et Corps, soit le plateau de la Mateysine, le bassin de la Bonne et la rive droite du Drac ;

6° La *région de l'Oisans*, comprenant le canton du Bourg-d'Oisans, c'est-à-dire le bassin de la Romanche.

Le tableau suivant donne, pour chacune de ces régions, la superficie des forêts domaniales, des forêts communales et d'établissements publics, des bois particuliers et des forêts soumises au régime forestier.

RÉGIONS	SUPERFICIE	CONTENANCE des FORÊTS			CONTENANCE totale boisée	Rapport de la superficie boisée à la superficie de la région.	CONTENANCE des forêts soumises au régime forestier	Rapport de la contenance soumise à la superficie de la région
		Domaniales	Communales et d'établissements publics	aux particuliers				
	hectares	hectares	hectares	hectares	hectares		hectares	
Grenoble	147,757	1,986	15,072	21,673	38,731	26 o/o	16,241	11 o/o
St-Laur¹-du-Pont	24,569	6,554	3,012	11,394	20,960	85 o/o	9,352	38 o/o
Villard-de-Lans	22,309	»	9,281	4,015	13,296	59 o/o	8,224	37 o/o
Mens	67,001	»	9,515	5,338	14,853	22 o/o	9,067	13.5 o/o
La Mure	66,914	»	8,551	732	9,283	13 o/o	8,245	12 o/o
Bourg-d'Oisans	81,562	2,033	5,181	2,010	9,224	11 o/o	7,170	8.8 o/o
	410,112	10,573	50,612	45,162	106,347	26 o/o moyenne	58,307	14 o/o

Les régions de Saint-Laurent-du-Pont et de Villard-de-Lans sont les plus riches en forêts ; à Saint-Laurent-du-Pont la proportion de la superficie boisée s'élève à 85 o/o ; à Villard-de-Lans elle s'élève à 59 o/o ; dans ces deux régions l'action de l'Administration forestière s'exerce sur des surfaces à peu près égales, sur 37 à 38 o/o du territoire : aussi les montagnes sont-elles en parfait état de conservation bien qu'elles soient entièrement constituées par les terrains de sédiment ; les versants sont protégés par une large et épaisse ceinture de forêts et les sommets sont occupés par de beaux pâturages.

Dans la région de Grenoble, la proportion de la superficie boisée, par rapport à la superficie totale, descend à 26 o/o et le régime forestier ne s'exerce que sur 11 o/o du territoire : les torrents font leur apparition dans les terrains de sédiment. Nous citerons les torrents de Bresson, de Manival, les torrents qui sillonnent les flancs du Saint-Eynard, la Roize, les torrents de Claix et de Saint-Paul-de-Varces.

Après la région de Grenoble, viennent les régions de Mens, de La Mure et de

Bourg-d'Oisans qui sont, dans l'Isère, le véritable pays des torrents.

Dans la région de Mens, qui repose tout entière sur les terrains de sédiment, la proportion de la superficie boisée n'est plus que de 22 o/o ; la ceinture de forêts qui protégeait les massifs et les crêtes de l'Obiou, du Ferrand, du Grand Veymont et de la Moucherolle a été rompue en beaucoup d'endroits ; à toutes les ruptures des torrents ont pris naissance et de grandes plaies rongent la montagne.

Nous citerons les torrents de la Croix de la Pigne, des Achards, de Chalanne, du Chatel sur les versants de la rive gauche du Drac, les torrents de Saint-Baudille-et-Pipet et de Tréminis qui disséquent l'Obiou et le Ferrand et alimentent les grandes plages de cailloux situées aux sources de la Vanne et de l'Ebron, enfin les torrents de l'Orbanne, de Gravenon du Biffol et qui dégradent les montagnes de Saint-Michel-les-Portes, Chichilianne, Gresse et Saint-Andéol.

La région de la Mure est située deux tiers environ sur les terrains de sédiment, un tiers sur les terrains cristallisés ; la proportion de la surface boisée descend à

13 0/0 ; dans les montagnes granitiques de grandes surfaces sont dénudées et des torrents dangereux déchirent le lias à la Valette, Valbonnais, au Périer, à Chantelouve, à Entraigues et au Valsenestre.

Ce sont les torrents des régions de Mens et de La Mure qui fournissent au Drac la plus grande partie des matériaux de transport avec lesquels il alimente le vaste champ de déjections de la Rivoire et surélève son lit dans la plaine de Grenoble.

L'Oisans, la région la plus montagneuse, est la partie la plus déboisée du département de l'Isère ; sa superficie de 81,562 hectares se répartit ainsi qu'il suit par natures de terrains : pâtures 47 0/0, terres vaines, rochers, lacs non imposables 30 0/0, cultures et bâtiments 12 0/0, forêts 11 0/0.

L'administration forestière n'exerce son action tutélaire que sur 7,214 hectares dont 2,033 sont propriétés domaniales ! Les communes ne possèdent que 5,181 hectares, les particuliers, 2,610 hectares.

Si l'Oisans n'a pas l'aspect d'une vaste ruine comme le Dévoluy et certaines vallées des Basses-Alpes, c'est grâce à la constitution minéralogique de son sol qui, pour les trois quarts du territoire, repose sur les terrains cristallisés et pour un quart seulement sur les terrains de sédiment.

Sur le lias, dans les hauteurs, quelques plateaux, quelques vallons à pente relativement douce ont conservé de belles pelouses que l'on désigne sous le nom d'Alpes (Alpes de Venose, d'Huez, d'Oz, de Mont-de-Lans) : elles sont presque toutes entre les mains des particuliers.

Toutes les pentes, au contraire, sont plus ou moins dégradées et ont donné naissance à des torrents boueux redoutables. Nous citerons le Flumet sur Vaujany, le Merdaret, affluent de la Lignarre sur Ornon, le Saint-Antoine sur Bourg-d'Oisans, le Ferrand, la Valette, la Salze sur Clavans et Besse, le Chambon sur Mont-de-Lans, les ravins des terres noires de Mizoens.

Les terrains granitiques sont, il est vrai, dans un état avancé de dégradation ; très souvent le squelette des montagnes a été mis à nu et se présente sous l'aspect de grands escarpements recouverts à la base par de vastes éboulis, amoncellements de blocs et de pierrailles parsemés de quelques touffes de gazon et sillonnés de nombreux ravins ; mais, sur les terrains de cette nature, le peu de profondeur du sol, dans les hauteurs, les seuils rocheux inébranlables que les eaux rencontrent à chaque brisement de pente s'opposent en général à la formation de vastes entonnoirs d'érosion et à la production de véritables laves torrentielles. Les torrents des terrains cristallisés, sauf de rares exceptions, sont des torrents clairs qui ne roulent que des pierres et des graviers ; toutefois, à cause de leur multiplicité, leur action, jointe à celle des torrents boueux du lias, produit les effets les plus désastreux pour les plaines du Bourg-d'Oisans et de Vizille.

La plaine de l'Oisans est attaquée en tête par les amas de cailloux que déposent la Romanche au pont *Saint-Guillerme*, et le Vénéon aux *Ganchoirs*, en flanc par les dépôts de la *Lignare* qui remplit ses digues et domine les terres et le village de la Paute, et par les bancs de gravier de l'*Eau d'Olle*, à sa partie inférieure par le *torrent de Vaudaine* dont les crues peuvent produire un *barrage de la Romanche* (1). La plaine de Vizille est menacée par l'exhaussement du lit de la Romanche, au passage de l'*Étroit*, et le refoulement des eaux de la vallée de *Vaulnaveys*. Toutefois, malgré la pauvreté de ses forêts, malgré la dégradation de ses pâturages, l'Oisans est peut-être la plus belle région des Alpes françaises : son imposante ceinture de montagnes qui comprend les massifs élevés de Belledonne, des Rousses, du Pelvoux, ses glaciers et ses lacs, ses sites pittoresques peuvent satisfaire aussi bien le touriste amateur que l'alpiniste le plus intrépide.

En résumé, dans la partie montagneuse du département de l'Isère, les régions de Saint-Laurent-du-Pont et du Villard-de-Lans sont bien boisées, les *ravages des torrents y sont inconnus :* dans les régions de Grenoble, Mens, La Mure et Bourg-d'Oisans, sur la moitié à peu près de la superficie du département, les montagnes

---

(1) Des travaux de correction et de reboisement sont en vue d'exécution dans le bassin de réception du torrent de Vaudaine : dans quelques années le torrent sera entièrement dompté.

sont plus ou moins déboisées et sont *sillonnées de torrents.*

Cette statistique forestière sommaire vient donc à l'appui des principes posés par M. l'Ingénieur Surell dans son beau livre intitulé « Etude sur les torrents des Alpes ».

Les forêts empêchent la formation des torrents
Le déboisement livre la montagne en proie aux torrents.

La dégradation de ses montagnes, les nombreux torrents qui les sillonnent, le régime torrentiel du Drac et de l'Isère désignaient le département comme devant faire partie de la région des Alpes à soumettre aux mesures législatives ayant pour but d'assurer l'extinction des torrents et l'amélioration du régime des cours d'eau par le reboisement des montagnes; aussi dès l'année 1861 un service spécial du reboisement fut créé à Grenoble et, depuis cette époque, il n'a pas cessé de fonctionner.

Avant d'exposer ce qui a été fait dans l'Isère au point de vue du reboisement et de la restauration des montagnes, il est nécessaire de faire connaître, en quelques mots, la loi du 28 juillet 1860 et les modifications qu'elle a subies en 1864 et 1882.

La loi de 1860 édictait des prescriptions de deux natures différentes, les unes de *coercition*, les autres d'*encouragement ;* — par les premières, l'État pouvait, au nom de l'utilité publique, créer des périmètres de reboisement *obligatoire* sur tous les points du territoire où la dégradation du sol et les ravages des torrents étaient reconnus, après enquête, comme nécessitant impérieusement des travaux de restauration ; par les mesures d'encouragement, au moyen de subventions en graines, en plants et même en argent, il avait la faculté de provoquer le reboisement des terrains communaux et particuliers, dégradés ou impropres soit à la culture pastorale, soit à la culture agricole.

Le *reboisement obligatoire* avait pour but de guérir le mal déjà fait, le *reboisement facultatif*, celui de prévenir la dégradation des montagnes et de favoriser l'accroissement de la superficie boisée du pays.

La loi de 1864 modifia la loi de 1860 en admettant la possibilité de remplacer, dans certains cas, la forêt par le *gazon* afin de donner satisfaction aux réclamations des communes et de calmer les défiances des populations pastorales, elle permit de réviser les périmètres établis et autorisa la création de périmètres *obligatoires* et *facultatifs* de *reboisement* et de *gazonnement*.

La question de la restauration et de la conservation des montagnes fut de nouveau étudiée en 1882 ; les lois de 1860 et 1864 mettaient à la charge des communes propriétaires des terrains périmétrés obligatoirement, les dépenses du reboisement et du gazonnement ou, à défaut de remboursement, leur imposaient la cession d'une partie de ces terrains ; elles laissaient tous les terrains communaux non périmétrés sans protection contre les abus du parcours ; enfin elles ne donnaient pas des armes suffisantes à l'Administration des forêts et ne ménageaient pas dans une juste mesure les intérêts et les susceptibilités des populations pastorales. Les mesures législatives de 1860, incomplètes et trop sévères pour la montagne, furent profondément modifiées par la *loi du 4 avril 1882*.

Actuellement, tous les terrains dont la dégradation nécessite « par des dangers nés et actuels » des travaux de *reboisement*, doivent être acquis par l'Etat, soit à l'amiable soit par expropriation après enquête et déclaration d'utilité publique en vertu d'une loi. Toutefois les communes et les particuliers peuvent conserver la propriété de leurs terrains périmétrés s'ils s'engagent à exécuter dans un délai fixé, avec ou sans subvention, les travaux qui leur sont indiqués par l'Administration forestière.

Tout pâturage en voie de dégradation, sur la proposition de l'Administration forestière, peut être mis *en défends* pendant dix ans, moyennant indemnité après enquête et décret rendu en Conseil d'Etat.

Les terrains appartenant aux communes tombant sous l'application de la loi du 4 avril 1882 doivent être *réglementés* et les règlements de pâturages, soumis aux observations de l'Administration forestière, peuvent être modifiés par une Commission spéciale.

L'Etat doit exécuter à ses frais tous les travaux d'utilité publique et prendre à sa charge *les frais de garde* des pâturages à réglementer, des terrains mis en défends et même des bois soumis au régime forestier appartenant aux communes assujetties à l'application de la loi.

Enfin, dans les pays de montagnes, des *subventions*, soit en délivrance de plants et de graines, soit en argent, soit en travaux, peuvent être accordées aux communes, aux associations pastorales, aux fruitières, aux particuliers à raison de travaux entrepris par eux pour l'amélioration du sol et la mise en valeur des pâturages.

Vingt-neuf périmètres de reboisement et de gazonnement avaient été décrétés d'utilité publique dans le département de l'Isère, en vertu des lois de 1860 et 1864. Ces périmètres, d'une contenance de 13,000 hectares, ont été révisés conformément aux dispositions transitoires de la loi du 4 avril 1882 : les terrains dégradés à reboiser, d'une contenance de 8,317 hectares, ont été maintenus dans les périmètres pour être acquis par l'Etat ; les pâturages restaurés par la mise en défends ont été rendus à la libre jouissance de leurs propriétaires ; les terrains reboisés ont été soumis au régime forestier.

Actuellement le service du reboisement compte 28 périmètres répartis ainsi qu'il suit dans les différentes régions montagneuses de l'Isère :

Régions	Nombre de périmètres	Contenance
Grenoble	.	.
Mens	19	4,978 hectares
La Mure	7	958 —
Bourg-d'Oisans	2	2,381 —
	28	8,317 hectares

Sur la contenance totale de ces périmètres, 307 hectares appartiennent aux particuliers et 8,010 aux communes.

L'Etat a déjà pu acquérir à l'amiable 2,320 hectares de terrains périmétrés : Ce résultat prouve que les communes et les particuliers ont su apprécier l'esprit de conciliation et de justice qui a guidé le service forestier dans la révision et l'estimation des périmètres et fait espérer que l'application des dispositions transitoires de la loi du 4 avril 1882 ne soulèvera pas de difficultés.

Le tableau des périmètres établis dans l'Isère montre qu'aucun périmètre n'a été décrété jusqu'à ce jour dans la région de Grenoble et que la superficie des terrains périmétrés est moins considérable dans les régions de La Mure et de l'Oisans que dans la région de Mens, relativement mieux boisée ; cela tient à ce que les études de périmètres, commencées d'abord avec activité, ont été entravées à partir de 1876 par la préparation de la dernière loi, puis par le travail long et minutieux des révisions. Actuellement, sous la haute direction de M. de Montrey, inspecteur général des forêts, membre de l'Institut, le service du reboisement fait une étude complète des régions montagneuses de la France et, sous peu, le Parlement pourra être saisi d'une *statistique* de tous les terrains qui doivent donner lieu à des travaux obligatoires de reboisement. Les études concernant le département de l'Isère seront terminées cette année.

Grâce aux ouvrages publiés par les *Ingénieurs* et les *Forestiers* (1), les causes de

---

(1) Surell. *Etude sur les torrents des Hautes-Alpes.* (Dunod, 1872.)

Scipion Gras. *Etude sur les torrents des Hautes-Alpes.* (Annales des Ponts et Chaussées, 1857.)

Culman. *Rapport au Conseil fédéral sur les torrents des Alpes Suisses.* (Lausanne, Corbuz, 1865.)

Philippe Breton. *Mémoire sur la retenue des graviers dans les gorges des torrents* (Dunod, Paris, 1867) et la formation des torrents, les particularités de leur régime, les procédés à employer pour les combattre et les éteindre sont aujourd'hui connus.

Les défrichements inconsidérés, l'abus du parcours, le traitement barbare auquel ont été soumis les pâturages communaux, la transhumance sans réglementation, le défaut d'équilibre entre le mode de culture de la montagne et celui des vallées, sont les principales causes de la formation des torrents. On peut affirmer que toutes les montagnes de l'Isère étaient jadis couronnées de forêts : Aux Sept-Laux, sur les flancs des Grandes-Rousses, au pied même des glaciers du cirque de la Bérarde, on trouve, enfouis dans les éboulis, dans

---

Etude d'un système général de défense contre les torrents. (Imprimerie nationale, 1875.)

MARCHAND. *Les torrents des Alpes et le pâturage.* (Arbois Saron, 1872.)

COSTA DE BARTELICA. *Les torrents, leurs lois, leurs causes, leurs effets.* (Baudry, Paris, 1874.)

VILLER LE DUC. *Le massif du Mont-Blanc.* (Baudry, 1876.)

DAMONTEZ. *Etude sur les travaux de reboisement et de gazonnement des montagnes.* (Imprimerie nationale, 1878.)

le lit des torrents des troncs de mélèze et de pin cembro, témoins irrécusables de l'existence de la végétation forestière jusqu'à la limite des neiges. A une époque où le bois avait peu de valeur, à cause de la difficulté des transports, les habitants des montagnes ont attaqué les forêts de deux côtés à la fois, dans les sommités peuplées de bois clairiérés, de mélèze et de pin cembro, pour augmenter l'étendue des pâturages dans les régions inférieures, pour constituer des terres jusqu'à des hauteurs où les récoltes ne peuvent plus rémunérer le travail du cultivateur.

Le parcours des moutons et des chèvres exercé sans contrôle et sans mesure dans toutes les forêts, les exploitations faites sans méthode, les dégâts des bergers, ennemis de tout ce qui a forme d'arbre, ont continué et achevé l'œuvre du défrichement. Les forêts ont abandonné les altitudes où elles ne pouvaient plus résister, et aux attaques de l'homme et aux rigueurs du climat, et la zone de la végétation forestière s'est resserrée de plus en plus; un grand nombre de versants ont été entièrement dépouillés et de vastes espaces ont été voués à la stérilité.

Les pâturages qui, depuis les grands défrichements, occupent plus de la moitié de la superficie des montagnes n'ont pas été mieux traités : les pâturages communaux, surtout, ont été véritablement dévastés, à tel point que l'étranger peut, à première vue, distinguer dans la montagne les propriétés particulières des propriétés communes. Celles-ci ont été livrées, sans défense aucune, aux troupeaux du pays et aux troupeaux du commerce ; pour combler la mesure, loin d'essayer de les conserver en bon état, on a poussé l'incurie et l'imprévoyance jusqu'à priver la montagne de l'engrais des bestiaux pour enrichir les maigres cultures des versants.

Le parcours des moutons transhumants dans les pâturages des régions les plus élevées, bien qu'il ne s'exerce que pendant les trois mois de la belle saison, a produit aussi les plus mauvais résultats ; les baux passés avec les pâtres de Provence ne contenaient généralement aucune mesure préservatrice et les pâturages ont été livrés au parcours de troupeaux compacts de bêtes affamées dont le passage seul peut transformer en terres vaines des gazons déjà épuisés. Chaque année, les prix de ferme des montagnes pastorales ont diminué au détriment des budgets communaux.

Enfin, poussé par l'amour du gain, le paysan n'a pas hésité à surcharger la montagne de bestiaux, sans avoir préparé les ressources nécessaires pour la stabulation ; les produits des prairies naturelles et artificielles de la feuille se sont trouvés insuffisants et les bestiaux ont été dirigés sur les pâturages de printemps, d'une étendue toujours assez restreinte, situés à proximité des villages avant que la neige les eût entièrement découverts. Ces pâturages livrés ainsi à la dent du bétail, sans souci de la possibilité et avant le développement de la végétation, sont complétement ruinés.

M. Surrell définit ainsi les torrents : « Les torrents coulent dans des vallées très courtes, parfois même dans de simples dépressions ; leurs crues sont courtes et presque toujours subites ; leur pente excède six centimètres par mètre sur la plus grande partie de leur cours ; elle varie très vite et ne s'abaisse pas au-dessous de deux centimètres par mètre :

ils ont une propriété tout à fait spécifique, ils affouillent dans la montagne, ils déposent dans la vallée et divaguent ensuite à cause de ces dépôts. »

On distingue trois genres de torrents :

Le *torrent composé* qui descend d'un col et coule dans une véritable vallée, comme le torrent de Vénéon dans l'Oisans ;

Le *torrent simple* qui part d'un faîte et n'a qu'une gorge à laquelle aboutissent des ravins en plus ou moins grand nombre : tels sont les torrents de Bresson, de Manival, situés sur la rive droite de l'Isère, près du Touvet et de Saint-Ismier.

La *Combe* qui prend naissance sur le flanc même de la montagne et a la forme d'une vaste échancrure, profondément rongée par une multitude de ravins qui se réunissent presque au même point ; exemple : les Combes qui dominent la Tronche, près Grenoble.

Le torrent présente trois régions bien distinctes : *le bassin de réception* qui comprend la région où les eaux s'amassent et affouillent ; *le lit de déjections*, qui est la région où les eaux déposent ; enfin *la gorge*, qui est le canal d'écoulement reliant le bassin de réception au lit de déjections.

On *pacifie* un torrent en supprimant les érosions et, par suite, les dépôts; on *l'éteint* en régularisant son régime et en le transformant en un ruisseau inoffensif: le torrent pacifié s'encaisse dans son lit de déjection, le torrent éteint coule sur un profil d'équilibre. Les torrents ne peuvent être éteints que par la forêt qui agit sur l'écoulement des eaux, comme *le volant* sur le travail d'une machine.

Chaque torrent a sa physionomie particulière; les affouillements ont lieu tantôt dans le bassin de réception, tantôt dans la gorge, tantôt simultanément dans ces deux régions, quelquefois même dans les anciens lits de déjection, formés pendant la période de comblement des vallées ou immédiatement après la période glaciaire: certains torrents prennent naissance dans des escarpements entièrement dénudés, d'autres descendent de plateaux couverts de beaux pâturages; les uns ne charrient que des boues, les autres roulent des blocs et des graviers. Le problème de l'extinction d'un torrent, pour être résolu victorieusement et avec économie, exige donc une étude sérieuse de toutes les parties constitutives de l'ennemi et de l'habileté dans le choix des moyens à employer pour le combattre.

Après avoir dressé son plan d'extinction avec le plus grand soin, le forestier commence par tracer et ouvrir des sentiers d'accès dans le périmètre des terrains à restaurer et par faire construire une baraque-abri pour ses gardes et ses ouvriers ; puis il établit des pépinières volantes et dresse les profils en long et en travers des principaux thalwegs en érosion : il entreprend ensuite les travaux d'extinction en suivant l'ordre que lui imposent la nature du torrent et les ressources dont il peut disposer en argent et en main-d'œuvre.

La forme, le mode de construction, l'emplacement des grands travaux de correction, barrages de retenue et de consolidation, murs de soutènement, etc., ayant été fixés suivant des règles dont le détail ne peut trouver place dans cette notice, chaque année le forestier fait exécuter une partie de ces travaux suivant leur ordre d'urgence et en même temps qu'il poursuit activement la régénération du bassin de réception. Les terrains stables sont reboisés, suivant leur état superficiel, par semis ou plantations, en essences appropriées au climat, aux expositions et aux altitudes ; les terres en éboulement sont drainées, tous les petits ravinements sont éteints par des barrages rustiques en pierres sèches ou des ouvrages en bois, enfin les atterrissements des barrages et les berges dénudées sont garnis de cordons de feuilles. Peu à peu, le forestier voit son périmètre se consolider, se couvrir d'une jeune végétation, et c'est avec le plus grand intérêt qu'il suit toutes les phases de sa transformation.

Les travaux de reboisement et de gazonnement ont été commencés dans l'Isère dès l'année *1863*, mais ce n'est que depuis *quinze ans* seulement, que les crédits alloués pour la restauration des montagnes sont importants et que les travaux sont poussés avec activité.

Dans les premières obligations de reboisement, les travaux suivants ont été exécutés :

Reboisement, par semis et plantations, de 2,700 hectares de terrains ;

Ouverture de 150 kilomètres de sentiers;

Construction de 2,800 barrages cubant 20,000 mètres cubes;

Etablissement de 1,700 barrages en bois;

Plantation de 300,000 mètres de cordons de feuilles;

Ouverture de 3,000 mètres de fossés de drainage;

Création de pépinières centrales à Valbonnais, à Mens et à Monestier-de-Clermont, de 10 pépinières permanentes et de 20 pépinières volantes dans les périmètres.

Des résultats très importants ont été obtenus par les travaux de correction, de consolidation et de reboisement. Nous citerons les travaux de correction du torrent de Saint-Antoine, qui menaçait d'envahir le Bourg-d'Oisans (1), du torrent de Beau-Gachet, affluent principal du torrent de Chalanne, des torrents de Biffot et du Gravenon; les travaux de consolidation des berges des torrents des Achards, de la Croix-de-la-Pigne, des

---

(1) Un plan relief du torrent de Saint-Antoine, avec indication des travaux exécutés, est exposé dans la grande salle de la bibliothèque de Grenoble.

pentes de Baconet, les travaux de captation des ravins des Eyraux et des Charraux, dont les eaux s'infiltraient dans la plaine de Pellafol et produisaient des éboulements qui emportaient les cultures et menaçaient les villages; enfin les beaux repeuplements exécutés sur les territoires de Cornillon-en-Trièves, de Saint-Baudille-et-Pipet, de Saint-Sébastien et Cordéac, de Corps, de Treffort, de Mens, de Saint-Genis et de Bourg-d'Oisans.

Les travaux de gazonnement obligatoire n'ont pas été poursuivis avec la même énergie, parce que les premiers essais n'ont pas donné de résultats satisfaisants. La loi de 1864 sur le gazonnement avait été promulguée à la suite de l'opposition faite par les populations pastorales à l'application de la loi sur le reboisement; on croyait avoir trouvé dans le gazonnement un moyen aussi sûr et moins coûteux que le reboisement pour éteindre les torrents, mais l'expérience a prouvé que, dans les hautes régions, la pelouse ne peut être créée de main d'homme, sur un terrain dénudé : elle ne peut se former qu'à l'abri de la végétation forestière. « Dans les périmètres, partout où le sol s'est trouvé abrité, pendant un certain nombre d'années, par un jeune repeuplement de mélèzes, il s'est recouvert d'une véritable pelouse de gazons qui s'y sont développés naturellement et qui présentent le même aspect et la même composition que les pelouses situées dans des conditions d'altitude et de climat analogues. Partout au contraire où, toutes circonstances égales d'ailleurs, le sol a été abandonné à lui-même et préservé par une mise en défends tout aussi rigoureuse, la pelouse ne s'est pas formée ; les gazons anciens subsistent seuls et leurs intervalles sont demeurés nus par suite de l'absence d'abris. Les pelouses existantes se sont certainement formées à l'abri des forêts clairiérées de mélèze et de pin cembro qui jadis couronnaient les montagnes. »

Les expériences tentées dans l'Isère ont confirmé ces faits avancés par M. Demontrey, inspecteur général des forêts, membre de l'Institut, chargé du service spécial de reboisement dans son livre devenu classique. « Etude sur les travaux de reboisement et de gazonnement des montagnes. »

Dans les communes de Corps, de Côtesde-Corps, sur des terrains dégradés parfaitement consolidés par des travaux de barrages, mis en défends depuis plus de quinze ans et ensemencés, la pelouse n'a pu encore être reconstituée, bien qu'en dernier lieu on ait tenté de favoriser la végétation par des abris de sainfoin.

Dans les parties inférieures des versants, les mises en défends et les semis de graines fourragères peuvent produire des résultats parce que le climat est moins rigoureux. mais les pâturages ainsi créés ne forment pas une armure végétale serrée, capable de protéger le sol contre les ravinements et ne peuvent remplacer ni la pelouse, ni la forêt. Le législateur a donc sagement agi en prescrivant le reboisement de tous les terrains dont la dégradation nécessite impérieusement, par des dangers nés et actuels, des travaux de restauration.

Dans le département de l'Isère, les travaux de reboisement facultatif et d'amélioration des pâturages ont été encouragés dans une large mesure.

850 hectares de terrains communaux ont été reboisés à l'aide de subventions allouées par l'Etat et par le Conseil général

qui s'est toujours montré soucieux de l'avenir des montagnes.

220 hectares ont été reboisés par les particuliers à l'aide de subventions de l'Etat, s'élevant à la moitié de la dépense.

Deux *fruitières permanentes* pour la fabrication du beurre et du fromage de gruyère ont été construites, l'une à Mens, l'autre à Gresse ; c'est le service du reboisement qui, dans chacune de ces communes, provoqua la formation d'un syndicat et fit élever, d'après ses plans et sous sa direction, un établissement modèle. La construction de la fruitière de Mens a nécessité une dépense de 15,737 fr. dont 8,581 fr. ont été payés par l'Etat : une subvention de 11,810 fr. a été accordée au syndicat de la fruitière de Gresse dont les frais de premier établissement se sont élevés à 15,747 francs.

Ces fruitières, dont l'installation a été provoquée et largement subventionnée par l'Etat, dans le but d'encourager la substitution de la vache au mouton et de perfectionner l'industrie laitière du pays, ont donné d'assez bons résultats jusqu'à présent et paraissent devoir prospérer.

La loi du 4 avril 1882, tout en assurant l'exécution des travaux obligatoires, donnera une vive impulsion aux travaux facultatifs en permettant à l'Etat d'encourager l'établissement de canaux d'arrosage, la création de prairies, l'amélioration des pâtures, la construction de fruitières permanentes dans les vallées, de fruitières d'été et de châlets d'abri dans les montagnes. Mais toutes les sages mesures édictées par cette loi ne pourront produire tous leurs effets que si les habitants des montagnes se décident sérieusement à renoncer à leurs anciens errements et à comprendre que faciliter la tâche de l'Administration forestière dans l'œuvre du reboisement et de la réglementation des pâturages, c'est travailler à l'amélioration de leur situation dans le présent et assurer l'avenir des générations futures. S'il en était ainsi, le problème de la régularisation du régime des rivières torrentielles et de la préservation des plaines serait bien près d'être résolu : toutefois, il nécessiterait encore, pour son entière résolution, l'intervention des ingénieurs. Car la réparation forestière et pastorale, lors même qu'elle serait achevée autant qu'il est humainement possible de le faire, ne mettrait pas fin à la descente des matériaux déjà arrachés des flancs des montagnes et déjà en marche dans le fond des rivières. Si, après l'exécution des travaux de restauration et de conservation des régions montagneuses, qui sont les plus urgents, on ne se décidait pas un jour à retenir les matériaux en mouvement dans les gorges des montagnes, l'exhaussement séculaire des lits des cours d'eau qui parcourent les grandes vallées continuerait de se produire et finirait inévitablement par ramener à l'état de marais, puis de lacs profonds, nos plaines cultivées les plus riches. Il ne faut pas oublier que toutes les plaines situées dans le fond des vallées de montagnes sont des alluvions qui ont comblé d'anciens lacs et que les habitants, en y installant leurs cultures, leurs villages et leurs villes, ont empiété sur l'ouvrage même et le domaine naturel des eaux.

ANTHROPOLOGIE DU DAUPHINÉ

ANTHROPOLOGIE
DU
DAUPHINÉ

OTRE région fut pendant tout le temps qu'a duré la période glaciaire inhabitable pour l'homme et s'il a existé dans notre contrée aux époques antérieures, ses traces ont été détruites par les glaces. Il en résulte d'après M. Chantre, le savant sous-directeur du Muséum de Lyon, que ses traces ne remontent pas, dans notre passé préhistorique, au-delà de l'époque du renne, période pendant

laquelle le retrait des glaciers déjà commencé était encore loin d'être terminé.

M. Chantre, qui depuis vingt ans a fait de l'anthropologie préhistorique du Dauphiné, l'objet de ses recherches et qui a bien voulu m'aider de ses lumières, pour la rédaction de cette note, a découvert, en 1864, dans les grottes de La Balme et de Crémieu, les plus importantes stations de cette époque.

Les populations néolithiques ou de l'âge de la pierre polie ont laissé des débris plus nombreux de leur existence : les départements de l'Isère et la Drôme sont riches en haches de pierre polie et présentent de nombreuses traces de stations ; mais les sépultures de cette période sont peu nombreuses : la plus importante est située près de La Balme, sur les bords du Rhône ; on en a trouvé d'autres à Heyrieux, à la Côte-Saint-André, à Pont-en-Royans. La grotte de la Buisse et plus récemment celles de Fontaine ont fourni des documents pleins d'intérêt. Les mobiliers funéraires de ces sépultures se composent de haches, de lances en silex, de pendeloques en pierre et en os, de quelques vases. La grotte de la Buisse a fourni une amulette taillée dans un crâne humain, ce qui nous montre que la trépanation médico-religieuse était pratiquée par les populations néolithiques de notre pays, comme par celles du nord et de l'ouest de la France.

Les métaux ont fait leur apparition en Dauphiné, comme dans toute l'Europe occidentale, à la fin de l'âge de la pierre ; comme partout, c'est le bronze qui s'est montré le premier. M. Chantre a fait connaître les fonderies primitives de Terney, de Chasse et de la Poype dans l'Isère, ainsi que les dépôts de marchandises importées d'Italie trouvés par lui à Ribier (Hautes-Alpes). D'autres stations ont été reconnues à la Balme, à Trept, à Vienne, à Goncelin, à Thodure.

Les fouilles de MM. Tournier, Ollivier et Chantre dans les Hautes et Basses-Alpes, les publications de ce dernier ont montré tout l'intérêt qu'offrait dans notre région, la première période du fer, période transitoire entre l'âge du bronze et l'âge du fer gaulois. D'autres sépultures à peu près de la même époque ont été trouvées au Bourg-d'Oisans, au Mont-de-Lans, à la Motte-d'Aveillans, à Venosc.

L'époque gauloise proprement dite ne paraissait pas avoir laissé de traces en Dauphiné, lorsque le docteur B. Charvet découvrit, en 1884, à Rives, des tombeaux qui renfermaient des armes et des objets de parure caractéristiques de cette civilisation, qui devait être modifiée plus tard par les Romains.

Les fouilles de notre pays ont enfin montré, comme partout, que certains usages caractéristiques d'une époque peuvent se prolonger au-delà de ses limites classiques ; c'est ainsi que les habitations lacustres du lac de Paladru, étudiées pour la première fois par M. Chantre, de 1867 à 1870, ont pu être rattachées, par le détail des armes qu'elles renfermaient, environ à l'époque de Charlemagne.

Après avoir exposé ce que l'anthropologie dauphinoise peut retirer des fouilles pratiquées dans le sol de nos alluvions, voyons ce qu'elle peut retirer de l'étude de la population même.

Nous n'avons aucun renseignement sur la personne de l'homme préhistorique en Dauphiné. Les premiers habitants que nous montre l'histoire, sont les Celtes, qui venus de l'Est se cantonnèrent dans la

Savoie et dans le Dauphiné, comme ils le firent dans leur marche progressive vers l'Ouest, dans les montagnes de l'Auvergne et en Bretagne. Ces Celtes étaient représentés au nord de l'Isère jusqu'au Rhône, par les Allobroges, au sud de l'Isère, notamment dans les cantons de Sassenage, du Villard-de-Lans, de Vif, de Clelles, de Mens, du Monestier et du Pont-en-Royans par les Voconces. Sur cet élément fondamental se superposèrent à des époques différentes de l'histoire les Romains, les populations blondes de Francs, de Burgondes et d'Alains, enfin les Sarrasins et. dit-on, les Hongres, descendants des anciens Scythes.

On retrouve encore dans la population actuelle du département de l'Isère les traces de cette origine complexe. Le type Celte à l'état pur se retrouve sur une grande partie de la population, composée d'individus petits, trapus, à la tête ronde (brachycéphale), aux yeux bruns et aux cheveux plus ou moins foncés; ce sont les fils des Allobroges et des Voconces. Les Burgondes et autres Kymris ont laissé dans une autre partie de la population leur taille haute, leurs cheveux blonds et leurs yeux bleus. Un troisième type, d'une carrure plus développée que le premier, généralement brun, au profil très orthognathe, au menton lourd, aux dents larges et saines, au nez droit et aquilin, au bregma aplati rappelle le type des bustes de l'époque romaine. La réunion de quelques uns de ces caractères chez le même individu n'est pas rare; enfin, çà et là des cheveux très frisés, presque crépus, un teint bistré, font songer aux Maures.

Quelle que soit la fusion de ces divers éléments, les deux éléments prépondérants, le Celte petit et brun, le Kymri blond et grand, semblent prédominer, le premier au sud de l'Isère et dans la partie la plus montagneuse; le second, au nord de l'Isère et dans le Bas-Dauphiné.

L'étude de la taille semble fournir un bon exemple de cette division: il résulte en effet, d'une étude du Dr Coignet, médecin-major de 2e classe, sur le recrutement dans l'Isère, que les exemptions pour défaut de taille sont plus fréquentes (soit 120 à 311 exemptions, pour 10000 examinés), au sud de l'Isère, dans les cantons de Domène, Sassenage, Pont-en-Royans, Villard-de-Lans, Vif, Vizille, Bourg-d'Oisans, le Monestier, la Mure, Valbonnais, Clelles, Mens et Corps, que dans les cantons situés au nord et sur la rive droite de l'Isère, où le nombre des exemptés pour défaut de taille varie de 12 à 104 pour 10000 ainsi que le montre la carte ci-après. En d'autres termes, la taille moyenne est plus petite sur la rive gauche de l'Isère, l'influence celtique y domine ; l'influence burgonde aurait plus d'intensité sur la rive droite.

Certains chiffres empruntés à Bertillon donneront une idée des principaux phénomènes démographiques présentés par la population de l'Isère :

Les renseignements fournis sur le nombre des gens sachant lire et écrire, peuvent se résumer de la manière suivante : sur 1000 hommes, 603 savent lire et écrire ; la même moyenne pour la France entière est 612. Mais, si au lieu de prendre 1000 hommes, on prend 1000 conscrits (1876), 855 savent lire et écrire, tandis que pour la France entière, le même chiffre serait 818. Notre département était donc en retard ainsi que le montre l'étude des hommes de tout âge, et est maintenant en progrès ainsi que

Répartition des exemptions du service actif pour
DÉFAUT DE TAILLE.

Cantons blancs — de 12 à 104 exemptions pour
10000 hommes examinés.

Cantons teintés — de 120 à 311 exemptions pour
10000 hommes examinés.

le prouve l'examen des conscrits seuls.

1000 habitants de l'Isère, (quelque soit l'âge, le sexe) donnent chaque année 8,3 mariages, pour la France la même moyenne serait 7,9.

1000 habitants de l'Isère donnent chaque année 26,2 naissances. La même moyenne est pour la France 25,8. Enfin 1000 habitants de l'Isère donnent 24,7 décès. La moyenne de la France est 22,5.

Pour terminer et caractériser au point de vue anthropologique la population de l'Isère, j'emprunte au docteur Chervin les chiffres relatifs aux exemptions du service militaire, pour chacune des principales infirmités. Elles sont comptées pour 1000 conscrits et mises en regard des mêmes chiffres pour la France entière.

	ISÈRE	FRANCE
Perte de dents	7.04	18.00
Goître	35.60	13.39
Scrofule	19.55	17.04
Hernies	28.87	33.53
Varicocèle	16.70	16.62
Hydrocèle	7.47	9.96

	ISÈRE	FRANCE
Varices................	19.08	19.38
Pieds bots............	5.13	23.54
Gibbosité.............	13 66	15.69
Dartres..............	3.07	2.85
Calvitie..............	6.27	5.43
Bégaiement...........	9.18	6.32
Strabisme............	1.76	1.82
Myopie...............	6.69	6.92
Surdi mutité.........	1.89	1.94
Bec de lièvre.........	0.29	0.69
Pieds plats...........	7.87	7.37
Epilepsie	2.49	2.75
Convulsion...........	0.24	0.34
Crétinisme	10.14	6.95
Aliénation mentale ...	0.59	0.94
Faiblesse de constitut.	96	149.34
Défaut de taille	45.14	57.68

HYGIÈNE DE GRENOBLE

GRENOBLE

Au point de vue de

L'HYGIÈNE

ETTE notice se renfermera dans les limites qui lui sont assignées par le volume et le format du livre offert à MM. les Membres du Congrès ; elle s'adresse spécialement, d'ailleurs, aux hygiénistes et peut être sobre de commentaires pourvu qu'elle contienne des faits et des chiffres. Nous ne donnerons qu'une photographie réduite, qu'un résumé succinct de l'anatomie et de la physiologie de Grenoble (qu'on nous passe ces expressions qui rendent bien notre pensée); toutes les déductions qu'on peut en tirer au point de vue de la démographie, de l'hygiène générale et de la pathologie, feront l'objet d'un livre qui sera publié ultérieurement.

SITUATION — CLIMAT

Grenoble est situé au confluent de deux rivières et de deux vallées, celles du Drac et de l'Isère, au pied du mont Rachais, à 215 mètres d'altitude.

La ville est orientée de l'est à l'ouest, vers lequel elle n'a cessé de s'accroître.

La température moyenne a été évaluée à 12°,5; celle de Lyon est de 13°,2.

La quantité moyenne de pluie est de 0,86 (Dr Albin Gras), celle de Lyon est de 0,89.

Les vents régnants sont ceux du nord-ouest, de l'ouest, et du sud-ouest; une partie de la ville est abritée contre le vent du nord par le massif de la Chartreuse.

ASSIETTE GÉOLOGIQUE ET HYDROLOGIQUE

La vallée de l'Isère, en amont de Grenoble, est le résultat d'une immense faille produite dans le lias qui couvre les flancs du massif schisteux cristallin de Belledonne. (Lory, carte de l'Etat-major). Le thalweg de cette faille, dont la direction générale est le N.-N.-E, est naturellement constitué par le terrain liassique, ainsi que son flanc est ; le massif subalpin de la Grande-Chartreuse le limite à l'ouest.

En aval de Grenoble, la vallée de l'Isère a été produite par une fracture survenue dans le massif de la Chartreuse, dont on retrouve à droite et à gauche les couches plus ou moins inclinées.

La séparation du massif de Belledonne de celui de Lans a formé la vallée du Drac, en amont de Grenoble et jusqu'à Champs.

Les alluvions du Drac et de l'Isère ont comblé et comblent encore, tous les jours, ces faille et fracture qui, pendant fort longtemps, ont été des lacs.

Les cailloux roulés du Drac s'élevaient, dans la période préglaciaire, jusqu'à 200 mètres au-dessus de la ville actuelle; on en trouve sur le plateau de Jarrie (438 ^{m}), à la gare de Rives (398 ^{m}) et à Saint-Quentin dont le château est bâti sur une masse de ces cailloux.

L'Isère coulait alors vers Chambéry et se rendait au Rhône en traversant le lac du Bourget (Lory).

Dans la période glaciaire, la pression des glaciers des vallées du Drac et de l'Isère unis à ceux de la Chartreuse fit sauter le banc de mollasse qui s'étendait entre Tullins et Saint-Quentin et les eaux des deux rivières s'élancèrent à travers cette brèche où elles passent depuis lors.

Ces données permettent de comprendre avec facilité l'hydrologie de la plaine de Grenoble.

La pente de l'Isère varie de 0,35 cent. à 1^m 20 par kilomètre, en amont de Saint-Gervais, et elle atteint jusqu'à 3 mètres par kilom. à l'aval de ce point.

La pente de cette rivière dans la traversée de la Ville est de 5^{m}25, sur un parcours de 7 kil. environ ; elle se déduit des côtes inscrites sur le plan de Grenoble, à savoir :

DÉSIGNATION DES POINTS	Niveau des eaux à l'étiage	Crue de 1859
Embouchure de la Mogne.....	208.18	213.95
Bac de l'Ile-Verte	207.35	215.75
Pont-suspendu...............	206.92	212.61
Axe du Cours Saint-André....	206.66	211.82
Quai de la Graille, au droit de la scierie Clet..........	206 »	211.17
Pont de Pique-Pierre.........	204.87	209.18
Confluent du Drac............	202.93	207.13

Hauteur des eaux moyennes. — Les eaux sont à l'étiage en décembre, janvier, février et mars.

Elles sont de 0,50 à 1 mètre au-dessus de l'étiage, en avril. Les crues annuelles de mai et juin sont de 2 à 3 mètres.

Période d'étiage en juillet, quelquefois août et septembre ; crue de 2 à 3 mètres en novembre.

Débit. — A l'étiage, 60 mètres cubes par seconde. Lors de la crue de 1859, 2,000 mètres cubes par seconde.

Les inondations de l'Isère ont été très fréquentes et sont toujours à craindre.

Celles de 1219, 1651, 1732, 1733, 1740, 1764, 1778, et 1859 ont causé de grands ravages et laissé un profond souvenir dans l'esprit des populations. En 1219, l'Isère atteignit 7 metres au-dessus de l'étiage; elle cota 5^{m}82, le 20 décembre 1740, et 5^{m}45, le 2 novembre 1859.

Ces différentes inondations ont déposé sur une partie du sol grenoblois des alluvions sablonneuses et marneuses qui constituent une couche imperméable, absolument mauvaise au point de vue de l'hygiène.

Drac. — La pente moyenne de ce torrent est de 6^{m}94 par kilomètre.

Il marque à l'étiage du Pont-suspendu. 213,41. Le débit à l'étiage est de 40 mètres cubes à la seconde; il est de 1,800 mètres cubes en hautes eaux.

La hauteur des eaux moyennes est de 2,20; la hauteur des hautes eaux est de 4^{m}20.

Jusqu'au commencement du xviie siècle, et malgré les efforts considérables des Grenoblois pour l'endiguer, le Drac était maître de la plaine qui s'étend entre Echirolles, le Pont-de-Claix et Grenoble.

Et c'est tant mieux, car il l'a couverte d'alluvions sablonneuses et cailloupeuses qui constituent un sol très perméable. A dater de cette époque, il n'a plus ravagé les maigres pâturages ou bois vernais qu'on lui avait disputés, mais il n'a plus charrié ses cailloux roulés jusqu'aux portes de la ville. Bien plus, ses alluvions si perméables ont été recouvertes, sur une assez grande étendue, par une couche sablonneuse et marneuse, apportée par les inondations de l'Isère.

De telle sorte, que la plaine qui entoure Grenoble est formée, partie par les alluvions de l'Isère, partie par les alluvions du Drac et partie par les alluvions de l'Isère recouvrant ceux du Drac. Le sol de la ville comprend lui-même ces trois divisions.

La vieille ville, celle dont l'enceinte romaine a été détruite par Lesdiguières, au commencement du xviie siècle, est bâtie sur les alluvions de l'Isère, tandis que la ville des enceintes successives Lesdiguières, Créqui et Haxo repose sur une couche d'alluvions de l'Isère, variant de 1 à 10 mètres d'épaisseur, et superposée aux alluvions du Drac.

Un puits foré, de 68 mètres de profondeur, pratiqué sur la place Malakoff par les soins de notre célèbre compatriote, Emile Gueymard, ingénieur en chef des mines, a permis de reconnaître les couches suivantes :

N°s d'ordre	NATURE des COUCHES TRAVERSÉES	ÉPAISSEUR de chaque couche	PROFONDEUR au-dessous du sol
1	Terre végétale............	1ᵐ25	. ..
2	Argile grise...............	1 25	2 50
3	Argile bleue,.............	2	4 50
4	Argile bleue très molle......	1 62	
5	Argile d'un gris noirâtre charbonneuse...............	0 85	6 97
6	Argile grise...............	0 15	
7	Vide.....................	0 24	
8	Argile d'un gris noirâtre charbonneuse...............	0 34	
9	Vide.....................	0 25	
10	Argile d'un gris noirâtre charbonneuse...............	0 50	8 45
11	Argile grise...............	0 50	8 95
12	Cailloux roulés du Drac, sables et graviers...............	7 82	16 77

etc., etc.

Dans la partie de la rue Lesdiguières confinant la place de l'Etoile et sur la place Vaucanson, on trouve les graviers et cailloux roulés du Drac, à 4 ou 6 mètres de profondeur, alors que la couche d'alluvions de l'Isère, qui recouvre la place Victor-Hugo et les rues avoisinantes, varie de 1 à 2 mètres d'épaisseur.

La nouvelle ville, celle qui a été englobée par l'enceinte de 1878, s'élève et s'élèvera en entier sur les alluvions du Drac recouvertes par une couche de 0,50 centimètres à 1 mètre de terre arable.

Les deux tiers des maisons de Grenoble sont bâties sur un sol imperméable qui n'a pas été drainé. Les inconvénients de cet état de choses, au point de vue de l'hygiène, ne sont plus à discuter et des mesures ont été proposées au Conseil municipal pour y remédier.

Verderet. — Parmi les ruisseaux tributaires de l'Isère qui traversent Grenoble (canal de Bonne, canal de la Romanche, les Eaux-Claires, etc.) se trouve le Verderet auquel nous devons une mention spéciale.

Sa pente moyenne générale est de sept mètres par kilomètre. Le débit des eaux moyennes est de 1 mètre cube à la seconde; en hautes eaux, il est de 4 mètres cubes.

Produit de la nappe d'eau souterraine et des filtrations du Drac, le Verderet, venant de la plaine, dans la direction d'Eybens, franchit les fortifications entre les portes des Alpes et Très-Cloîtres et, suivant la rue de ce nom, va se jeter presque en ligne droite dans l'Isère, au niveau du Pont-Suspendu.

Dans son parcours, il se charge des eaux de pluie d'une partie de la plaine, des eaux de lavage d'une mégisserie importante située place Malakoff, d'une partie des eaux ménagères, des vidanges et des détritus de toutes sortes des rues qu'il traverse, en particulier de la rue Très-Cloîtres. De telle sorte, qu'arrivé au terme de son parcours, et surtout en basses eaux, il constitue un ruisseau vraiment infect dont la suppression a été décidée par la Municipalité.

Les eaux du Verderet sont prises au niveau de la rue Joseph-Chanrion pour faire chasse dans trois égouts principaux que nous décrirons.

Nappe d'eau. — A une profondeur variant avec la hauteur absolue du terrain (de 1 à 4 mètres) on trouve de l'eau dans toute la plaine qui entoure Grenoble.

Cette eau forme deux nappes, l'une suivant le cours de l'Isère et l'autre celui du Drac. Ces deux nappes se rencontrent au niveau de la ville, se confondent et s'engagent dans la trouée de Voreppe, sous le Drac et l'Isère réunis; elles ont une profondeur considérable, qui ne peut être calculée.

La nappe d'eau de la vallée du Drac, celle qu'on rencontre à la Capuche, aux Granges, au Rondeau, au Pont-de-Claix, etc., présente, dans le sens du Drac, une pente d'environ 3 mètres par kilomètre. Elle alimente les puits de quelques propriétaires-cultivateurs et leur donne une eau potable de médiocre qualité, parce que sa température varie de 18° en été à 5° en hiver, parce qu'elle est chargée de sulfates et chlorures, et surtout, parce qu'elle contient beaucoup de matières organiques. La présence de ces dernières est due à la grande perméabilité du sol à travers lequel les eaux de pluie ou d'arrosage entraînent les matières organiques de la surface et les engrais qui sont empruntés pour les trois quarts aux fosses d'aisances de Grenoble.

Sur certains points de cette plaine, on trouve des eaux non jaillissantes, mais ayant toutes les propriétés des eaux de source : température à peu près constante ne variant que de 10 à 14°; composition chimique non variable; absence de matières organiques (Rapport de Messieurs Cunit, Bonon et Gentil.) Le débit de ces eaux n'est point enfin influencé par l'élévation ou l'abaissement de la nappe.

Ce sont ces eaux qu'on a amenées à Grenoble et nous y reviendrons en traitant la question des eaux potables.

La nappe d'eau de la vallée de l'Isère se divise en deux couches: une couche supérieure et une couche inférieure qui est située à 10 ou 12 mètres de profondeur. L'analyse en a été faite par Emile Gueymard et voici les résultats qu'elle a fournis:

Première Nappe

Désignation des eaux	Température	Carbon. de chaux	Sulfate de chaux	Chlo-rure	Totaux
Pompe de la maison Teisseire, sur le quai	Variant de	0,230	0,106	0,124	0,460
Puits des bains Brun, rue du Lycée	5° en hiver	0,260	0,176	0,104	0,540
Puits de la maison Cunit, rue Voltaire	à	0,300	0,106	0,174	0,580
Pompe Chanrion, faubourg Très-Cloîtres	17° en été.	0,320	0,228	0,112	0,660

En plus, matières organiques abondantes

Deuxième Nappe

Désignation des eaux	Température	Carbon. de chaux	Sulfate de chaux	Chlo-rure	Totaux
Puits foré de M. Chavin, rue Lesdiguières	12°	0,140	0,052	0,008	0,200
Puits foré de M. Jacq.-Arnaud, pl. Malakoff.	12° à 12°,5	0,140	0,082	0,018	0,240
Puits foré de la gendarmerie, r. St-Joseph.	12° à 12°,5	0,140	0,094	0,026	0,260

Des traces de matières organiques.

En comparant ces deux séries d'analyses, on voit que l'eau de la couche supérieure a une température variable, qu'elle est très chargée en sulfates, chlorures et matières organiques, qu'elle constitue, en résumé, une eau potable de fort médiocre qualité.

L'eau prise dans la couche inférieure, c'est-à-dire à 12 ou 15 mètres de profondeur, possède au contraire une température constante, contient moins de sulfates et chlorures, à peine des traces de matières organiques, et devrait être considérée comme une bonne eau potable, si le mélange des deux couches ne se faisait fréquemment au niveau des corps de pompe, dans des conditions que nous n'avons pas à énumérer et à discuter ici.

Jusqu'en 1826, nos pères habitant la rive gauche de l'Isère, c'est-à-dire les cinq sixièmes de la population, ne buvaient que des eaux de puits empruntées à la première couche.

Ces eaux de mauvaise qualité contribuèrent assurément au développement des diverses épidémies de peste qui ravagèrent Grenoble, pendant quatre siècles, et dont les plus importantes furent celles de 1349; 1485; 1521 à 1525; 1532 à 1534; 1546 à 1548; 1564 à 1567; 1586 à 1588 (les mémoires du temps disent qu'il périt la moitié de la population); 1629; 1720.

Elles contribuèrent aussi à la propagation de la fièvre typhoïde qui fit beaucoup de victimes vers la fin du XVIIIe siècle et au commencement du XIXe. La relation d'une grave épidémie de cette fièvre, celle qui sévit en l'an VIII, nous a été laissée par Trousset et notre illustre Villars qui, après avoir enseigné longtemps à l'École de médecine de Grenoble, fut nommé professeur à la Faculté de Strasbourg.

CONDITIONS ORIGINELLES ET DÉVELOPPEMENT

Bourgade gallo-romaine, bâtie sur la rive droite de l'Isère, Grenoble est cité pour la première fois dans l'histoire, sous le nom de Cularo, en l'an 44 avant notre ère.

En 288, deux empereurs romains la firent entourer d'une enceinte de murailles qui circonscrivit 25 hectares, environ.

L'enceinte Lesdiguières, commencée vers 1600, porta son étendue à 40 hectares environ.

En 1672, l'enceinte Créqui engloba 10 hectares, soit 50 hectares au total.

En 1832, l'enceinte Haxo doubla l'étendue de la ville qui fut portée à 100 hectares.

Enfin, le fossé d'enceinte creusé en 1878, qui s'étend de la porte des Alpes au Drac, a circonscrit 252 hectares de plus.

De telle sorte que la *Superficie totale de la ville de Grenoble* mesure aujourd'hui *382 hectares* se décomposant ainsi :

A. Surface limitée par l'enceinte Haxo que l'on vient de démolir, à l'ouest de Grenoble, pour annexer le quartier dit du cours Berriat.

Rive gauche de l'Isère 100 hect.
Rive droite......... 15 »
                    Total... 115 hect.   115 hect.

B. Surface récemment annexée et comprise entre l'enceinte Haxo et la nouvelle fortification construite en 1875-79................ 252 hect.

C. Terrain de la Porte-de-France (récente annexion)..... 15 hect.

                    Total... 382 hect.

Surface bâtie. — La surface bâtie est d'environ 74 hectares se subdivisant ainsi :

Surface bâtie de l'ancienne ville ou ville limitée par l'enceinte Haxo..... 61 hect.

Surface bâtie dans les quartiers du cours Berriat, nouvellement annexés.................. 11 ^{h} 500

Surface bâtie du quartier de la Porte-de-France, nouvellement annexé........................ 1 ^{h} 500

Total...... 74 hect.

SURFACE AÉRATOIRE

La surface aératoire est donc de 382 ^{h} — 74, soit de 308 hect. se partageant ainsi :

Surface des places, jardins publics, promenades et rues.. 90 hect.

Surface des terrains vagues ou terrains cultivés.......... 218 ^{h}

Total.... 308 hect.

Surface des places. — Elle est de 11 hectares.

On compte 31 places, dont les plus importantes sont :

Noms	Surfaces approximatives
Place de la Constitution..	2 hectares.
Place du marché (y compris l'emplacement du marché)...............	1 h 22 ares.
Place Victor Hugo........	1 hect.
Place Malakoff............	52 ares.
Place Grenette............	40 ares.
Place Vaucanson..........	30 ares.
Place du Lycée	27 ares.
Place Notre-Dame.........	25 ares.
Place Ste-Claire (y compris le marché)	25 ares.
Place Saint-André	21 ares.
Place des Alpes...........	16 ares.
Place aux Herbes	11 ares.

Toutes les autres places, à part celles qui sont projetées au quartier de la Graille et au quartier des Boiteuses, mesurent moins de 11 ares.

Les places de la Constitution et Victor Hugo ont des squares complantés d'arbres d'essences diverses.

Le square de l'hôtel des Postes mesure 24 ares.

Surface des Jardins publics. — 8 hectares environ.

Le Jardin de Ville mesure.. 1 hect. 82.
Le Jardin des Plantes...... 2 hect. 28,
Le Jardin de l'Ile-Verte (extra-muros).............. 4 hectares.

Le Jardin de ville a été créé par Lesdiguières. Il est formé de plusieurs parties ayant chacune un caractère particulier; une grande terrasse large de plus de 17 mètres et plantée de deux lignes de marronniers, dont quelques-uns plusieurs fois séculaires, occupe le côté ouest dans toute sa longueur; une autre terrasse, placée au dessous de la précédente et se continuant du côté nord-est, est plantée de deux lignes de tilleuls, âgés d'environ 100 ans ; enfin, une autre partie plus basse que les terrasses qui précèdent est divisée en un jardin dessiné d'après les principes de Le Nôtre et le « Bois » qui contient des sycomores, des tilleuls, plantés en 1736 et des platanes plus récents (Verlot, jardinier en chef de la Ville).

Le Jardin des Plantes date de 1842. Il se divise en deux parties dont la première disposée en jardin paysager occupe les 3/5 environ de la surface totale.

La seconde partie comprend l'Ecole de botanique, les serres et les bâches. L'Ecole se compose de 92 plates-bandes dans chacune desquelles 50 espèces environ sont disposées sur deux rangs.

Le Jardin de l'Ile-Verte (extra-muros) date de 1866. — On y trouve des allées larges, en moyenne de 5 à 6 mètres, des massifs d'arbres et d'arbustes à feuilles persistantes, des plates-bandes et massifs d'arbustes à feuilles caduques et à fleurs ornementales, des arbres isolés à beau port, tels que le Wellingtonia gigantea, cèdres du Liban, etc., (Verlot).

Surface des promenades = 11 hectares.

La promenade de l'Esplanade mesure 5 hect. 61 ares. Elle est complantée d'arbres d'essences diverses (sycomores, platanes et peupliers), dont quelques-uns sont centenaires; d'autres ont été plantés en 1833 et de 1846 à 1852. La partie centrale laissant un espace libre très grand (319 mètres de long sur 70 mètres de large) sert toute l'année aux exercices militaires de la garnison, aux joueurs de boules et aux vélocipédistes.

La Promenade du cours Saint-André. — Elle a été commencée en 1680, plantée aux frais du Parlement du Dauphiné, et mesure intra-muros 5 hect. 46.

Elle se développe extra-muros sur une étendue de 7 kil. de longueur et 42 mètres de largeur, et elle se compose d'une allée centrale qui sert de route nationale et de deux contre-allées mesurant près de 10 mètres de largeur.

Quatre rangées d'arbres magnifiques limitent les contre-allées. On y trouve des ormes et des tilleuls, des platanes d'Orient et d'Occident, des sycomores.

Surface des rues, boulevards, etc. = 59 hectares.

On compte à Grenoble 192 rues, quais, cours, avenues ou boulevards, se répartissant comme il suit :

Nombre	Largeur	Nombre	Largeur
1	25 mètres	15	10 mètres
1	24	16	9
7	20	20	8
2	17	6	7
1	16	18	6
11	15	8	6
2	14	6	4
16	12	2	3
60	11		

Les plus grandes voies sont : le boulevard Gambetta, l'avenue d'Alsace-Lorraine, l'avenue de la Gare, le cours Berriat, la rue Lesdiguières etc.

Mode de revêtement des chaussées. — Les voies publiques sont macadamisées, pavées, asphaltées ou cimentées.

Surfaces macadamisées, environ 46 hectares 98 ares. — Quand la chaussée macadamisée vient d'être établie, que le profil en est régulier, son imperméabilité est à peu près parfaite, car l'eau superficielle s'écoule assez vite dans les rigoles, et de là dans les égouts. D'autre part, la marche y est facile et les voitures font peu de bruit. Mais ces chaussées se déforment rapidement, surtout quand le roulage est important, le profil bombé disparait, un profil creux se dessine pour peu que la réparation se fasse attendre et les eaux qui séjournent pénètrent lentement le sous-sol. Cet état de choses présente des inconvénients graves dans toute la partie de la ville (toute l'ancienne ville) qui est bâtie sur les alluvions marneuses et sablonneuses de l'Isère.

Que se passe-t-il en effet ? L'eau chargée des matières organiques empruntées aux détritus de la rue, filtrent avec une lenteur excessive dans un terrain à peu près imperméable et qu'on a négligé de drainer. Les phénomènes d'oxydation si parfaitement étudiés et décrits par MM. Schlœsing et Muntz ne peuvent se produire, et, le sous-sol toujours humide donne asile à des milliards d'infiniment petits qui, lancés dans l'atmosphère, lors des remuements de terrain, engendrent des fièvres intermittentes ou même la phtisie, ainsi que le démontrent les observations et statistiques de MM. Simon et Corfield (*A Digest of facts relative to the treatement and utilisation of sewage.* London, 1871, page 168).

Et de fait, les deux maladies endémiques régnantes à Grenoble sont assurément l'impaludisme et la phtisie, ainsi que nous le verrons plus loin.

D'autre part, les caves des maisons sont toujours humides, recouvertes d'une boue noirâtre, *sui generis,* car elles servent de drains à la rue. Elles deviennent ainsi des réceptacles de miasmes putrides qui exercent sur la salubrité des maisons l'influence exercée par une cale mal tenue et humide sur la salubrité d'un navire, suivant l'expression de Fonssagrive.

Les chaussées macadamisées offrent encore un autre inconvénient à Grenoble, c'est que par les temps de sécheresse et quand le vent du nord-ouest souffle (c'est le vent régnant) la boue se transforme en une poussière insupportable, aveuglant les passants, envahissant les magasins et les appartements et fatiguant beaucoup tous les malades atteints d'affections des voies respiratoires.

Surfaces pavées = 54,300 m. q.
En carillotes de fontaine, environ.................... 37.650 m. q.
En petits pavés en granit, environ................. 16.650 m. q.

Total.... 54.300 m. q.

Les carillottes qui mesurent de 0,20 à 0,30 de largeur sur 0,10 à 0,15 centimètres d'épaisseur sont posées sur gangue de béton de mortier de chaux. Ces pavés de grandes dimensions prennent par l'usure une forme arrondie, vers le centre, qui fatigue beaucoup les chevaux et les piétons, et procure des cahots aux véhicules qui ébranlent les maisons voisines.

Le pavage en granit, petit échantillon, présente les mêmes inconvénients, mais atténués.

Les carillottes, comme les pavés en granit, permettent d'ailleurs l'infiltration du sous-sol par les eaux de pluie.

Surfaces asphaltées, environ 3430 m. q.

Les chaussées asphaltées ont sur les chaussées pavées et macadamisées l'avantage d'être toujours unies, d'être imperméables, de se nettoyer avec facilité, de ne pas donner de poussière et leur coût, avec 0,03 centim. d'épaisseur, n'est que de 10 fr. 50 par mètre carré. Elles résistent toutefois moins que les chaussées en ciment.

Surfaces cimentées, environ 10.880 m. q. Les chaussées cimentées présentent tous les avantages des chaussées asphaltées et leur solidité est plus grande. Nous leur donnons toutes nos préférences, d'accord en cela avec M. Thiervoz, l'habile et infatigable directeur de la Voirie et des Eaux, auquel nous offrons nos sincères remerciements, pour l'obligeance avec laquelle il nous a fourni tous les renseignements dont nous avions besoin pour écrire cette notice.

Dans un rapport concernant le pavage de la Grand'Rue, M. Thiervoz s'exprime ainsi : « C'est, croyons-nous, à Grenoble, que pour la première fois, en 1869, on a fait l'essai de ce système (partie de la rue Lafayette comprise entre la rue du Lycée et la rue de Halle). Depuis on a doté diverses rues de dallages en ciment. Si l'on ne devait pas interrompre la circulation des voitures pendant deux mois, afin de laisser reposer le ciment pendant un mois et lui permettre de durcir et de résister ; si, d'un autre côté, les réparations pouvaient se faire plus facilement, nous n'hésiterions pas à classer les chaussées cimentées au premier rang des chaussées connues. Elles résistent pendant fort longtemps, de 15 à 20 ans, à la circulation la plus écrasante, et pendant cette longue période, les dépenses d'entretien sont nulles. Ces chaussées sont peu bruyantes et pourtant elles sont moins insonores que les chaussées en bois — après les pluies ou le lavage à la lance on ne constate pas d'eau stagnante. Le nettoiement se fait bien et rapidement, — enfin, le coût par mètre carré n'est que de 10 fr. 50. Ce sont là des conditions exceptionnelles qui doivent faire rechercher comment on pourrait faire disparaître les inconvénients que nous avons signalés, surtout les difficultés de réparations ». Dans ce but, M. Thiervoz propose de confectionner des dalles en ciment ayant le béton et la chape de la chaussée et qui, préparées deux ou trois mois avant l'emploi, seraient posées sur forme de gravier.

Entretien et nettoiement des rues, places etc. — Les voies publiques de Grenoble présentent généralement un remarquable état de propreté; c'est une constatation que se plaisent à faire la plupart des étrangers qui traversent cette ville. Les sacrifices imposés dans ce but sont, d'ailleurs, considérables et votés sans hésitation par le Conseil municipal.

Nous empruntons les chiffres suivants au compte administratif pour l'exercice 1883 :

Entretien des pavés......	6.000	»
Entretien des rues et places macadamisées et des chemins vicinaux ordinaires.........	29.084	48
Nettoiement et arrosage de la voie publique.............	38.054	66
Salaire des cantonniers....	25.140	»
Total........	98.279	14

Nous devrions ajouter à ce chiffre les forts contingents fournis par l'Etat pour l'entretien de certaines voies telles que le cours Berriat, le cours Saint-André et les quais.

Disons aussi que les balayeurs qui sont tous fermiers ou maraîchers des environs de Grenoble se contentent d'un modeste salaire (1 fr. par jour) parce qu'ils emportent, journellement, environ 1 mètre cube de détritus ménagers et d'immondices dont ils se servent comme engrais en les transformant en gadoues.

Les ordures ménagères ne sont pas jetées sur la voie publique, mais déposées dans des caisses que les balayeurs versent directement dans leurs tombereaux. La description que nous venons de faire des places, jardins publics, promenades, rues, boulevards, etc., de Grenoble, permet de dire que la surface aératoire de cette ville est largement suffisante et très bien distribuée, en ce qui concerne les quartiers enfermés par l'enceinte Haxo, et, à plus forte raison, pour ceux annexés depuis 1878. C'est dans ces quartiers, en effet, que se trouvent les plus larges places et rues, les plus grands jardins publics et boulevards, et, par dessus le marché, 218 hect. de terrains vagues ou terrains cultivés.

Il n'en est malheureusement pas de même de la partie la plus ancienne de la ville, car on y trouve un seul jardin public, le Jardin de Ville, et, la place Grenette qui est la plus vaste de ses places ne mesure que 40 ares: elle contient, en outre, la plupart des rues de 8 mètres de largeur et au-dessous, et, sa population spécifique est plus dense que dans les autres quartiers.

Pour comble de malheur, ses égouts sont assurément ceux qui présentent les plus mauvaises conditions de construction, d'étanchéité et de pente.

SURFACE BATIE — 74 hectares.

Surface bâtie de l'ancienne ville confinée par l'enceinte Haxo, environ................................	61 hect.
Surface bâtie de la nouvelle ville entre les fortifications Haxo et le nouveau fossé d'enceinte, environ................................	11 h 50
Surface bâtie du quartier de la Porte-de-France, environ...	1 h 50
Total......	74 h 00

Maisons. — On compte à Grenoble 3,192 maisons.

	Maisons
Quartier de la Porte-de-France....................	75
Quartiers du cours Berriat nouvellement annexés.........	1.134
Ancienne ville à l'intérieur de la fortification Haxo...........	1.983
Total.....	3.192

Les 1,983 maisons de l'ancienne ville se subdivisent en :

Maisons n'ayant qu'un rez-de-chaussée......................	101
Maisons à un étage............	620
— à deux étages........	370
— à trois étages........	324
— à quatre étages et au-dessus......................	631
Total....	1.983

Le plus grand nombre des maisons élevées dans les quartiers englobés par l'enceinte Haxo ont été construites avec des matériaux solides et dans de bonnes conditions. Les escaliers sont larges, bien aérés et bien éclairés, jour et nuit ; les gradins sont en bois ou en pierre de Seyssel ou de l'Echaillon et mesurent 0,15 c. de hauteur.

Les cours intérieures ont, autant que

possible, un côté ouvert au soleil et aux vents ; quelques-unes sont complantées d'arbres, d'autres sont pavées, ou cimentées, ou drainées ; le plus petit nombre ne présente aucun de ces avantages.

Les appartements sont bien aménagés ; les pièces sont toutefois trop petites, et cet inconvénient est encore aggravé par la cherté des locations (la pièce se loue couramment de 200 à 250 fr.) qui engage les familles à se contenter d'appartements souvent trop étroits.

Les cabinets d'aisances sont bien installés, ont une fenêtre particulière et sont munis de cuvettes à l'anglaise.

Les éviers, en pierre de l'Echaillon, sont pourvus d'une bonde hydraulique à laquelle fait suite une gaine en poterie, en zinc ou en fonte qui conduit, directement, les eaux ménagères à l'égout. Les caves creusées dans les alluvions imperméables de l'Isère sont assainies, depuis plusieurs années, par un drainage fait à l'aide d'une couche de graviers ; les eaux sont recueillies dans une rigole circulaire qui les conduit à l'égout ; l'ouverture de cette rigole est fermée par une bonde siphoïde hydraulique.

Toutes ces bonnes conditions hygiéniques ne se retrouvent malheureusement pas dans la plupart des maisons de la vieille ville, où la cherté des terrains, due à l'accumulation d'un grand nombre d'habitants (30,000 h.) dans un espace restreint (1) (50 hect.) et limité par les fortifications d'une place de guerre, a entraîné la superposition de trois, quatre et cinq étages. C'est déjà un inconvénient, auquel il faut ajouter des cours étroites et profondes où le soleil pénètre rarement et qui servent souvent d'égout à ciel ouvert aux maisons riveraines. Les escaliers sont étroits, circulaires, à gradins élevés et triangulaires; ils sont généralement mal éclairés et mal aérés et la plupart n'ont pas de becs de gaz.

Des cabinets d'aisances, communs à un ou deux étages, s'ouvrent fréquemment dans ces escaliers, construits à la turque ou recouverts d'un simple bouchon en bois; manquant d'eau et livrés à la bonne volonté de plusieurs locataires, ils sont

---

(1) Mémoire de Vauban, 1701.

presque forcément malpropres, et, durant les chaleurs, ils infectent littéralement l'escalier et la maison.

Des éviers communs, installés au dernier étage d'un trop grand nombre de maisons, augmentent encore l'insalubrité des escaliers, car on y verse constamment des vases pleins d'urine et parfois aussi des matières fécales, malgré la surveillance la plus attentive. Des chéneaux en poterie font suite à ces éviers et conduisent les eaux ménagères dans des gargouilles en fonte, de 0,15 c. de vide, à recouvrement fixe, placées à fleur des trottoirs, d'où elles se déversent dans les rigoles de la rue. Il est inutile d'insister sur les inconvénients de cet état de choses : détritus de cuisine et autres immondices séjournant dans les rigoles, quand la chasse d'eau n'est pas suffisante; ce qui est rare, heureusement, à raison des nombreuses bornes-fontaines installées dans la plupart des rues.

Les eaux des éviers particuliers sont également conduites aux rigoles de la rue et ce n'est qu'exceptionnellement qu'elles sont déversées directement dans les égouts. Ce qui est l'exception dans la vieille ville est, nous l'avons dit, la règle dans les quartiers annexés depuis 1832.

Les cabinets d'aisances enfermés dans les appartements sont généralement propres, bien que les architectes d'autrefois n'aient pas compris, comme ceux de nos jours, que ces buen-retiros devaient toujours être bien aérés, bien éclairés et même spacieux.

A l'insalubrité des cours intérieures, des escaliers et des caves toujours humides, parce qu'elles drainent la rue, vient s'ajouter l'encombrement des appartements dont la cherté est vraiment excessive pour une ville de province. Dans les quartiers ouvriers, en effet, une chambre au quatrième étage, mesurant de 35 à 40 m. q., se loue couramment de 250 à 300 fr. et père, mère et enfants s'y entassent.

Les efforts faits par la Commission d'hygiène et de salubrité pour atténuer tous ces inconvénients échouent fréquemment, par suite de l'incurie des habitants et de la mauvaise volonté ou du défaut d'entente des propriétaires. La propriété est, en effet, très morcelée à Grenoble, la maison, le même étage ont parfois plusieurs propriétaires, c'est dire que toute réparation générale nécessite de longs pourparlers qui, souvent, n'aboutissent pas à une entente commune.

VIDANGES

Le système de vidanges adopté est celui des fosses fixes. — Le règlement de la Ville (art. 87, 88, 89 et 90), prescrit d'excellentes mesures pour en assurer l'étanchéité, mais ces mesures, pour si efficaces qu'on les tienne, ne peuvent obtenir ce résultat d'une façon durable.

Toutefois, malgré ces imperfections et les dangers qui en découlent, ce système constitue un véritable progrès, quand on le compare aux habitudes du commencement de ce siècle où le contenu des vases de nuit était simplement déversé sur la voie publique, le matin, par la fenêtre.

On compte à Grenoble 1910 fosses cubant 21013 mètres cubes (soit une moyenne de 11 mètres cubes par fosse), et desservies par 6700 cabinets d'aisances environ.

141 maisons manquent totalement de fosses et leurs matières de vidanges sont

portées dans des vases aux cabinets voisins ou jetées ici et là et cachées le mieux possible. La rue Saint-Laurent compte un grand nombre de ces maisons sans fosses : les matières de vidanges se déversent directement à l'égout des quais Xavier Jouvin et Mounier à l'aide de petits canaux, le plus souvent mal construits. — Les égouts reçoivent d'ailleurs, quoi qu'on fasse, une grande partie des vidanges, provenant soit des urinoirs publics, soit des plombs des maisons d'ouvriers où l'on verse, chaque matin, tous les détritus de la nuit. Un calcul bien simple nous permet d'évaluer à la moitié des vidanges produites, au minimum, la partie qui va à l'égout. — Il est généralement admis qu'un habitant des villes donne, en moyenne, 1 kilo 26 de matières excrémentielles par jour, soit pour 50,000 Grenoblois, 63 mètres cubes par jour et 22,995 mètres cubes par an. — Les eaux de lavage des vases de nuit et des cuvettes de cabinets d'aisances, les eaux des cabinets de toilette et les autres liquides précipités dans les fosses, atteignent assurément un chiffre au moins égal, sinon supérieur, à celui des matières excrémentielles, de telle sorte que les 1910 fosses de Grenoble, qui, suivant les règlements de voirie, ne doivent être vidées qu'une seule fois par an, devraient cuber au minimum 46,000 mètres cubes; or elles cubent 21,013 mètres cubes. — Nous avons donc raison de dire que la moitié, au moins, des matières de vidanges passe à l'égout. — Nous espérons que le tout à l'égout sera bientôt appliqué dans notre ville, dans des conditions que nous avons étudiées et qui sont parfaitement réalisables; — cette solution sera d'ailleurs précipitée par l'adduction des eaux de Rochefort qui rendront toutes les fosses absolument insuffisantes. — Et ce sera tant mieux, car les fosses, dont l'étanchéité n'est pas toujours absolue, imprègnent le sol de matières fécales fermentescibles et leurs tuyaux d'évent jettent constamment dans l'atmosphère des miasmes putrides qui descendent, en l'absence des vents, dans les rues et les maisons.

On supprimera du même coup l'extraction de la vidange qui se fait encore, pour une partie, à l'aide d'immenses tombereaux mal étanches et découverts. — Une compagnie de vidanges inodores, à système pneumatique, parfaitement organisée, fonctionne depuis quelques années et déterminera assurément la disparition de ces affreux tombereaux nocturnes auxquels un arrêté de police interdit d'ailleurs l'entrée de Grenoble, durant les chaleurs. Les fosses de la vieille ville sont celles qui offrent le plus de prise à la critique, au point de vue de la construction et de l'étanchéité. Elles nécessitent fréquemment l'intervention de la Commission d'hygiène et de salubrité qui prescrit fréquemment des réparations, soit aux fosses, soit aux tuyaux d'évent, soit aux tuyaux de descente qui donnent de l'humidité aux murs.

DES ÉGOUTS

Au IIIe, IVe et Ve siècle de notre ère, Grenoble avait assurément des égouts, comme la plupart des villes gallo-romaines ; mais les siècles de barbarie qui suivirent et la méconnaissance absolue des lois de l'hygiène, qui fut la règle à cette époque, les laissèrent combler peu à peu. S'il n'en avait pas été ainsi, nos pères eussent probablement évité les effroyables pestes qui ravagèrent Grenoble pendant près de 400 ans.

Une réaction se produisit vers la fin du xvie siècle, et nous trouvons dans les annales de la ville: 1° une délibération des Consuls, en date du 6 juin 1544, portant qu'un canal collecteur serait creusé dans la rue Très-Cloîtres;

2° Une autre délibération, en date du 4 avril 1596, décidant la création de celui de Porte-Trayne et rue du Breuil (Grande-Rue et place Grenette) malgré l'opposition des deux premiers ordres.

On construisit quelques tronçons d'égouts durant le xviie et xviiie siècle, mais la plupart ne se raccordaient pas, présentaient de nombreuses contre-pentes, étaient mal étanches et, par dessus tout, n'avaient pas de chasse suffisante.

Le principal de ces égouts fut l'égout Clavière, construit en 1677; il passait sous les maisons situées entre les rues Saint-Jacques et Créqui, traversait la rue de Bonne et les maisons situées entre cette rue et la rue Saint-Louis. Dans son parcours, il recevait non seulement les eaux de pluie et les eaux ménagères, mais encore les vidanges d'un grand nombre de maisons, de telle sorte, qu'à raison de son peu de pente et des nombreux barrages que le temps y avait accumulés, il était devenu un véritable cloaque qu'on a supprimé en 1866.

Le système actuel des égouts a été commencé en 1843. Quand il sera terminé, il comprendra :

Deux égouts *collecteurs* ;

Plusieurs égouts *principaux*, dont *cinq* sont déjà construits avec de nombreux embranchements ;

Un réseau *secondaire* se composant de la plupart des égouts de la vieille ville.

A. *Egouts collecteurs*. — Des deux égouts collecteurs, l'un a été construit en 1866, sur les plans de M. l'Ingénieur Gentil, l'autre est à l'étude et sera forcément exécuté d'ici à deux ou trois ans.

a' L'égout collecteur construit part du nouveau Pont-de-Pierre, suit le quai Claude-Brosse, la place des Cordeliers, le quai de la République, descend la rue de France, l'avenue de la Gare, la rue Emile-Gueymard et se jette dans le canal

Fontenay qui joint les eaux dérivées du Drac à celles de l'Isère.

Cet égout a une longueur de 2,300 mètres; sa hauteur est de 2,20; sa largeur est de 1 mètre 80.

Il reçoit en temps de crue de l'Isère, les quatre premiers des égouts principaux que nous aurons à décrire.

L'égout collecteur qu'on doit construire sera beaucoup plus vaste que le premier; il aura deux buts : protéger la ville et vider la plaine, en cas d'inondation, et servir de collecteur à des égouts secondaires.

Partant du boulevard Gambetta, en face des nouvelles casernes d'artillerie, il longera ce boulevard jusqu'à l'Isère, suivra la voie n° 2, traversera la place A, longera la voie n° 7 et se jettera dans le canal Fontenay, au droit des abattoirs. A partir de ce point, le canal sera élargi et les eaux iront se déverser le plus loin possible, c'est-à-dire, au confluent du Drac et de l'Isère.

La pente de l'égout et du canal qui lui fera suite sera de 0,0008 dix millièmes par mètre.

La longueur probable de l'égout sera de 2,550 mètres et celle du canal à la suite de 3,200 mètres.

L'égout pourra débiter 23 mètres cubes par seconde et le canal 35 mètres cubes à la seconde.

B. Egouts principaux. — Des cinq égouts principaux, quatre se jettent directement à l'Isère, dans sa traversée de la ville, en passant en syphon sous le premier égout collecteur. En temps de crue, ils se jettent dans cet égout, au moyen de vannes ouvertes.

a' Le premier égout principal part de l'extrémité de la rue Joseph-Chanrion, près du Jardin des Plantes, il parcourt la première partie de cette rue, la rue Lesdiguières, la place de l'Etoile, la place Vaucanson, la rue Créqui et la rue de France jusqu'à l'Isère.

Il reçoit les eaux des quatorze embranchements des rues: des Dauphins et place Malakoff, Haxo, Malakoff, Champollion, Fourier, Villars, des Alpes, de Strasbourg, du Gaz, de Saint-Joseph, Casimir-Périer et place du Lycée, Condillac et place Vaucanson, Saint-Jacques et rue de Sault.

La longueur de l'égout principal est de 1,660 mètres ; le développement total des égouts secondaires est de 3,170 mètres.

b' Le deuxième égout principal a son origine, rue Joseph-Chanrion, à l'intersection de la rue Lesdiguières, il parcourt une partie de la rue Joseph-Chanrion, les rues Cornélie-Gémond, du Général-Marchand, du Lycée, Pierres-Pontées, partie sud de la place Grenette, rue Saint-Louis et va se jeter rue Créqui dans le premier égout principal.

Le deuxième égout principal reçoit les égouts secondaires des rues Sainte-Cécile, Bayard, Voltaire, Pertuisière, place Grenette, Grande-Rue, rue Jean-Jacques-Rousseau, place Saint-François.

La longueur de l'égout principal est de 860 mètres. Le développement total des égouts secondaires est de 946 mètres.

c' Le troisième égout principal prend son origine à l'intersection des rues Malakoff et Faubourg-Très-Cloîtres, suit cette dernière rue, coupe la rue Lesdiguières, passe sous les maisons comprises entre cette rue et la rue Cornélie-Gémond, suit les rues Très-Cloîtres, des Récollets et la place Lavalette, puis se jette dans le premier égout collecteur, près du Pont-Neuf.

Cet égout principal reçoit les égouts secondaires du boulevard des Adieux, de la première partie de la rue Cornélie-Gémond, des rues du Four, Sainte-Ursule, Servan, des places Notre-Dame et de la Saulaie, des rues de Lorraine et du Pont-Saint-Jaime.

La longueur de l'égout principal est de 1,104 mètres. Le développement total des égouts secondaires mesure 595 mètres.

d' Le quatrième égout principal, nouvellement construit, prend son origine à l'intersection de la rue de la Liberté et du boulevard de Bonne, il suit ce boulevard, traverse l'avenue Thiers, se jette dans le ruisseau de l'Hôpital qui est découvert dans une partie de son parcours, passe sous l'avenue de la Gare et l'Arsenal et se déverse dans l'Isère, en face de la porte d'entrée de cet établissement.

Le quatrième égout principal reçoit les égouts secondaires d'une partie des rues de la Liberté, Condillac et des Remparts, des rues Est et Ouest de la place Victor-Hugo.

Il mesure 700 mètres de longueur, et le développement total des égouts secondaires est de 490 mètres environ.

d' Le cinquième égout principal part du chemin des 120 toises, près du Pont-Suspendu jeté sur le Drac, il parcourt tout le cours Berriat, la partie du cours Saint-André, située entre le cours Berriat et l'avenue d'Alsace-Lorraine, la partie de cette avenue située entre le cours Saint-André et le boulevard Gambetta. A ce niveau, il se jette dans l'ancien fossé des fortifications qui doit être remplacé par le deuxième collecteur.

Il reçoit dans son parcours les égouts secondaires des rues Abbé-Grégoire, de la Brasserie, de la Fédération, du chemin du pont du Drac, de la partie de l'avenue d'Alsace-Lorraine, comprise entre le rond-point de la Gare, de l'avenue Thiers et de la partie du cours Berriat comprise entre cette avenue et le cours Saint-André.

Sa longueur est de 1,450 mètres environ; le développement total des égouts secondaires est de 1,400 mètres environ.

C. *Réseau secondaire.* — En dehors des collecteurs construits ou à construire, des égouts principaux et de leurs embranchements, il existe deux réseaux secondaires.

Le premier se développe dans la vieille

ville sur une étendue de 424 mètres et comprend les égouts, à pentes plus ou moins bien raccordées des rues Lafayette (80 m.), Barnave (80 m.), du Palais (50 m.), de la place aux Herbes (60 m.), des rues Renauldon (60 m.), Madeleine (32 m.), de Lionne (32 m.). Tous ces égouts se jettent dans l'égout de la rue de Lionne et de là dans le Verderet.

Le deuxième réseau se développe sur la rive droite de l'Isère et mesure 460 m. de longueur; il comprend les égouts des quais Xavier-Jouvin et Mounier et celui de la rue André-Chevalier.

Cette description du parcours des égouts une fois faite, nous devons savoir s'ils répondent aux conditions requises par l'hygiène des villes.

1° Sont-ils parfaitement *étanches?* Tous les égouts exécutés depuis 1843 ont été construits en murs de maçonnerie, variant de 0,30 à 0,50 centim. d'épaisseur, et recouverts à l'intérieur d'une bonne couche de ciment. Il serait nécessaire de rectifier quelques contrepentes, et de repiquer quelques parois des égouts de la vieille ville, construits entièrement à cette époque.

2° La forme *ovoïde*, la petite extrémité étant au radier, est celle qu'on a adoptée. C'est d'ailleurs cette forme qui offre le moins de frottements et le plus de solidité.

3° Tous les égouts offrent une *ampleur* qui permet l'introduction d'un homme pour en opérer le curage. Les égouts principaux ont une hauteur moyenne de 2 m. 20 et une largeur moyenne de 1 m.10 aux naissances.

Les égouts secondaires ont une hauteur moyenne de 1 m. 60 et une largeur moyenne de 1 mètre aux naissances.

Le nouveau grand collecteur mesurera 4^m 60 de largeur et 3^m 60 de hauteur.

4° La *pente* des égouts est malheureusement insuffisante. Elle varie de 5 à 8 dix millimètres par mètre; les égouts de Paris et Lyon n'ont que 5 à 3 dix millimètres par mètre. Cette pente devrait être telle, que les eaux de pluie et de borne-fontaines, les eaux de chasse, etc. puissent entraîner facilement tous les immondices qui s'y accumulent.

Une pente de 0,018 millimètres par mètre est recherchée à Londres; Corfield demande 4 à 5 millimètres. M. de Freycinet estime qu'une pente de 3 dix millimètres suffit pour que les matières en suspension dans les eaux d'égout ne donnent point de dépôt. A Grenoble, les faits donnent un démenti à cette opinion; car nos égouts ont une pente plus forte; quelques-uns sont lavés à grandes eaux et partout on enlève chaque année des dépôts plus ou moins abondants suivant la puissance de la chasse d'eau.

Ces dépôts sont retirés à l'aide de cheminées de 0,60 centimètres de largeur, et transportés dans de larges cuvettes en fonte assises sur deux roues. Ce système est absolument défectueux.

5° La *chasse* est-elle suffisante ?

Les trois premiers égouts principaux sont lavés par le Verderet qui peut jeter, en moyenne, toutes les nuits, 20,000 litres d'eau à la minute.

Le quatrième égout principal est lavé par le Verderet de Bonne.

Le cinquième égout principal est lavé par la nappe d'eau souterraine qui donne un débit considérable.

Tous les égouts secondaires seront lavés et par les eaux de pluie et par les eaux des fontaines de la ville qui donneront, jour et nuit, plus de 36,000 litres à la minute.

6° La *ventilation* est-elle bien faite ?

Le système des bouches largement ouvertes à la surface de la chaussée a prévalu à Grenoble comme à Paris. Ce système n'a pas donné lieu à des plaintes sérieuses dans tous les quartiers à égouts de construction récente et à chasse d'eau suffisante. Il n'en est point ainsi dans la vieille ville où, non-seulement les égouts sont mal construits, mais où ils manquent encore de chasse d'eau.

On a combattu jusqu'à présent les odeurs qui se dégagent de ces égouts en y versant souvent du sulfate de fer. On agirait certainement mieux, en adoptant des syphons système Millerat, ou celui de MM. Pilat et Tancrez, ou le syphon renversé de Dupasquier, ou le panier de Thorburn.

La quantité considérable d'eau qui sera bientôt distribuée dans Grenoble modifiera probablement cette fâcheuse situation. S'il n'en était pas ainsi, il y aurait lieu de ventiler les égouts de la vieille ville à l'aide de cheminées d'appel munies de fourneaux, comme l'a fait Friedmann à Vienne, ou avec des tuyaux d'évent munis d'une vis d'Archimède, tels qu'ils fonctionnent à Liverpool.

7° Les égouts sont-ils en *nombre* suffisant ?

Toutes les rues des quartiers englobés par l'enceinte Haxo sont pourvues d'égouts, sauf quatre à cinq rues nouvellement ouvertes, et de longueur très restreinte, telles que les rues Beccaria, Dolomieu, Mably.

Des égouts nombreux seront construits dans les nouvelles voies du cours Berriat, dès que le besoin s'en fera sentir.

La vieille ville est assurément la plus mal partagée, nous y trouvons de nombreuses rues n'ayant pas d'égout; citons au hasard, les rues Saint-François, Bressieux, Montorge, des Clercs, Brocherie, Chenoise, Vaucanson, de la Paix, du Vieux-Temple, etc., etc.

Les égouts des rues Montorge et Grande-Rue seront faits en automne.

DES EAUX POTABLES
ET DES
APPROVISIONNEMENTS ALIMENTAIRES

Jusqu'en 1823, toute la ville, sauf les quartiers Saint-Laurent et Perrière qui recevaient des eaux de source amenées des coteaux de la Tronche, en 1740, empruntait ses eaux potables aux nappes souterraines que nous avons décrites.

De 1823 à 1826, M. de Lavalette étant maire, notre compatriote, M Emile Gueymard, conçut et fit exécuter des travaux qui amenèrent à Grenoble les eaux des sources Darène et Lesage qui sont situées dans la plaine du Rondeau.

Le jaugeage pratiqué le 9 février 1826 accusa un volume de 1431 litres par minute et un nouveau jaugeage, fait le 14 septembre 1833, ne donna plus qu'un produit de 680 litres; enfin, le 6 mars 1850, on trouvait un débit de 406 litres à la minute. Cette diminution graduelle était due à des tubercules ferrugineux qui s'étaient formés à l'intérieur des tuyaux de fonte.

En 1851, MM. Cunit, Bonon et Gentil furent chargés par la municipalité de dresser les projets de travaux à exécuter pour fournir à la Ville les eaux nécessaires à ses besoins, en se conformant à un programme dont les conditions principales étaient les suivantes :

1° Les eaux devaient être potables, de très bonne qualité, aussi fraîches que possible ;

2° Leur volume ne devait pas être moindre de 2000 litres par minute.

Après une consciencieuse étude et un rapport remarquable (1) ces ingénieurs proposèrent d'amener à Grenoble les sources Dalban, situées aussi dans la plaine du Rondeau, sur la rive droite du Drac, et dont le débit pouvait être de 5000 litres à la minute. Cette proposition fut acceptée par le Conseil municipal, dans sa séance du 13 mars 1852, et les travaux commencèrent de suite.

La ville s'agrandissant toujours et la population comprenant, de plus en plus,

---

(1) Rapport présenté au maire de Grenoble par MM. Cunit, Bonon et Gentil (Allier père et fils, imprimeurs, juin 1852).

la nécessité d'avoir des eaux potables de bonne qualité et en grande quantité, le Conseil municipal, après de longues et ardentes discussions, décida sur le rapport de M. Charlon qu'on conduirait à Grenoble les eaux des sources de Rochefort, situées à 12 kil. de distance, et dont le débit sera de trente mille litres à la minute.

Ce travail, qui fait le plus grand honneur à la municipalité qui l'a énergiquement mené à bonne fin, sera terminé au mois d'octobre 1885.

Les fontaines de Grenoble seront donc alimentées par plusieurs sources fournissant ensemble 36,500 litres d'eau à la minute, soit plus de 1000 litres par jour et par habitant.

Le tableau suivant indique la situation des sources, leur distance du Château d'Eau de la place Grenette, la différence de niveau entre l'origine et l'arrivée, leur composition, etc., etc.

SOURCES	SITUATION	DISTANCE et DIFFÉRENCE de niveau	COMPOSITION	Température	Canalisation	DÉBIT
SOURCES DE LA TRONCHE ou DE SAINT-JEAN	Au-dessus de la Tronche près du Rivolet	2 kilomètres environ	Carbonate de chaux 0,184 Sulfate et chlorure 0,034 Argile très fine.... 0,002 Total. . 0,217	de 13 à 14°		450 litres à la minute
SOURCES DARÈNE & LESAGE	Près de la contre-allée orientale du Cours Saint André	3 kilom. 200	Carbonate de chaux 0,22 Sulfate et chlorure.. 0,07 Total.. 0,29	de 9 à 14°5	La canalisation en fonte a été refaite en ciment	1200 litres
SOURCES DALBAN	Propriété Dalban au pied de la digue droite du Drac	5 kilom. 434 différence de niveau 9=50 au-dessus du Château-d'eau	Carbonate de chaux 0,22 Sulfate et chlorure. 0,03 Aucune trace de matières organiques. Total.. 0,25	de 10 à 13°7	En ciment	4850 litres
SOURCES de ROCHEFORT	Sur la rive gauche du Drac près du village de Rochefort au-delà du Pont-Claix	Différence de niveau 12 à 30 mèt. au-dessus des divers quartiers	Carbonate de chaux avec trace de magnésie..0,133 Sulfate de chaux ..0,062 Chlorures alcalins 0,031 Silice............ 0,011 Traces abondantes de matières organiques. Total... 0,237	de 10 à 12°	La première partie en ciment la deuxième partie en fonte	0,000 litr.

TOTAL. . 36.500 litres à la minute.

Toutes ces eaux sont de très bonne qualité, car elles sont limpides, inodores, sans saveur marquée ; elles sont fraîches et à température peu variable : elles contiennent enfin, en très petite quantité des sulfates et chlorures alcalins et, sauf les sources Darêne et Lesage, n'ont pas de matières organiques en suspension.

La pression des sources de Rochefort permettra de monter l'eau à tous les étages et la quantité considérable dévolue journellement à chaque habitant autorisera un véritable gaspillage, au grand profit de l'hygiène. Le prix du mètre cube d'eau a été fixé à 0,05 centimes, chiffre inférieur à ceux qu'ont adoptés toutes les autres villes.

Des approvisionnements alimentaires. — Les environs de Grenoble, particulièrement l'arrondissement de Bourgoin et le canton de la Mure, fournissent à Grenoble des céréales de première qualité.

La vallée du Grésivaudan donne des vins excellents, ayant un goût de terroir assez prononcé, et qui se vendent, d'ailleurs, fort cher.

La pomme de terre se cultive partout ; les pommes de terre de l'Oisans sont renommées pour leur richesse alimentaire et leur goût agréable.

Les marchés sont bien approvisionnés en fruits de toute nature : cerises, abricots, pêches et surtout poires et pommes ; la variété, dite pomme reinette, est expédiée dans la France entière ; accordons aussi une mention spéciale aux noix de Tullins.

La nourriture des Grenoblois est généralement abondante et variée : elle se compose de légumes de toutes espèces, de fruits, de viandes diverses et spécialement de viandes de bœuf, veau et mouton.

Les boissons favorites sont le vin et le café ; ce sont deux boissons vraiment populaires.

Le principal combustible est l'anthracite fourni en abondance par les mines de la Motte, près la Mure.

L'éclairage au gaz se substitue de plus en plus, même dans les appartements privés, à l'éclairage par les huiles végétales ou minérales, et, la chandelle, qui était le luxe de nos pères, passera bientôt à l'état de souvenir.

Le tableau suivant que nous devons à l'obligeance de M. Guillermier, directeur de l'Octroi, permettra de se faire une idée de la consommation en boissons, comestibles et combustibles.

ÉTAT de la consommation en boissons, comestibles et combustibles à Grenoble de 1870 à 1884.

DÉSIGNATION DES OBJETS	MESURES OU POIDS	PÉRIODE DE 15 ANS (1870-1884)	MOYENNE PAR AN	MOYENNE PAR INDIVIDU et par an	MOYENNE PAR INDIVIDU et par jour
Bœufs	le kilo	13.8.0.061 k.	923.337 k		
Vaches	—	4.304.679	286.978		
Veaux	—	8.597.575	573.171		
Porcs	—	4.947.034	329.802		
Moutons	—	5.855.848	390.389		
Chèvres	—	173.882	11.592		
Agneaux	—	378.032	25.202		
Chevreaux	—	348.800	23.253		
Sang pour fabrication des boudins	—	239.155	15.944		
Chevreuils, chamois, sangliers	—	17.820	1.188		
Viande salée et charcuterie	—	1.264.335	84.289		
Pâtés et terrines de foie gras	—	13.502	900		
Lièvres, dindons et oies	—	563.493	37.566		
Lapins et volailles	—	2.958.930	197.262		
Chapons et poulardes	—	27.962	1.864		
Gibier de toute espèce	—	159.696	10.646		
Viandes de toutes espèces	—	33.700.814	2.913.387	58 k. 265 g.	0 k. 160 g.
Poissons frais de mer	le kilo	404.163	26.944		
Poissons d'eau douce	—	783.430	52.228		
Thon mariné et conserves	—	367.800	24.520		
Sardines et anchois à l'huile	—	165.967	11.064		
Sardines et anchois à la saumure	—	51.824	3.455		
Huîtres et coquillages	—	154.929	10.328		
Poissons	—	1.928.113	128.539	2 k. 570 g.	0 k. 007 g.
Boissons	l'hect				
Vins en cercles et en bouteilles	—	1.402.180	93.478	187 litres	0 l. 50 cent.
Alcools et liqueurs	—	23.896	1.593		
Bières en cercles et en bouteilles	—	112.064	7.470		
Vinaigres en cercles et en bouteilles	—	13.894	926		
Eaux minérales	—	6.776	521		
Combustibles	Stère				
Bois de chauffage de chantier	—	99.839	6.656		
Bois de chauffage de verger	—	3.334	222		
Charbon de bois	100 k.	34.746	2.316		
Braise ou brasque	—	1.012	67		
Anthracite, houille et coke	—	487.371	32.491		
Éclairage					
Bougies	le kilo	777.415	51.827		
Chandelles	—	126.692	8.446		
Huiles minérales	l'hect.	31.393	2.415		

POPULATION

GRENOBLE comptait 50,658 habitants, au recensement de 1881.

En 1575, la population était de quinze mille habitants. (Notes accompagnant le plan envoyé par les Consuls à Belleforest, pour son édition de la *Cosmographie de Münster*).

En 1700, la population était de 30,000 (*Mémoire de Vauban*). Restée stationnaire jusqu'en 1850, elle n'a cessé de s'accroître depuis cette époque.

Etat de la population. — Recensement de 1881.

Sexe masculin	Sexe féminin	Voyageurs
28,385	21,878	395

Total : 50,658, se décomposant ainsi :

NÉS	Sexe masculin	Sexe féminin	Total
Dans la commune.........	8144	8725	16869
Dans l'Isère..............	10592	9238	19830
Dans un autre département............	9245	3801	13046
A l'étranger	610	303	913
Total général	28591	22067	50658

Sur 50,658 Grenoblois, 16,869 seulement, soit un peu moins d'un tiers, sont nés à Grenoble.

Les immigrants hommes sont plus nombreux que les femmes dans la proportion de 20,447 hommes contre 13,342 femmes. La garnison, fort nombreuse, est la principale cause de cette différence.

La colonie étrangère, composée d'Anglais, d'Américains, de Suisses et surtout d'Italiens (530) compte 859 membres.

Répartition par âge, sexe, état civil

AGE	SEXE MASCULIN				SEXE FÉMININ			
	ÉTAT CIVIL			TOTAL	ÉTAT CIVIL			TOTAL
	Garçons	Mariés	Veufs		Filles	Mariées	Veuves	
de 0 à 19 ans	8.336	0	0	8.336	5.267	122	0	5.389
de 20 à 24 —	5.948	207	11	6.166	4.471	844	32	5.347
de 25 à 29 —	1.274	870	12	2.156	876	1.385	60	2.321
de 30 à 34 —	657	1.323	20	2.000	577	1.654	101	2.332
de 35 à 39 —	457	1.451	40	1.948	444	1.325	198	1.967
de 40 à 44 —	299	1.378	66	1.743	423	1.168	252	1.843
de 45 à 49 —	201	1.117	81	1.399	226	874	286	1.386
de 50 à 54 —	177	1.084	124	1.385	306	740	298	1.344
de 55 à 59 —	128	708	127	963	185	485	308	978
de 60 à 64 —	115	624	157	896	496	387	358	941
de 65 à 69 —	95	298	152	545	144	164	306	614
de 70 à 74 —	70	276	151	497	70	136	276	482
de 75 à 79 —	88	187	182	457	45	56	134	203
de 80 à 84 —	7	36	41	84	42	12	112	166
de 85 à 89 —	5	15	14	34	27	3	38	68
de 90 à 94 —	4	3	3	10	7	2	5	14
de 95 à 100 et au-dessus	2	2	2	6	2	1	2	5
TOTAL...	17.630	9.558	1.183	28.591	10.275	9.026	2.766	22.067

Ce tableau nous fournit des données intéressantes sur la matrimonialité à laquelle nous reviendrons ultérieurement.

Il indique aussi que les vieillards sont nombreux à Grenoble, car nous comptons 2,026 personnes ayant dépassé l'âge de 70 ans: 1088 hommes et 938 femmes.

La proportion est en faveur des femmes, à partir de 80 ans; nous trouvons, en effet, 387 octogénaires parmi lesquels les femmes comptent pour 253 et les hommes pour 134 seulement.

Répartition par catégories professionnelles. — Les tableaux de recensement divisent les professions en huit grandes catégories.

1° Agriculteurs................	1.533
2° Industriels.................	24.318
3° Commerçants.............	7.305
4° Transports.................	1.468
5° Force publique...........	5.888
6° Professions libérales.......	4.184
7° Rentiers...................	4.000
8° Individus sans profession, étudiants, etc., etc.....	1.961
Total....	50.657

La principale industrie de Grenoble est la ganterie à laquelle nous voudrions pouvoir consacrer un chapitre spécial. Nos recherches, qui seront publiées un jour, démontrent que la moyenne de la vie des ouvriers gantiers est inférieure à celle de la population prise en général. Leur mortalité est due surtout aux affections des voies respiratoires et nous incriminons comme causes de ces affections: la vie dans un espace confiné, la respiration de poussières souvent irritantes, et malheureusement aussi l'alcoolisme favorisé par le chômage succédant trop souvent à des journées bien rémunératrices.

Le nombre considérable des rentiers prouve que la vie est agréable et relativement facile dans cette ville.

Population spécifique. — La ville a pris de l'air depuis 1832 et elle en a pris bien davantage depuis 1878.

Il était temps, d'ailleurs, car la population étouffait dans ses vieilles murailles et ce n'est pas sans effroi que l'hygiéniste songe aux 30.000 habitants accumulés dans l'espace de 50 hectares, limité par l'enceinte Créqui.

Hygiène de Grenoble 429

L'exode qui a commencé continuera assurément et ce sera grand profit pour l'hygiène de certains quartiers dont la population spécifique est encore trop dense comme nous allons le démontrer en consultant l'état de la population municipale de Grenoble, par cantons, pendant la période de 1870 à 1884.

DATE des recensements	Canton Est	Canton Nord	Canton Sud	TOTAUX
1872	11409	11707	12927	36043
1876	11849	12193	15102	39144
1881	12447	12498	19035	44040

La superficie est de, environ :
Pour le canton Est........ 25 hectares
— Nord...... 35 —
— Sud (en terrains bâtis ou à bâtir....... 322 —

De telle sorte qu'en 1881, la population spécifique était, pour un hectare, de :
Canton Est........ 497 habitants.
— Nord...... 357 —
— Sud....... 60 —

La population spécifique du canton

Est est, en réalité, plus élevée encore que nous ne l'indiquons, car nous n'avons pas fait entrer dans nos calculs les militaires des casernes de l'Oratoire, de l'Alma, de Très-Cloîtres.

La surface totale de la ville étant de 382 hectares : la population spécifique de l'ensemble est de 50.658 : 382 soit 132 hab. par hectare.

La population spécifique de Berlin est de 59 habitants par hectare ; celle de Londres est de 103 habitants par hectare ; celle de Paris est de 253 par hectare.

Ces chiffres et les rapprochements qu'ils entraînent modifieront, il faut l'espérer, l'opinion de ceux qui prétendent qu'on a dépassé la mesure dans l'agrandissement de la ville.

Population moyenne des maisons. — Le nombre des maisons étant de 3.192, la moyenne des habitants de chaque maison est de 15 environ.

La moyenne pour les maisons à quatre étages des quartiers ouvriers est de 35 hab.

C'est un chiffre bien élevé. Il est donc à désirer, dans l'intérêt général, que l'abaissement du prix des locations fasse cesser cet encombrement en permettant à ceux qui travaillent et qui sont obligés d'économiser, de prendre des logements plus vastes.

ORIGINE DE LA POPULATION

Les trois quarts des Grenoblois (36.699) sont nés dans le département de l'Isère.

Le fond de la population est constitué par des Galates alliés aux Celtes, habitants primitifs de notre région. L'invasion de ces barbares du Nord semble s'être arrêtée à notre département, car les habitants des Hautes-Alpes et de la Drôme sont d'origine celtique presque pure.

Aux galato-celtes sont venus se mêler successivement des Romains, des Burgundions, des Lombards et des Sarrazins.

Le département de l'Isère arrive le 23e sur la liste des départements fournissant des hommes de grande taille; il donne sur 10,000 conscrits, une moyenne de 974 hommes ayant au moins 1 m. 732 (la taille de cuirassier) et une moyenne de 550 exemptés pour défaut de taille.

Les femmes sont généralement plus

petites que les hommes dans la proportion de 60 à 70 millimètres.

Les cheveux châtains dominent ; on compte cependant beaucoup de bruns et de blonds, et, en parties à peu prés égales.

Les extrémités sont fines ; la pointure la plus fréquemment demandée pour souliers d'hommes est de 28 centimètres, la même pointure pour souliers de femmes est de 25 centimètres.

La pointure la plus fréquemment demandée pour gants d'hommes est de 7 3/4 ; celle des gants de femme est de 6 1/2.

Les chapeliers vendent beaucoup plus de chapeaux à pointure de 5 et 1/4 et 5 et 1/2, c'est-à-dire de 57 à 59 centim. de tour de tête, que d'autres. Ici, comme ailleurs, les paysans demandent des chapeaux à pointure inférieure.

Puberté féminine. — Notre statistique est établie sur 300 cas. L'époque de la première menstruation a varié de 10 ans 6 mois (minimum) à 19 ans (maximum).

L'âge moyen de la première menstruation est de 14 ans 3 mois. Cet âge, dit critique, est généralement difficile à franchir à Grenoble. Villars signalait déjà le fait dans un opuscule publié en juillet 1786 « cette révolution s'y opère, de 12 à 14 ans ; si elle n'a pas été heureuse, les jeunes personnes languissent et il est quelquefois bien difficile de les soustraire à la chlorose accompagnée d'un état de langueur auquel un homme ne résisterait peut-être pas ».

Matrimonialité. — Les hommes se marient tardivement ; le dernier recensement indique 1,077 mariés sur 8319 hommes âgés de 20 à 30 ans. N'oublions point, toutefois, de faire entrer en ligne de décompte les soldats de la garnison.

La proportion s'élève pour la période de 30 à 40 ans où l'on trouve 2,774 mariés sur un total de 3,938 hommes. De 40 à 50 ans, on compte 2,642 mariés sur un total de 3,142.

Enfin la proportion des mariés s'élève graduellement jusqu'à la fin de la vie ; ce qui peut prouver, soit que les célibataires endurcis viennent à résipiscence, soit que les hommes mariés vivent plus longtemps que les célibataires.

Les femmes se marient aussi tardivement; on compte :

	femmes mariées		femmes ou filles
De 15 à 20 ans....	122		
De 20 à 24........	846	sur	2.317
De 25 à 30........	1 245	sur	2.221
De 30 à 40........	3.078	sur	4.099
De 40 à 50........	2.580	sur	3.229
Total...	7.871	sur	11.866

De même que pour les hommes, la proportion va crescendo, jusqu'à la fin de la vie, en faveur des femmes mariées.

Au total, nous trouvons pour les hommes et les femmes, âgés de 20 à 50 ans, 6,491 hommes mariés contre 3,908 célibataires, déduction faite des 5,000 célibataires de la garnison, et, 7,871 femmes mariées contre 3,995 célibataires.

Le recensement de 1881 donne 1,183 veufs et 2,766 veuves. Cette différence tient à la difficulté pour le veuf de pourvoir, seul, aux besoins que nécessitent un ménage et des enfants, à la période d'aptitude nuptiale qui est moins longue pour la femme et enfin, probablement, au sentiment qui, plus développé chez cette dernière, rend plus cher le souvenir d'une première union.

Mariages. — Durant une période de 15 ans, de 1870 à 1884 inclusivement, 4,996 mariages ont été célébrés à Grenoble :

Entre garçons et filles............	3.851
Entre garçons et veuves........	350
Entre veufs et veuves...........	270
Entre veufs et filles.............	525

En résumé, 795 veufs et 620 veuves ont contracté une nouvelle union.

Natalité. — Durant la période de 15 ans qui s'étend de 1870 à 1884 inclus, il a été déclaré au bureau de l'état civil de Grenoble, 16,560 naissances, se répartissant, comme il suit, au point de vue du sexe et de l'état civil.

	Légitimes	Illégitimes	Total
Masculins	6.894	1.532	8.426
Féminins	6.688	1.446	8.134
Totaux...	13.852	2.978	16.560

Moyenne des naissances par année 1,104.

	Légitimes	Illégitimes	Total
Masculins	459	102	561
Féminins	446	97	543
Totaux.	905	199	1.104

Les garçons ont été plus nombreux que les filles dans la proportion de 105 garçons pour 100 filles ; c'est la proportion qu'on observe généralement.

Proportion des naissances sur 100 habitants. — Durant cette période de 15 ans, la population *municipale* a été de :

Dates des recensements	Nombre des habitants
1872	36.043
1876	39.444
1881	44.040
Total...	119.527

soit, comme moyenne 39.842 habitants ; en chiffres ronds 40,000 habitants.

Quarante mille habitants ont procréé annuellement 1.104 enfants, soit 2,76 pour 100 habitants.

Le département de la Seine compte 3,01 pour 100 habitants, ci 3,01 p. 100 hab.

L'ensemble des populations urbaines de la France .... 2,81 p. 100 hab.

L'ensemble des populations rurales......... 2,59 p. 100 hab.

Grenoble subit donc plus que l'ensemble des populations urbaines l'influence des causes complexes qui tendent malheureusement à enrayer la natalité en France.

Proportion des enfants illégitimes. — On compte 198 enfants illégitimes sur 1104 naissances, soit environ.... 19 pour 100

La moyenne générale des enfants naturels est en France de 12.2 pour 100 ; dans le département de la Seine, de 25,76 ; dans l'ensemble des populations urbaines, de 11,42 ; dans l'ensemble des populations rurales de 4,42.

Cette forte proportion des enfants illégitimes, observée à Grenoble, dépend, en partie, de ce que les filles-mères du département viennent accoucher clandestinement à l'hôpital.

Proportion des enfants morts-nés

Années	NOMBRE D'ENFANTS MORTS-NÉS		
	Légitimes	Illégitimes	Total
De 1870 à 1884	1003	377	1.380
Moyenne par année	66	25	92

L'ensemble des naissances étant annuellement de 1104 + 92 = 1196, la moyenne des morts-nés, sur cent conceptions, est donc de 8 o/o environ.

Elle est en France de 4,01 o/o pour les naissances légitimes et de 7,61 o/o pour les naissances illégitimes.

Au nombre des causes favorisant la mort intra-utérine du fœtus, nous n'hésitons pas à ranger l'emploi des machines à coudre avec pédales, dont l'emploi est très répandu à Grenoble.

MORBIDITÉ

Les Grenoblois sont généralement robustes, résistants à la fatigue, tenaces et patients, peu enclins à l'enthousiasme irréfléchi ; ils sont peu sujets aux infirmités de toutes natures et le nombre des faibles de constitution, des scrofuleux, des hernieux, des goîtreux, des bègues, etc. est relativement restreint; en revanche, la phtisie cause de véritables ravages, ainsi que nous le constaterons en parlant de la mortalité.

Pour établir la vérité de ces diverses propositions, nous avons consulté les registres de la conscription et noté la nature des causes de réforme, de classement dans les services auxiliaires, ou d'ajournement, pendant une période de 15 ans de 1870 à 1885. (1)

---

(1) Nous prions M. Doux, le sympathique secrétaire général de la préfecture, d'agréer nos sincères remerciements pour l'obligeance avec laquelle il nous a fourni tous les renseignements désirables.

TABLEAU A. — ÉTAT RÉCAPITULATIF des jeunes gens réformés, ajournés ou classés dans les services auxiliaires de 1870 à 1884 inclus — dans les trois cantons de Grenoble.

	CANTON EST		CANTON NORD		CANTON SUD		TOTAL		TOTAL GÉNÉRAL
	Ville	Communes rurales	Ville	Communes rurales	Ville	Communes rurales	Ville	Communes rurales	
Nombre total des conscrits.	1243	981	1174	438	1565	607	3982	2726	6008
Exemptés	155	93	129	40	172	57	456	190	646
Ajournés	147	54	108	25	167	31	422	110	532
Classés dans les serv. auxil.	59	37	35	19	76	34	170	90	260

Nombre de jeunes gens inscrits pour les trois cantons de Grenoble : 6008.

Nombre de jeunes gens exemptés de tout service pour infirmités.... 646

Nombre de jeunes gens ajournés............................ 542

Nombre de jeunes gens classés dans les services auxiliaires.... 260

Total........ 1.458

Cet état récapitulatif nous donne une moyenne de :
Réformés.......... 10.75 p. 100 inscrits.
Ajournés........... 8.85 »
Classés dans les services auxilliaires. 4.49 »

et une moyennne de 23.93 conscrits sur 100, ayant une tare quelconque.

TABLEAU B. — **ÉTAT RÉCAPITULATIF** des causes de réforme, de classement dans les services auxiliaires ou d'ajournement.

	RÉFORMÉS		Classés dans les services auxiliai.	
	Ville	Commu. rurales	Ville	Commu. rurales
Difformités	103	65	»	»
Faiblesse irrémédiable	75	14	»	»
Vue	62	21	27	4
Hernies	37	20	27	15
Gibbosités	29	18	»	»
Phtisie	26	5	»	»
Varices. — Pieds plats	26	8	26	23
Scrofules	16	3	10	2
Goîtres	3	1	»	»
Lésions des organes génito urinaires	18	6	12	19
Epilepsie	13	8	2	»
Ouïe	10	7	»	»
Peau	4	4	»	»
Pieds bots	4	»	»	»
Bouche et nez	4	2	7	»
Bégaiement	3	6	6	4
Divers	19	7	53	25
TOTAUX	332	195	170	92

	AJOURNÉS	
	Ville	Communes rurales
Faiblesse de constitution	378	91
Défaut de taille	44	20

Ces deux tableaux A et B, embrassant une période de 15 années et comprenant un ensemble de 6.008 conscrits appartenant aux trois cantons de Grenoble, vont nous permettre de comparer au point de vue physique les habitants de ces trois cantons :

1° avec l'ensemble des habitants de la France ;

2° avec l'ensemble des habitants de l'Isère.

Ils nous permettront aussi de mettre en paralèlle :

1° les habitants de la ville et ceux des communes rurales.

2° les habitants des divers cantons.

1. — *Réformés pour infirmités de toutes natures.* A. Les réformés pour infirmités de toutes natures sont au nombre de 332 pour la ville, 195 pour les campagnes. Il faut ajouter à ces chiffres les 2/3 environ des *ajournés* pour faiblesse de constitution (c'est la proportion moyenne des ajournés qui sont réformés l'année suivante) ce qui donne un total de

$$332 + 195 + \frac{378 \times 2}{3} + \frac{91 \times 2}{3} = 839$$

839 conscrits. réformés sur 6,008 inscrits

ou une moyenne de 139 réformés pour 1,000 conscrits alors que pour toute la France elle est de 345 réformés pour 1,000, suivant la statistique établie par Morache (*Traité d'hygiène militaire* p. 102) pour une période de 25 années de 1844 à 1868.

B. Le nombre des réformés habitant la commune de Grenoble est de

$$332 + \frac{378 \times 2}{3} = 584$$

réformés pour 3982 inscrits, soit une moyenne de 146 réformés pour 1,000 inscrits.

C. Le nombre des réformés habitant les communes rurales des cantons de Grenoble, est de

$$195 + \frac{91 \times 2}{3} = 255$$

réformés pour 2,026 inscrits, soit une moyenne de 125 réformés pour 1,000 inscrits.

2. *Réformés pour faiblesse de constitution.*

A. Les réformés pour faiblesse de constitution sont au nombre de

$$75 + 14 + \frac{378 \times 2}{3} + \frac{91 \times 2}{3} = 401$$

pour 6,008, soit une moyenne de 66 pour 1000, alors qu'elle est pour toute la France de 115 pour 1000, suivant une statistique de Morache (*Traité d'hygiène militaire*, p. 141) établie pour une période de 20 années de 1848 à 1868.

B. Le nombre des réform pour faiblesse de constitution, habitant la commune de Grenoble est de

$$75 + \frac{378 \times 2}{3} = 327$$

sur 3982 inscrits, soit, une moyenne de 82 sur 1000.

C. Le nombre des réformés pour même cause habitant les communes rurales est de $14 + \frac{91 \times 2}{3} = 74$ sur 2026 inscrits soit une moyenne de 36 réformés pour 1000.

3. *Réformés pour défaut de taille.* — En procédant toujours de même dans nos calculs, nous trouvons :

Pour les trois cantons de Grenoble, environ 10 réformés p. 1000.. 10 p. 1000

Pour la commune de Grenoble........................ 11 p. 1000

Pour les communes rurales des cantons.................. 5 p. 1000

Alors que la moyenne des exemptions pour défaut de taille est pour toute la France de 76,9 pour 1000 conscrits et pour le département de l'Isère de 55,13.

(Statistique de Broca embrassant une période de 30 ans de 1831 à 1860).

4. *Réformés pour maladies scrofuleuses.*—
Pour les trois cantons de Grenoble .... 5,1 p. 1000
Pour la commune de Grenoble .... 6,5 p. 1000
Pour les communes rurales. 2,4 p. 1000
Pour toute la France .... 9,92 p. 1000
Pour le département de l'Isère
un peu plus de .... 10 p. 1000
(suivant la statistique de Boudin, embrassant la période de 1831 à 1853).

5. *Réformés pour hernies.* — Pour les trois cantons de Grenoble, 16.4 pour 1000 ; pour la commune de Grenoble, 16 pour 1000 ; pour les communes rurales, 17.2 pour 1000 ; et pour la France entière, 21.04 pour 1000 ; pour le département de l'Isère, 11.17 pour 1000. (Statistique de Boudin, embrassant la période de 1831 à 1849)

Le département de l'Isère fait partie

des 22 départements les mieux favorisés à ce point de vue.

6. *Réformés pour goître.* — Pour les trois cantons, 0,66 pour 1000; pour la commune de Grenoble, 0.75 pour 1000; pour les communes rurales, 0.49 pour 1000; et pour la France entière, 16 pour 1000; pour le département de l'Isère, 20 pour 1000. *(Rapport de Baillarger, sur le goître et le crétinisme. Recueil des travaux du comité consultatif d'hygiène de France 1873.)*

7. *Réformés pour phtisie.* — Pour les trois cantons, 5.15 pour 1000; pour la commune de Grenoble, 6.53 pour 1000; pour les communes rurales, 2.46 pour 1000; et pour la France entière :

15 départements présentent moins de 1 exempté sur 1000 jeunes gens.

18 départements présentent moins de 1 à 2 exemptés sur 1000 jeunes gens ;

23 départements présentent moins de 2 à 3 exemptés sur 1000 jeunes gens ;

18 départements présentent moins de 3 à 5 exemptés sur 1000 jeunes gens ;

12 seulement présentent moins de 5 à 11 exemptés sur 1000 jeunes gens ;

Le département de l'Isère arrive le 56e sur la liste avec une moyenne de 3 pour 1000. *(Statistique de Boudin, période de 1837 à 1849).*

N'oublions point d'ajouter que beaucoup de réformés pour faiblesse de constitution sont des phtisiques à la première période, qu'on ne veut point effrayer.

Le total des tarés fournis par la ville est de 1048 ou 26.30 pour 100, tandis que pour les communes rurales, il n'est que de 390 ou 19.24 pour 100 ou 1924 sur 10000.

Les trois cantons de Grenoble fournissent sur 10.000 conscrits :

	Réformés	Ajournés	Classés dans les services auxiliaires.	Total des tarés
Pour la Ville	1.145	1.059	426	2.630
Pour les communes rurales	937	543	444	1.924
Différence en faveur des communes	208	516		706

Les communes rurales des cantons de Grenoble sont comprises dans un rayon de 10 à 12 kilomètres autour de cette ville, de telle sorte que leurs habitants, agriculteurs ou bien ouvriers gantiers, jouissent de tous les avantages de la ville, soit au point de vue des soins médicaux, soit au point de vue des bénéfices à réaliser, sans en respirer l'atmosphère, sans en courir les risques antihygiéniques ; aussi voyons-nous une différence considérable en leur faveur, soit pour les réformés et les ajournés, soit pour les tarés en général.

Des trois cantons de Grenoble, le plus mal partagé au point de vue de la surface aératoire, des fosses d'aisances et des égouts, de la densité de la population, de la salubrité des maisons, etc., etc., est assurément le canton Est.

Vient ensuite le canton Sud qui ne tardera pas à disputer la première place au canton Nord, au point de vue de l'hygiène, quand ses égouts seront terminés, quand de nouvelles maisons auront remplacé les maisons en torchis des quartiers du cours Berriat, de l'Aigle, etc., anciennement compris dans la zone militaire.

Ce canton comprendra, en effet, les plus larges rues, places et boulevards, et ces voies seront fréquemment balayées par les vents du nord-ouest ; de plus, les maisons prendront leurs assises dans un sol caillouteux et sablonneux dont la perméabilité est considérable, ce qui est une excellente condition hygiénique.

Les communes rurales des trois cantons de Grenoble se trouvent aussi dans des conditions différentes, au point de vue de l'hygiène. Les villages des cantons Est et Nord sont bâtis sur des terrains subalpins et tournés au soleil levant, tandis que les villages du canton Sud sont bâtis sur le lias et des terrains alluvionnaires, et regardent le soleil couchant.

Le nombre des conscrits tarés est exactement proportionnel aux bonnes ou mauvaises conditions hygiéniques, soit des divers quartiers de Grenoble, soit des diverses communes rurales. Le tableau suivant, formé avec l'aide des chiffres consignés aux tableaux A et B, démontre ce fait d'une manière péremptoire.

		On trouve sur 100 conscrits				Sur 10.000 conscrits
		Réformés	Ajournés	Services auxiliaires	Total des tarés	
Canton Est ...	Ville.........	12.46	11.83	4.74	29.03	2.903 tarés
	Communes	9.48	5.50	3.77	18.75	1.875 —
Canton Nord...	Ville..........	10.98	9.08	2.98	23.04	2.304 —
	Communes......	9.13	5.70	4.33	19.16	1.916 —
Canton Sud	Ville..........	10.98	10.67	4.85	26.51	2.651 —
	Communes	9.39	5.10	5.60	20.09	2.009 —

Le canton Est ville donne 2,903 tarés sur 10,000 conscrits, alors que le canton Sud n'en fournit que 2,651 et le canton Nord, 2,304 seulement.

Le canton Est, campagnes, comprenant les villages étagés sur les coteaux de la Tronche et de Meylan, donne 1,875 tarés sur 10,000 conscrits.

Le canton Nord, campagnes (Saint-Martin-le-Vinoux, Sappey, Quaix, etc.) donne 1,916 tarés pour le même chiffre de conscrits.

Enfin, les communes rurales du canton Sud, qui sont bâties sur le lias ou sur des terrains alluvionnaires et qui regardent le soleil couchant, donnent la plus forte proportion de conscrits tarés, soit 2,009 sur 10,000.

MORTALITÉ

Etat des décès survenus à Grenoble de 1870 à 1884 inclus.

Nombre des décès = 17.508.

  Hommes 9.305
  Femmes 8.203

	SEXE		
	Masculin	Féminin	TOTAUX
De 0 à 1 an..........	1125	1022	2147
De 1 à 5 ans.........	845	805	1647
De 5 à 10 ans........	229	215	444
De 10 à 15 ans.......	114	131	245
De 15 à 20 ans.......	312	269	381
De 20 à 25 ans.......	815	413	1228
De 25 à 30 ans.......	305	378	883
De 30 à 35 ans.......	440	370	810
De 35 à 40 ans.......	377	333	710
De 40 à 45 ans.......	447	314	761
De 45 à 50 ans.......	440	364	804
De 50 à 55 ans.......	473	332	865
De 55 à 60 ans.......	551	433	984
De 60 à 65 ans.......	579	517	1096
De 65 à 70 ans.......	588	570	1151
De 70 à 75 ans.......	623	646	1269
De 75 à 80 ans.......	448	530	978
De 80 à 85 ans.......	269	336	605
De 85 à 90 ans.......	102	133	235
De 90 à 95 ans.......	27	28	55
De 95 à 100 ans......	6	4	10
TOTAUX....	9305	8203	17508

Le nombre total des décès a été de 17,508, se décomposant ainsi: hommes,

9,305 ; femmes, 8,203 ; soit une moyenne de 1,167 décès par année.

Le nombre total des naissances, durant la même période, a été de 16,560, soit une moyenne de 1,104, par année.

L'excédent des décès sur les naissances, pendant la période de 15 ans qui vient de s'écouler, a été de 948 ;

L'excédent annuel a été de 63 ;

De telle sorte que si Grenoble était livré à ses seules forces procréatrices il serait fatalement voué à une disparition complète.

Pour 1000 décès des deux sexes et de tout âge, nous trouvons :

AGE	A Grenoble (1870-84)	* En France (1857-66)	* En Prusse (1863-65)
de 0 à 1 an.........	123	204	263
de 1 à 5 ans.......	94	120	229
de 5 à 15 ans......	39	53	68
de 15 à 30 ans	153	92	72
de 30 à 60 ans	282	208	180
de 60 et au-dessus.	309	323	188
	1000	1000	1000

(*) BERTILLON, *Art. Mortalité in Dictionnaire encyclopédique des Sciences médicales*, p. 748.

A. *Mortalité du premier âge.* — Ce tableau démontre que si les naissances sont relativement peu nombreuses à Grenoble, on entoure les enfants de plus de soins intelligents et qu'on sait mieux les conserver qu'ailleurs.

La mortalité du premier âge est, toutefois, encore beaucoup trop élevée, car il est vraiment inouï qu'on perde 2147 enfants, de 0 à 1 an, sur 16560 naissances, soit 1/7.

La principale cause de cette mortalité effrayante est ici, comme ailleurs, l'emploi d'une nourriture insuffisante ou de qualité peu appropriée à l'âge de l'enfant.

B. *Mortalité dans l'âge avancé.* — Les tableaux statistiques dus à l'obligeance de M. Giroud, secrétaire général de la Mairie, qui ont été faits avec la clarté et l'intelligence qu'il apporte en toutes choses, nous permettent de constater que la mortalité dans l'âge avancé, durant la période de 1870 à 1884, a été de :

	Hommes	Femmes	Totaux
Sexagénaires..	1.160	1.087	2.247
Septuagénaires	1.071	1.181	2,252
Octogénaires...	371	469	840
Nonagénaires..	6	4	10
			5.349

soit une moyenne de 356 par an.

Le recensement de 1881 portait 5 019 vieillards ayant plus de soixante ans ; de telle sorte que la mortalité moyenne annuelle est de 70 pour 1000 vieillards, alors qu'elle est pour toute la France de 71, et de 74 pour la Prusse (*Statistique de Bertillon*); en d'autres termes, les vieillards ont moins de chances annuelles de mortalité à Grenoble, que dans l'ensemble de la France ou de la Prusse. Plus exactement, on trouve à Grenoble 107 vieillards ayant dépassé la soixantaine, sur 1000 habitants, alors qu'on en trouve 108 sur l'ensemble de la France et 75 seulement à Paris.

C. *Moyenne de la vie à Grenoble*. — Les 17508 morts de la période de 1870 à 84 inclus, ont vécu ensemble 689666 ans, ce qui donne une moyenne de 39 années 39 pour chaque individu, cette moyenne est bien au-dessus de la vie moyenne des Français en général.

Taux de la mortalité par 1000 habitants. Le taux de la mortalité annuelle est à Grenoble, (période 1870 à 1884), de 23,3 pour 1000 habitants, ... 23,3 p. 1000
Elle est à (1),

	Paris	26,7	—
	Lyon	25,9	—
	Marseille......	31,9	—
	Lille	27,7	—
	Le Hâvre......	33,9	—
Période de 1880 à 1883	Londres	20,6	—
	Berlin	28,3	—
	St-Pétersboug	41.	—
	Vienne........	27,7	—
	Milan	30,8	—
	Turin	28,9	—
	Madrid	38.	—
	Genève	16.	—

---

(1) Résumé de statistique emprunté au rapport du D' DELAUNAY, du Hâvre, pour l'année 1883.

CAUSES DE LA MORTALITÉ

A GRENOBLE

our établir la part proportionnelle de chacune des maladies endémiques ou épidémiques dans les décès survenus à Grenoble, depuis 15 ans, il eût fallu trouver sur les registres de l'état civil, en regard de la profession, de l'âge, du domicile etc., etc., du décédé, la nature de la maladie ayant entraîné la mort.

Pour des motifs divers, ce relevé des diagnostics n'a pas été fait à la mairie, jusqu'à ce jour.

Pour tourner la difficulté et arriver approximativement au résultat désiré, nous avions heureusement à notre disposition les statistiques mortuaires de l'hôpital qui indiquent toujours la cause du décès. Nous nous sommes dit: si sur 1000 décès survenus à l'Hôpital, le 1/5 est dû à la phtisie, il est probable que le 1/5 des décès survenus en ville sera dû à la même cause et ainsi de même pour toutes les autres maladies. Nous ne nous dissimulons pas les critiques imputables à cette manière de raisonner, nous croyons toutefois qu'elles ne sont pas de nature à modifier d'une manière bien sensible les résultats généraux.

Maladies endémiques. — Les principales maladies endémiques sont la phtisie, les bronchites aigues ou chroniques non tuberculeuses, les pneumonies, les affections rhumatismales.

Le tableau suivant indique la part proportionnelle de chacune de ces maladies dans les décès survenus à l'hôpital civil depuis quinze ans.

Années	Phtisie	Bronchites aiguës ou chroniques	Pneumonie	Affections rhumatismales aiguës
1870	45	20	20	5
1871	47	18	14	4
1872	48	22	17	1
1873	56	9	12	»
1874	38	19	16	4
1875	63	17	13	2
1876	66	10	8	4
1877	55	20	15	8
1878	49	10	16	1
1879	54	13	25	5
1880	52	12	27	»
1881	48	16	14	1
1882	43	11	30	3
1883	40	21	18	1
1884	56	16	21	3
Totaux..	760	234	266	42

Ce qui donne comme moyenne :

Phtisie .... 165 pour 1000 décès.
Bronchites.... 51 —
Pneumonie ... 57.7 —
Affections rhumatismales..... 9.1 —

de telle sorte qu'en appliquant les calculs de probabilités, ci-dessus énoncés, aux 17508 décès survenus à Grenoble

depuis 15 ans, nous pouvons dire que :
La phtisie a entraîné la mort, approximativement, de..... 2888 personnes ;
Les bronchites....... 885 —
La pneumonie .... 1610 —
Les affections rhumatismales aigues........ 159 —

L'endémicité des affections des voies respiratoires et du rhumatisme reconnaît assurément pour principales causes : l'humidité de l'atmosphère, les variations brusques de la température, et la vie dans un espace confiné d'un trop grand nombre d'ouvriers en chambre, etc.

L'humidité de l'atmosphère est due au voisinage de deux rivières, à la nappe d'eau souterraine qui avoisine le sol, aux nombreux fossés et ruisseaux qui sillonnent la plaine, etc. Les changements brusques de température sont le résultat du voisinage des glaciers recouvrant les Alpes dauphinoises, d'où descendent des courants d'air froid, semblables à des fleuves.

La vie dans un air confiné est imposée par la cherté des appartements et la nature du travail des ouvriers gantiers.

B. *Maladies épidémiques.* — On n'a pas observé à Grenoble d'épidémies bien meurtrières depuis la fièvre typhoïde de l'an VIII. — Le choléra de 1853 a fait une trentaine de victimes seulement, bien que la plupart de nos cantons montagneux, La Mure et l'Oisans en particulier, aient été bien éprouvés.

Les maladies épidémiques, devenues presque endémiques dans notre ville sont : la variole, la scarlatine, la rougeole, la diphtérie.

Années	Variole	Scarlatine	Dipthérie	Rougeole
1870	23	»	1	»
1871	32	2	4	»
1872	4	»	1	»
1873	»	1	»	3
1874	»	»	»	»
1875	»	»	1	»
1876	»	»	»	»
1877	17	»	»	»
1878	9	1	»	»
1879	»	»	»	»
1880	3	»	»	1
1881	5	»	»	»
1882	4	»	»	2
1883	3	»	3	»
1884	1	»	1	»
Totaux	101	4	11	6

En multipliant ces différents chiffres par 1000 et en les divisant par 4603, total des décès, on obtient une moyenne de : sur 1000 décès survenus à l'hôpital,

>   Par variole....   22 décès
>   Par scarlatine..   0.86
>   Par diphtérie ..   2.39
>   Par rougeole...   1.3

Soit, pour la totalité des décès observés en ville :

$$\left.\begin{array}{l}\text{Par variole}\ldots\quad 22\times 17508 = 385\\ \text{Par scarlatine}\ 0.86\times 17508 = 15\\ \text{Par diphtérie.}\ 2.39\times 17508 = 42\\ \text{Par rougeole.}\ 1.3\ \times\ 1750 = 23\end{array}\right\}\ \text{En chiffres ronds}$$

Surpris du nombre des décès causés par la variole dans une ville où la vaccination se pratique d'une façon régulière, nous avons recherché le lieu de naissance des décédés et constaté que 23 seulement étaient nés à Grenoble, et, que sur ce chiffre on comptait 10 enfants de 0 à 1 an.

Le petit nombre de décès causés par les autres maladies éruptives est vraiment surprenant, et peut être expliqué par la répugnance qu'éprouvent les parents à conduire leurs enfants malades à l'hôpital;

il n'en reste pas moins acquis que ces diverses maladies infantiles causent beaucoup moins de décès à Grenoble que dans la plupart des autres villes d'égale importance.

HOPITAL MILITAIRE. — Statistique des décès survenus depuis 1870 à 1884 inclus.

Années	Tuberculose	Bronchite	Pneumonie	Variole	Scarlatine	Rougeole	Diphtérie
1870	22	5	25	89	0	1	»
1871	21	10	50	73	4	»	1
1872	13	»	1	4	»	1	»
1873	11	»	2	»	»	»	»
1874	6	»	1	»	»	»	»
1875	9	1	6	»	»	»	»
1876	13	»	1	3	»	»	»
1877	9	1	3	13	»	»	»
1878	7	1	5	1	1	»	»
1879	8	6	2	2	1	»	»
1880	5	5	6	3	5	»	»
1881	7	2	6	1	»	»	»
1882	3	1	2	2	»	»	»
1883	7	»	2	»	»	»	»
1884	6	»	3	»	»	»	»
Totaux...	149	32	115	191	20	2	1
Moyenne par an	9.9	2.13	7.06	12.7	1.33	0.13	0.06

Si de ce compte on défalque les années 1870 et 1871 qui ont été très meurtrières, on trouve comme moyenne des décès annuels : par variole, 2,02 ; par pneumonie, 3,07.

L'effectif de la garnison ayant été de 4,250 hommes, la moyenne des décès par phtisie a été pour 1,000 hommes de troupe, de 9,5 ou $\frac{10 \times 1000}{4.250} = 2.35$ approchant de très près la moyenne générale pour la France qui est 2,39 (*statistique Morache*).

Les fièvres éruptives ont causé une moyenne de décès bien inférieure à celles qu'elles déterminent dans l'ensemble des garnisons françaises.

Statistique des décès causés par la fièvre typhoïde de 1870 à 1884 inclus.

Années	Hôpital civil	Hôpital militaire
1870	10	48
1871	7	70
1872	6	7
1873	7	8
1874	7	15
1875	»	7
1876	4	10
1877	6	7
1878	2	3
1879	2	3
1880	»	17
1881	7	8
1882	6	8
1883	6	4
1884	9	5
Totaux....	79	220

En faisant un calcul semblable à celui qui a été fait pour la phtisie, nous trouvons qu'il y a eu 221 décès par fièvre typhoïde, pour l'ensemble de la population civile: soit, 1.27 pour 100 de la mortalité générale et une moyenne de 15 décès par an, en chiffres ronds.

La mortalité par fièvre typhoïde est :
en Angleterre de... 3.7 pour 10.000 hab.
à Londres de...... 2.9 » »
à Paris de......... 2.5 » »
à Grenoble de..... 3 » »

La moyenne de la mortalité par fièvre typhoïde a été, pour l'ensemble de la garnison et pour la période de 1870 à 1884, de 14.08 par année ; mais si nous défalquons les décès des deux années 1870 et 1871, qui ont été très meurtrières, nous ne trouvons plus qu'une moyenne de 7.08 décès par an pour une garnison variant de 4250 à 4500 hommes :

Soit une moyenne de 16 décès pour 10000 soldats.

Impaludisme. — L'impaludisme, qui règne à Grenoble, entraîne bien rarement la mort et reconnaît pour causes : les terrains alluvionnaires, l'élévation et l'abaissement des nappes d'eau souterraines variant avec les crues du Drac et de l'Isère, l'absence de drainage du sol, la présence de quelques terrains marécageux, en amont et en aval de la ville, le rouissage du chanvre, les fossés des fortifications etc., etc. Il se manifeste très rarement sous la forme d'accès pernicieux, affecte de préférence les types quotidien et tierce, et revêt surtout la forme de manifestations névralgiques, parfois diarrhéiques et hémorrhagiques, franchement intermittentes ; il n'est pas enfin de maladie, de quelque nature qu'elle soit, à laquelle il ne vienne imprimer son cachet ; de telle sorte que le sulfate de quinine est assurément le médicament le plus utile et le plus fréquemment ordonné.

Le temps et l'espace nous manquent pour décrire nos magnifiques abattoirs, notre beau gymnase, notre école de natation si parfaitement installée, nos écoles primaires nouvellement construites, et qui réunissent presque toutes les conditions réclamées par l'hygiène scolaire, mais c'est avec plaisir que nous y conduirons MM. les membres du Congrès qui désireraient les visiter. Ils pourront se convaincre que la ville de Grenoble, déjà bien favorisée par la nature, est en pleine transformation hygiénique et qu'elle appelle à son aide toutes les ressources de la science et de l'esprit humain pour faire disparaître ses verrues et devenir, si possible, une petite Salente hygiénique.

La plus grosse de ses verrues est assurément l'hôpital-hospice, dont le déplacement, total ou partiel, décidé, il y a bientôt quatre ans, attend pour se réaliser que l'administration de la guerre ait fait construire l'hôpital militaire qui doit exister au chef-lieu du 14e corps d'armée.

L'ART A GRENOBLE

L'ART
A GRENOBLE

———

 Grenoble, la vie artistique date des premières années du XIX° siècle. Sous ce rapport, le Dauphiné n'a pas d'anciens titres de gloire. Réuni de bonne heure à la Couronne, il perdit sa vie propre et il n'eut pas, comme certaines provinces, la Bourgogne, la Provence, la Bretagne ou la Lorraine, ces cours seigneuriales, ces riches protecteurs qui, dans la jeunesse des nations, sont les promoteurs de la vie artistique.

Au commencement du siècle, pour la première fois, apparaissent des artistes. La cause de ce mouvement doit être cherchée dans la création d'un Musée de peinture et dans l'affluence considérable de paysagistes que la beauté du pays attirait aux environs de Grenoble.

Avant de parler de nos artistes provinciaux, il est naturel que nous étudions les sources où ils ont puisé et que nous insistions sur les richesses de ce Musée qui est encore une des raisons dominantes de l'amour des Grenoblois pour les Beaux-Arts.

Le Musée de Grenoble est un des plus célèbres de France. Il peut disputer à Lille, à Montpellier et à Lyon, l'honneur du premier rang.

Par son installation il est sans rival et Grenoble peut se flatter d'avoir donné a ses richesses artistiques une demeure que l'on souhaiterait aux trésors du Louvre.

Dans notre Musée, où la plupart des écoles de peinture sont représentées, on remarque surtout les maîtres de l'école vénitienne et de l'école flamande. Il y a quelques œuvres importantes des primitifs italiens. Les lacunes portent principalement sur la grande période de la renaissance italienne et sur les petits maîtres de Hollande.

La gloire du Musée de Grenoble est le *Saint-Grégoire* de Rubens, qui, sans être exceptionnel par sa qualité dans l'œuvre du maître, l'est par sa date et son importance historique. C'est une œuvre de jeunesse, exécutée à Rome en 1606. A ce moment Rubens avait 29 ans, et, sauf le *tryptique* de l'Eglise Sainte-Croix, aujourd'hui à Grasse, il n'avait encore rien produit d'aussi considérable.

Ce tableau sur lequel on possède une dizaine de lettres de Rubens qui montrent toute l'importance qu'il y attachait, est son premier coup d'éclat, sa première victoire. Il y a cependant une distance de ce chef-d'œuvre à ceux qui suivront et fonderont la gloire de Rubens. Le *Saint-Grégoire* n'est encore qu'une œuvre d'écolier, c'est-à-dire une œuvre d'imitation. Il montre, et c'est là son grand intérêt, toutes les obligations que Rubens eut aux maîtres de Venise.

Le *Saint Grégoire* est de Véronèse pour la pompe de l'ordonnance, pour la magnifique ampleur de la composition et du

Titien pour la chaleur du coloris. Il est le début d'une *manière* qui trouvera son apogée dans la Mise en Croix et la Descente de la Croix de la cathédrale d'Anvers. Ces tableaux sont justement célèbres. Cependant il convient de faire remarquer qu'en 1606, la personnalité de Rubens ne s'était pas encore dégagée, et que, s'il était mort à cette époque, sa place dans l'art serait celle d'un habile disciple, non celle d'un chef d'école. Pour trouver le vrai Rubens, il faut regarder les années postérieures à 1615, lorsqu'abandonnant la gamme dorée et sombre, la méthode vénitienne des glacis, il adopte cette manière libre, large de facture, d'une coloration claire et fraîche qu'il inventa en propre et par laquelle il est encore le chef de l'école moderne. Les Musées de France sont précieux pour l'étude du maitre de l'école flamande. Si les tableaux du Louvre ont été presque tous détruits par d'inintelligents nettoyages, la province peut offrir le *Saint-Grégoire* de Grenoble, *le Christ foudroyant le monde* et *les Mages* de Lyon, les deux volets de la *Pêche miraculeuse* de Nancy, le *Melchissédec* de Caen, le *tryptique* de Grasse et les nombreux chefs-d'œuvre de Lille et de Valenciennes.

Moins célèbre que notre Rubens, mais non moins beau est le Paul Véronèse, la *Femme hémoroïsse* provenant de la collection des rois de France, œuvre simple, sans apparat de composition, sobre comme un bas-relief, une des plus fortes du maître, au point de vue de la puissance et de l'harmonie de la coloration.

A coté de *ces deux toiles maîtresses* et sur le même rang se place une œuvre moins populaire et qui cependant, par certaines qualités, pourrait les éclipser.

C'est la *Nativité* de Jordaens, œuvre lourdement composée, sans choix dans le style des figures, mais parfaite par la finesse et l'éclat des coloris, la puissance du modèle, l'adresse de la touche et la saveur de la peinture.

Pour lutter avec cet œuvre, il faudrait un Rubens des grandes années. Jordaëns est, après Rubens, le grand nom de l'école flamande. Inférieur à Van Dyck dans l'art du portrait et sous le rapport de la distinction, il le surpasse, dans la peinture d'histoire, par sa fécondité, la richesse de ses inventions et sa science d'ouvrier; surtout il est personnel. Il vit aux côtés de Rubens et tout en subissant son influence il reste profondément original. Jordaëns n'a pas encore été étudié comme il devrait l'être. Il a travaillé longtemps. Tandis que Van Dyck meurt à 40 ans, Jordaëns vit près d'un siècle; son œuvre est immense, ses manières très diverses et personne aujourd'hui ne saurait en parler: personne ne pourrait avec certitude mettre une date au bas de ses tableaux. Le futur biographe de Jordaëns s'occupera sans nul doute de la *Nativité* de Grenoble, il relèvera la signature qui est extrêmement rare, et vraisemblablement il nous dira que ce chef-d'œuvre appartient aux plus belles années du maître.

Des deux tableaux de CRAYER, la *Vierge entourée de Saints*, par la douceur de la pensée, l'élégance de la composition, la délicatesse raffinée du coloris doit être considérée comme une des meilleures œuvres du maître, une de celles qui mettent le mieux en lumière la nature si distinguée de son talent.

Le *Louis XIV traversant le Pont-neuf* est le chef-d'œuvre de VAN DER MEULEN. Il fait partie d'une série de tableaux exécutés vers 1662. Van der Meulen arrivait à la cour de France, et il se surpassait pour obtenir la faveur du roi. Ce tableau représente le cortège royal se rendant à Notre-Dame pour célébrer un Te Deum le 17 août 1660, lendemain de l'Entrée solennelle à Paris du Roi et de la Reine Marie-Thérèse. Précieux par ses qualités de peinture, ce tableau l'est autant par son intérêt historique, par l'innombrable variété des costumes et par la minutieuse représentation de la ville de Paris vue du Pont-neuf.

Grenoble est particulièrement riche en PH. DE CHAMPAGNE, mais nous ne songerions pas à citer ce nom s'il n'y avait à côté de médiocres travaux d'histoire, une grande composition qui n'est autre qu'une réunion de portraits: *Louis XIV recevant chevalier du Saint-Esprit le duc d'Anjou, son frère*. Il est entouré des grands dignitaires de l'ordre: Claude Bullion, Michel le Tellier, Abel Servien et Hugues de Lionne. Ce tableau est d'autant plus précieux pour des Dauphinois qu'il reproduit les traits de deux de nos plus illustres compatriotes. Dire que ces portraits sont parmi les meilleurs de Champagne, c'est tout dire.

Les Van Thulden sont rares. Le Louvre ne possède qu'un *Christ agenouillé* fort peu intéressant. La *Trinité* de Grenoble est très belle. Peinte en 1647, elle décorait à Paris le maître-autel de l'église des Mathurins que Van Thulden avait ornée, de vingt-quatre grandes compositions aujourd'hui détruites. Au milieu le Christ et le Père Eternel dont les pieds portent sur la boule du monde autour de laquelle jouent des amours. Rien de plus fin et de plus aérien, les anges d'une carnation laiteuse font songer à Corrège.

Van Dyck est représenté dans notre collection, sinon par une *Madeleine* qui est peut-être l'œuvre de Tyssens, un de ces meilleurs élèves, du moins par deux *Têtes d'étude*, d'une hardiesse d'exécution et d'une violence de coloris qui font penser à Rubens. Les écoles italiennes du xvii° siècle sont aujourd'hui, et non sans raison, en grand discrédit. On fait cependant une exception en faveur de Ribeira; ce maître, malgré sa vulgarité, est encore étudié en raison de ses habiles qualités d'exécution. Il sait modeler et peindre la chair. Le *Saint-Barthélemy* de Grenoble en est une preuve éloquente.

Le *Martyre de Saint-Pierre* qui est le chef-d'œuvre du Calabrais a les mêmes qualités de réalisme. Une *Descente de Croix* d'un puissant sentiment dramatique et de l'école bolonaise, probablement de Louis Carrache.

L'Ange quittant la famille de Tobie appartenait à une série de compositions sur la vie de Tobie, peintes par Lesueur pour l'hôtel de Fieubet. Le fragment que nous possédions décorait un plafond. Il a les meilleures qualités de Lesueur, la douceur du coloris et la religieuse délicatesse du sentiment.

Nous aurons énuméré les principaux chefs-d'œuvre de la grande peinture si, revenant sur nos pas, nous citons quatre œuvres des primitifs italiens. On sait aujourd'hui tout le cas qu'il faut faire de ces maîtres si consciencieux et si personnels ; toutes quatre sont des chefs-d'œuvres.

Sainte-Apollonie et Saint-Sébastien de Pérugin faisait partie comme volet d'une grande composition peinte sur les deux faces, qui ornait l'autel principal de l'église des Augustins à Pérouse. Il fut peint aux environs de 1510, à une époque où Pérugin commençait à se négliger et à travailler vite, pressé par les commandes et le besoin d'argent. Pérugin a souvent été plus précis. Le tableau a néanmoins un grand charme, et, particularité assez rare chez le chef de l'école ombrienne, un des personnages est une figure académique de grandeur naturelle. La *Sainte-Famille* est une œuvre parfaite de Palmegiani, la plus belle qu'il y ait en France.

Palmegiani, né à Forli, appartient à l'école ombrienne. Il en a toute la délicatesse et le sentiment religieux.

La *Vierge entourée de Saints* de Bernardino Licinio est supérieure encore aux deux tableaux que nous venons de citer. Bernardino Licinio est un maître extrêmement rare. Vénitien du Frioul est contemporain de Cima da Conegliano et de J. Bellin, mais un peu plus jeune qu'eux; il marque une transition entre l'ancienne école vénitienne et la nouvelle.

Par la puissance de son coloris il tient de Giorgione et du Titien.

Le quatrième tableau primitif est un *Christ portant sa croix*, œuvre peu regardée, mais une des plus belles de notre collection. Attribuée sans grande certitude à Suardi, dit le Bramantino, elle est du premier quart du xvi⁰ siècle, d'un maître des écoles lombardes. Le sentiment dramatique de cette œuvre, la netteté du dessin et la perfection du modèle joints à un style un peu archaïque font songer à un maître primitif qui aurait connu Léonard et tenterait de concilier l'art ancien et l'art moderne.

A ces quatre œuvres maîtresses se rattachent d'autres œuvres des primitifs : un beau et authentique *tableau d'autel* de Taddeo di Bartolo, de l'école siennoise du xiv⁰ siècle, un *tableau d'autel florentin du XV⁰ siècle*, beaucoup moins important, et une curieuse *Vierge* attribuée à Lucas de Leyden, mais qui manifeste plutôt l'influence de Martin Schongauer et peut être classée dans l'école d'Alsace du xvi⁰ siècle.

Les portraits sont en grand nombre et de qualité supérieure.

En première ligne, une *figure de Vieillard*, chef-d'œuvre de l'école hollandaise, au bas de laquelle on peut écrire le plus grand nom. Elle ferait honneur à Rembrandt, et cependant cette attribution ne s'impose pas avec une entière certitude.

Si elle était de Rembrandt, elle appartiendrait à la seconde manière du peintre ; elle n'est pas lisse comme les portraits de la *Leçon d'anatomie*, ni brutale comme les *Syndics*, et se rapproche de la manière de la *Ronde de nuit* aux environs de 1640

Les portraits de grandeur naturelle de Terburg sont si rares qu'il est pour ainsi dire impossible de parler d'eux avec quelque assurance. En France, en dehors de Grenoble, il n'est pas de portrait de Terburg, ou s'il en est un, il se cache à Lyon sous le nom d'école de Van Dyck. La galerie d'Arembert, à Bruxelles, possède un portrait certain de Terburg. Celui de Grenoble est d'une manière un peu différente. Il est très beau ; et s'il n'est pas absolument certain qu'il soit de Terburg, on peut dire qu'il s'en rapproche beaucoup et que toute autre attribution serait moins vraisemblable.

Après ces deux chefs-d'œuvre, il faut citer l'*Homme à la collerette* et surtout le *Jean de Witt* de Van Eckhout. Ces deux portraits sont superbes, l'un de 1644 dans la première manière de Van Eckhout, conçu sous l'inspiration de Rembrandt, le second de 1669, beaucoup plus fort, plus simple, plus sobre, plus vivant. La physionomie du personnage, son air volontaire, ferme, extraordinairement intelligent, sa gravité austère rendue plus saisissante encore par la manière sévère, un peu triste du peintre, attirent, retiennent l'attention et font penser.

Trois problèmes : un *Portrait de l'école espagnole* acheté pour un Velasquez et devant lequel nous n'avons jamais entendu proposer une attribution vraisemblable ; est-il même sûr qu'il soit espagnol ? une *Tête de jeune homme* attribuée à Simon de Vos ; comment connaître exactement Simon de Vos ? et un *Portrait de l'école hollandaise*. Les armoiries et les dates inscrites sur la toile ont permis de retrouver le nom du personnage. C'était un Van Volden, procureur général à la prévôté de Bruges. Mais le moindre renseignement sur le peintre ferait bien notre affaire. On prononce le nom de Franz Hals, et il est certain qu'il faut chercher autour de lui, mais on est réduit à ne pouvoir rien affirmer.

Deux Largillière exceptionnels, un *magistrat Me Papil*, enfoui dans sa perruque et *une Jeune fille*, la plus ravissante évocation de la beauté française aux premières années du xviii⁰ siècle.

Citons enfin deux excellents Rigaud, le beau portrait de l'*abbé de Saint-Cyran*, par Champagne, *une jeune femme* de Ferdinand Bol, le *Lesdiguières* et le *Henri IV*, faits en 1616 par un artiste lyonnais, l'*amiral Coligny* de l'école de Clouet et un grand portrait d'apparat de Louis XV par Van Loo.

En paysage, nous avons deux œuvres de premier ordre, d'Hobbema et de Lorrain.

On sait la rareté des Hobbema. Celui de Grenoble a un privilège particulier, sa parfaite conservation. Il est frais, clair, comme au sortir de l'atelier. Il est signé et daté, mais signature et date sont contestables. En effet il est daté de 1659 et on ne connaît aucune œuvre de Hobbema de cette époque; elles sont toutes postérieures de plusieurs années. En 1659, Hobbema avait vingt et un ans, et il était vraisemblablement incapable, à ce moment, de produire une œuvre aussi parfaite. Quoi qu'il en soit, si la signature est fausse, il importe peu. Le tableau a mieux que quelques lettres dans un coin de la toile, chaque coup de pinceau est une signature.

Non moins beau le Claude Lorrain, *Vue de Tivoli*, composition magistrale, aussi précieuse par l'exécution des moindres détails que par la majesté de l'ensemble. De plus il est parfaitement intact, ce qui ne pourrait malheureusement se dire de la plupart des Claude Lorrain, et, notamment, du second tableau que possède le Musée de Grenoble. La vue d'*Un port de mer*, qui a été gravée par Cl. Lorrain lui-même, a été un chef-d'œuvre, mais le temps l'a, en partie, détruit. Il a été trop fortement nettoyé, particulièrement dans les côteaux de gauche et très retouché dans le ciel et la partie antérieure de la mer.

Le Canaletti qui a aussi un peu souffert, mais beaucoup moins que le Lorrain, n'a de rival par sa qualité et ses dimensions que le grand Canaletti du Louvre.

La Vue de la Piazzetta reproduit dans le lointain les masures de la Guidecca et, sur le devant, la majestueuse coupole de la Salute. Canaletti a rarement été aussi fin, aussi sobre et aussi distingué.

Citons enfin, comme paysages, un délicieux *Effet de matin* de Heurch, un grand et beau Bruandet pris dans la forêt de Fontainebleau, une *Marine* malheureusement trop nettoyée, de Van de Velde et *une Vue de Tivoli* attribuée à l'Orizzonte.

En fait d'animaux, deux Sneyders ; l'un, *un chien et un chat se disputant une fressure* montre toute la science du maître dans la représentation des passions des animaux et de leurs mouvements si difficiles à observer; l'autre, des *Aras sur un abricotier* fait connaître le coloris étincelant, digne élève de Breughel et de Rubens. Une *nature morte* de Maltais est une pièce rare, peut-être unique en cette qualité ; Un panneau décoratif de Desportes daté de 1717, aussi beau qu'un Sneyders, et *des fleurs* de Monnayer et de Vérelst.

En tableaux de genre : un joli Guardi, faisant partie d'une série de douze compositions sur les cérémonies de l'élection des Doges, un *Intérieur d'église* de Delorme, pièce rare, un Poelemburg de grande dimension, deux Bourguignon, une bataille de Cerquozzi, deux Pannini, deux esquisses de Salvator Rosa, des *Joueurs de boule* de Teniers et deux gracieux personnages de Watteau dans un paysage attribué à Francisque Milet.

Les modernes sont en petit nombre, représentés surtout par des paysagistes, César de Cok, Guillemet, E. Breton, Desaux, Coquand. En toiles de petites dimensions, il y a une *Nymphe* de Diaz, un *Saint-Georges* de Delacroix et un *Portrait* de Ricard, coloré comme un Titien.

Les Dauphinois sont au grand complet. Il y a cinq Hébert: *le Tasse en prison* de 1839, une *Etude d'homme* de 1841, une copie de *la Sybille de Delphes de Michel-Ange*, de 1844, *son Portrait* de 1870 et le *Premier dessin* de 1883; de nombreux paysages d'Achard et d'importantes œuvres de Faure, Rahoult, Ravanat, Blanc-Fontaine et Debelle.

La collection de dessins, assez nombreuse, a deux belles pièces, de Jordaens et de Pérugin, et un Albert Durer, signé et daté, sur l'authenticité duquel il serait bon cependant d'avoir l'avis d'un connaisseur.

En sculpture on remarquera dans l'art ancien une *stèle grecque* en marbre de

Paros portant le nom du sculpteur; de la Renaissance italienne, *le Buste de Benoît XIV*, chef-d'œuvre d'observation et de souplesse d'outil; en modernes, une *Haydée*, ravissante statue de Husson, le *Berger Ciparisse* de Marcellin et des œuvres remarquables de nos sculpteurs grenoblois, Sappey, Virieu, Chapuy, Irvoy, Ding et Basset.

Pour terminer cette revue rapide, nous tenons à dire quelle part revient à la ville de Grenoble dans cette réunion de chefs-d'œuvre. On ne se doute pas de ce que des ressources modestes mais intelligeamment employées permettent de faire. La moitié des chefs-d'œuvre du Musée de Grenoble ont été acquis par la Ville. Nous citons les principaux:

Lesueur......*Histoire de Tobie.*
Hobemma......*Paysage.*
Licinio........*Vierge et saints.*
Palmegiani...*Sainte famille.*
Terburg......*Portrait de femme.*
Ribeira.......*Saint-Barthélemy.*
Véronèse.....*Jésus apparaissant à la Madeleine.*

CANCELETTI.... *Vue de la Salette.*
LARGILLIÈRE... *Portrait de Me Oupil.*
VAN ECKHOUT. *Portrait de Jean de Witt.*
    id.   *Homme à la collerette.*
CHAMPAGNE.... *Portrait de Saint-Cyran.*
DELACROIX.... *Saint-Georges.*
ECOLE ESPAG^{le}. *Portrait d'homme.*
CALABRAIS..... *Crucifiement de Saint-Pierre.*
BOURGUIGNON .. *Deux batailles.*
HEUSCH....... *Paysage.*
ORIZZONTE .... *Ruines de Tivoli.*
FERDIN. BOL... *Portrait.*
PANNINI....... *Ruines, deux pendants.*
DELORME...... *Intérieur d'église.*
VERELST...... *Fleurs.*
PŒLEMBURG... *Diane et ses nymphes.*
TINTORET ..... *Sainte famille.*
    id.   *Portrait d'un Doge.*
FARINATO...... *Descente de Croix.*
BRONZINO...... *Portrait d'homme.*
HONTHORST.... *Les Pèlerins d'Emmaüs.*
VAN THULDEN .*Les trois Parques.*
BONIFAZIO ..... *Sainte famille.*
SASSOFERRAT .. *Vierge.*
DEMARNE...... *Scène d'auberge.*
BOUTON....... *Intérieur d'église.*
TERRIERS ..... *Joueurs de boule.*

Pelouse ......*Le soir.*
Achard ....*Le Champ de blé.*
Hébert ....*Le premier dessin.*

Aux œuvres d'art réunies dans notre Musée, il conviendrait de rattacher les œuvres éparses sur notre sol, les monuments de nos cités. Qu'il nous soit permis de les cataloguer en quelques mots.

Sur ce point, ce qui dès l'abord attire le regard, c'est le passé romain de notre pays. Pendant la période romaine, Vienne fut la grande cité de notre région, une des premières de la Gaule, aujourd'hui elle est un véritable Musée et un volume entier devrait lui être consacré. Parmi toutes ses richesses nous en relèverons deux seulement, sa merveille architecturale, le Temple de Livie et sa merveille sculpturale, cette Vénus accroupie acquise par le Louvre, une des plus belles statues grecques connues, dans une note dont les analogues sont rares. A voir la mollesse de cette chair, sa vérité poussée jusqu'à l'illusion, sa féminilité, on dirait l'œuvre d'un artiste grec qui aurait connu le XVIIIe siècle français, d'un Phidias pensant à Clodion.

L'architecture religieuse du moyen-âge nous a laissé d'intéressants monuments de la période romane : la crypte de Saint-Laurent, le clocher de Notre-Dame et la porte de Saint-André, à Grenoble ; Saint-Pierre et Saint-André-le-bas, à Vienne ; l'église de Marnans, monument le plus complet de cette époque et la petite église de Mésage, type de l'architecture des Templiers ; de la période gothique, deux œuvres superbes : Saint-Maurice de Vienne et Saint-Antoine, le joli portail de Saint-Geoire, le ciborium de Notre-Dame et le clocher de Saint-André qui donne à notre ville une physionomie si pittoresque.

En architecture civile nous avons de nombreuses constructions féodales, malheureusement fort abimées, mais que la vieillesse, en attestant la puissance de leur construction rend parfois plus fières et plus imposantes qu'elles n'étaient dans leur première splendeur. Citons l'enceinte et les portes de Crémieu, la masse du château-fort de Chandieu, le donjon de Mépieu, les châteaux restaurés de Saint-Jullien et de Murinais, ceux de Séchilienne, d'Uriage, de Virieu et celui de

Ferrières, le plus beau de tous. A la Renaissance appartiennent la belle tour hexagonale de Demptzieu, de la fin du xve siècle, le château de Saint-Priest avec une admirable façade décorée de statues, le Palais-de-Justice de Grenoble, dont les boiseries de l'intérieur et les sculptures si délicates de la façade sont de précieux chefs-d'œuvre.

Dans ces constructions dauphinoises, la place d'honneur revient à Lesdiguières qui aimait à bâtir comme un Montmorency. La pièce capitale du Dauphiné est le château de Vizille, habitation de plaisance qui est un château fort. A voir cette rude forteresse, on ne se douterait pas que les architectes français ont déjà construit le Louvre et les châteaux de la Loire. En Dauphiné, l'heure n'était pas encore venue, au commencement du xviie siècle, de mettre aux demeures de jolis vêtements de dentelles : il leur fallait encore pour se défendre d'épaisses cuirasses de pierre sans défaut. A Lesdiguières on doit à Grenoble l'Hôtel-de-Ville et son jardin à terrasses. Lesdiguières aimait les arts : il possédait une galerie de tableaux et s'était attaché un habile sculpteur, Richier, sans doute de la famille des grands sculpteurs de Lorraine. De Richier est l'admirable bas-relief en bronze de la porte du château de Vizille, représentant Lesdiguières à cheval, un des chefs-d'œuvre de la Renaissance française, dont un moulage devrait figurer au Trocadéro. De Richier aussi, le superbe Lesdiguières en Hercule, du Jardin de Ville, une des plus belles statues qui soient exposées dans les rues d'une ville. Heureux les sculpteurs qui n'ont pas à compter avec la pauvreté du costume moderne, mais, hélas! la peau de lion est un vêtement qui ne convient pas à toutes les tailles et, même dans le monde de la sculpture il a dû passer de mode.

Si après les chefs-d'œuvre de l'architecture et de la statuaire nous avions à parler du mobilier et des arts décoratifs, nous citerions les collections des châteaux de Vizille, d'Uriage et de Sassenage, le cabinet Chaper, rare exemple d'une collection uniquement consacrée à l'histoire d'une province, collection peut-être sans analogue par l'étendue et l'importance des documents qu'elle renferme, nous citerions enfin les collections de la Bibliothèque de Grenoble avec son riche médailler, ses beaux meubles, don de M. Genin, son casque de chef mérovingien, ses pièces gallo-romaines et préhistoriques.

Nous venons d'énumérer de nombreuses richesses artistiques et nous n'avons cependant pas encore parlé de la plus belle.

Les plus beaux monuments du Dauphiné ne sont pas l'œuvre des hommes, ce sont nos montagnes, œuvre de Dieu. La beauté de notre pays est une des causes premières de notre amour pour les belles choses et du grand nombre d'artistes que notre province a vu naître. Nous ne pouvons songer à décrire la variété de cette région qui, des plaines du Rhône s'élève, d'échelons en échelons, jusqu'aux sommets les plus grandioses des Alpes, offrant dans sa partie inférieure les horizons immenses et les magnifiques couchers de soleil; plus haut, les chaînes subalpines, avec le pittoresque mélange de la blancheur des roches et de la noire verdure des forêts, et, dans les Alpes, le roc nu, la montagne dans toute sa sauvage désolation; ce que nous voudrions dire, c'est l'influence de cette beauté sur l'art français. Dès le commencement du siècle, le Dauphiné jouit d'une grande réputation et pendant 20 ans les salons de Paris sont remplis de paysages représentant les sites de Sassenage, d'Allevard ou de l'Oisans. Plus tard, vers 1840, Crémieu devient un nouveau centre de l'école moderne de paysage. Achard, Harpignies, Corot, Daubigny y séjournent longuement. Le chef-d'œuvre de Daubigny au Luxembourg est l'écluse d'Opteroz. Et, dans les lettres, comment citer tous les ouvrages où le Dauphiné tient une place? Qui n'a parlé de la Grande-Chartreuse? Ce nom est dans toutes les poésies. Il a fourni à Lamartine les paysages de Jocelyn. En remontant dans le passé, que d'hôtes illustres sont venus demander le repos à notre bienfaisante nature? Rabelais a habité Grenoble et y a écrit son chant de Pantagruel. Jean-Jacques Rousseau a donné son nom à une promenade solitaire des environs de Grenoble. —

Vers 1825, nous venons de le dire, Sassenage eut le privilège d'attirer en Dauphiné la plupart des grands artistes parisiens. Il y vint Bidault, Bertin, Wattelet, Coignet, Lapito, Giroux,

Dagnan, Guindrand, et bien d'autres. Cette affluence d'artistes fut une des causes déterminantes de l'apparition de nos artistes locaux. Vers 1830, nous voyons à Grenoble ACHARD, RAVANAT, DEBELLE et CASSIEN, peintres paysagistes.

Le plus grand de ce groupe d'artistes fut ACHARD, qui a tenu une place importante dans l'art du paysage moderne, dont le nom ne s'est pas encore imposé à la masse du public, mais que les artistes associent à ceux de ses contemporains et amis les Nousseau, les Daubigny, les Corot, les Dupré, les Troyon et les Diaz. Avec eux Achard a combattu le grand combat, il a fait triompher à l'encontre de toutes les petites sectes, à l'encontre des pseudo-classiques de 1810 et des romantiques de 1830 la vraie théorie du paysage, dégagée de toute préoccupation littéraire, l'amour simple et naïf de la nature. Dans ce concert, Achard a sa personnalité, sa note particulière, c'est l'alliance de la poésie la plus délicate, du sentiment le plus distingué avec le plus scrupuleux souci de la réalité. Il est ému comme Corot et vrai comme Daubigny. De plus, il a en propre une qualité très rare dans l'art français du xixe siècle, l'adresse et l'esprit de l'exécution. Achard est adroit comme les vieux maîtres qu'il admirait tant, comme un Claude Lorrain ou un Ruysdaël.

Achard passa une grande partie de sa vie à Paris. Ses autres condisciples restèrent à Grenoble. Ravanat se fit le peintre de nos sites grandioses et tourmentés, abordant, selon les traditions régnantes, les vastes ensembles, les longues fuites de nos vallées et nos monts s'étageant les uns sur les autres. Il composait heureusement et sur les derniers temps de sa vie sut trouver des notes fraîches pour rendre l'intérieur humide de nos vallons.

Debelle et Cassien furent aussi les chantres de notre cher Dauphiné; le crayon à la main, ils le parcoururent en amis fidèles, fixant ses traits dans ces charmants livres qui sont les Albums du Dauphiné et du Vivarais.

Après les paysagistes, d'autres artistes survinrent, animés d'ambitions plus hautes et l'un d'eux, dès l'abord, conquit dans l'art français le premier rang. M. Hébert est la gloire artistique du Dauphiné. C'est un poète; maître de tous les secrets de son art, également expert dans la science du dessin, du modelé et du coloris, M. Hébert, à l'encontre de la plupart des peintres modernes, n'a pas cru que la fin de l'art fut dans la perfection des procédés, il a pensé que l'art du dessin comme l'art du langage n'avait pas sa fin en lui-même et avait pour but suprême d'exprimer l'âme humaine. Peintre des sentiments les plus élevés et les plus délicats, il a incarné en lui comme Gounod en musique et Sully-Prud'homme en poésie, un des côtés les plus séduisants, les plus fins et les plus nobles de la pensée française moderne. Nous ne pouvons songer ici à passer en revue, même brièvement, la longue et glorieuse carrière du maître ; tout ce que nous en pourrions dire est dans toutes les mémoires. Nous rappellerons simplement qu'un de ses plus précieux chefs-d'œuvre est parmi nous, dans le sanctuaire de la Tronche où le maître a voulu qu'il reposât, non comme une œuvre d'art, mais comme une image sainte, faisant naître en nous un sentiment plus doux encore que le sentiment esthétique, le sentiment religieux. Grâce à cette générosité d'un artiste, la ville de La

Tronche, hier inconnue, est aujourd'hui célèbre dans le monde artistique et il n'est personne qui, mettant le pied en Dauphiné, n'aille visiter sa modeste église et admirer cette *Vierge de la Délivrance*, qui dans l'œuvre d'Hébert tient la place d'honneur aux côtés de la page magistrale du Panthéon.

Après Hébert et Achard, l'artiste Dauphinois le plus illustre est Fantin la Tour, le peintre des sentiments discrets, de la vie calme et heureuse de la famille; peintre qui a su admirablement trouver les moyens d'expression convenant à sa pensée et s'est fait dans l'école moderne une place à part par l'harmonieuse sobriété de son coloris, la simplicité de sa manière et le charme attendri de sa pensée.

Louis Deschamps, chaque année, remporte au salon de brillants succès auprès de la foule et auprès des artistes. Peintre habile, avec des hardiesses toutes modernes, il sait comment on prend les cœurs, et dans toutes ses œuvres il met une larme ou un sourire.

Eugène Faure est mort jeune, en pleine verdeur de talent. Il a abordé tous les genres, la nature morte, les animaux, le paysage, le portrait, le genre, la grande peinture. Ses préférences le portaient du coté de la beauté plastique. Comme tous ses grands devanciers du temps passé il a tenté d'aborder ce grand problème que l'on ne résoudra jamais, reproduire avec la grossièreté des couleurs l'éblouissante clarté de la carnation humaine. Faure était coloriste, se préoccupant avant tout de la fraîcheur du coloris et de son éclat. Heureusement doué il était destiné à atteindre le premier rang si une trop grande facilité et une production trop rapide n'avaient entravé son essor.

Les visées de RAHOULT étaient moins hautes; il a pu les réaliser plus complètement. Artiste profondément original, observateur, malicieux, spirituel, avec cela point morose, heureux d'un sourire de femme ou d'un rayon de soleil, ne poursuivant pas un idéal trop inaccessible, regardant la vie, la trouvant bonne et sachant le dire, Rahoult fut un aimable et sympathique peintre de genre.

M. BLANC-FONTAINE condisciple et ami des artistes précédents est un poète qui dans toutes ses œuvres a mis une parcelle de son cœur, une pensée délicate et profondément sentie.

M. Debelle que nous avons cité comme paysagiste a sa place parmi les peintres d'histoire par ses grandes pages célébrant les évènements importants de notre histoire locale.

M. Cottavoz, portraitiste et peintre de genre, s'est plus particulièrement consacré à l'enseignement et dirige ainsi que Mlle Calvat et M. Jouve les écoles de notre ville.

M. Bouvier, après des débuts retentissants qui lui ont mérité et les récompenses officielles et les éloges unanimes de toute la presse a tourné ses efforts du côté de la céramique. Les succès obtenus par son *Printemps* et son *Eve* font regretter une détermination qui éloigne du grand art un artiste destiné à y occuper le premier rang.

Bellet du Poisat fut un audacieux; admirateur passionné de Delacroix il continua les traditions de ce grand maître, cherchant les sujets aux grandes envergures et les traitant avec la fantaisie et l'imagination d'un poète lyrique. Il a malheureusement un peu gaspillé son talent, le dépensant en menue monnaie, sans jamais le concentrer sur une œuvre maîtresse.

Hugues MERLE avait su mettre Shakespeare et Gœthe à la portée des foules et ses œuvres furent rapidement popularisées par la photographie.

M. PONCET est un disciple fidèle de Flandrin, conservant le culte de l'art religieux.

D'autres encore combattent vaillamment à Paris, M. NEMOZ traitant les grands sujets d'histoire ; M. Hugues PICARD peintre de genre et portraitiste ; M. RONJAT, dessinateur attaché aux principales revues illustrées ; LES GRELLET, qui ont dessiné de nombreuses compositions pour vitraux ; à Lyon, ST-CYR GIRIER, occupe le premier rang parmi les paysagistes.

Une place spéciale doit être réservée à un solitaire, M. RAVIER DE MORESTEL, l'aquarelliste si profondément personnel, aux tentatives si hardies, brusquant son art et lui imposant comme à un coursier dont on est sûr, ce que nul autre n'oserait entreprendre.

Citons enfin les nouveaux venus, ceux que des sympathies mille fois renouvelées ont su retenir parmi nous, jeunes gens d'avenir qui pour la plupart ont déjà un brillant passé : MM. D'APVRIL, GAY, BERnard et Salvaniac, peintres de genre et portraitistes, MM. Guétal, Vagnat et Bertier, paysagistes, et de plus jeunes, encore à l'école, M. Felix, élève chéri d'Hébert, M. Bastet, qui entre aujourd'hui en loge le troisième et qui demain sera prix de Rome.

Nos petites villes de province qui peuvent retenir les peintres ont malheureusement plus de peine à conserver les sculpteurs ; et cependant de ce côté Grenoble a sa part : Sappey, Virieu, qui ne sont plus, et ceux qui restent, supérieurs encore à leurs aînés, MM. Irvoy, Ding, Basset, Rambaud et Bernard. Un Dauphinois, M. Ferrary, a remporté il y a deux ans le prix de Rome de sculpture.

Dans l'art de la gravure, un jeune artiste a illustré pour la seconde fois le nom de Champollion, si cher à notre pays.

Ne doit-il pas aussi trouver une place parmi nos artistes, cet illustre ingénieur M. Alphand, qui faisant revivre l'art des Le Nôtre a créé les principales promenades de Paris?

En musique, nous avons un maître illustre entre tous, Berlioz. « Berlioz, dit « son biographe M. Hippeau, est salué

« comme le chef, le maître respecté de la
« nouvelle école française. Si l'on étudie
« son œuvre, on y trouve l'audace de la
« conception, l'élévation et la vigueur du
« style, la science consommée de l'expres-
« sion, la passion, le mouvement, la vie ;
« On y reconnaît la marque d'une nature
« supérieure. En outre, si l'on compare
« cette œuvre avec les productions des
« époques précédentes, on aperçoit l'inno-
« vation, l'invention, la création ; on dis-
« tingue le chef d'école, on découvre
« l'inspiration originale, ce qu'on appelle
« l'illumination d'en haut, qui lui fait
« entrevoir une route nouvelle ouverte à
« l'art musical et dans laquelle il s'élance
« le premier, entraînant à sa suite toute
« une génération d'artistes. »

A côté des génies créateurs, nous avons aussi leurs interprètes, les chanteurs qui ne sont grands qu'à la condition de se hausser au niveau des maîtres qu'ils interprètent ; nous avons donné à l'Opéra les Veissiller et les Salomon, de même que pour faire revivre les héroïnes de Racine et de Corneille nous avons donné une Agar au Théâtre-Français.

Nous avons réservé pour terminer cette

étude sur le Beau en Dauphiné, sa plus haute manifestation, les Belles-Lettres. Sur ce point, Grenoble tient avec honneur sa place dans la pensée française.

Le nom le plus retentissant des littérateurs dauphinois, celui qui préoccupe le plus vivement la critique moderne est celui de Stendhal, nom qui brille aujourd'hui dans toute sa gloire et qui s'impose à l'attention comme si on le prononçait pour la première fois. C'est qu'en effet, on est en train de découvrir Stendhal. De son vivant il n'eut qu'une faible renommée littéraire et ne joua aucun rôle dans la direction des esprits. Balzac le premier le signala au public et il le fit avec l'enthousiasme d'un Christophe Colomb découvrant un nouveau monde. Longtemps après Balzac qui avait signalé la *Chartreuse de Parme*, survint M. Taine qui inventa *Rouge et noir* et parla de Stendhal avec toute la déférence que l'on doit aux esprits supérieurs. A la suite de Balzac et de Taine, la plupart des hommes éminents de notre siècle se sont accordés pour ranger Stendhal parmi les maîtres.

Un fait particulier de cette admiration pour Stendhal est que l'on n'étudie qu'un des côtés de son esprit, son talent de romancier. On a un peu l'air d'oublier que pour deux volumes de romans, il y a dans son œuvre vingt volumes de critique artistique. Le Stendhal qui a survécu est l'auteur de la *Chartreuse* et de *Rouge et noir*. Il est à peine question dans les études qu'on lui consacre, de ses *Promenades dans Rome*, de ses *Voyages de touriste en France*, de son *Histoire de la peinture en Italie*, de ses notes sur *Rome et Florence*, etc. Il y aurait là toute une étude nouvelle à entreprendre. Dans l'*Histoire de la peinture en Italie* notamment, en tête du deuxième volume on relèverait un véritable traité d'esthétique en deux cents pages, qu'il serait curieux d'analyser. Stendhal était artiste dans le véritable sens du mot, profondément ému par la beauté de toutes les choses créées. C'est là et avant même sa faculté d'observation, sa qualité maîtresse et cependant si cette qualité a été prédominante et a dirigé sa vie, ce n'est pas par elle que Stendhal a acquis la renommée. Il aima passionnément les arts, mais dans cette étude il n'apporta rien de bien nouveau. Il développa les idées ayant cours en Italie, louant particulièrement les écoles du xviie siècle, tenant en grande estime les artistes de Bologne, égalant Canova à Michel-Ange, méconnaissant les primitifs; ne voyant rien de beau hors de l'Italie, appelant la France le plus vilain pays du monde et professant le plus souverain mépris pour notre ancien art national. Sur cette question des arts, le vrai mérite de Stendhal est d'avoir été un excitateur; encore aujourd'hui il peut être utile par son enthousiasme communicatif.

Comme romancier au contraire, Stendhal est profondément original et la critique moderne ne fait pas fausse route en louant chez lui les études de mœurs plutôt que les études d'art. L'analyse des romans de Stendhal a été faite d'une façon supérieure par Balzac, Sainte-Beuve, Taine, Paul Bourget et Zola. La seule chose un peu nouvelle à dire sur ce point, serait de signaler le malentendu qui fait de Stendhal un ancêtre des naturalistes modernes; il est plutôt leur opposé en tout, par son style concis et sans ornement, par l'absence des descriptions, la recherche de l'invisible, le goût de la psychologie la plus raffinée et la haine du médiocre. Si l'amour subit de notre génération pour Stendhal peut avoir quelque effet sur la littérature, ce sera non de fortifier le naturalisme, mais de l'affaiblir, en accentuant le nouveau mouvement littéraire qui se dessine et tend à se substituer à la forme régnante ; je veux parler du mouvement psychologique dont un des chefs M. Paul Bourget est précisément un des plus fervents admirateurs de Stendhal.

Si dans les lettres le nom de Stendhal est le nom le plus retentissant du Dauphiné, il est permis de penser que celui de Condillac est le plus grand. M. Cousin lui même qui fut un de ses plus violents adversaires considère Condillac comme le premier des métaphysiciens français du xviiie siècle. La vogue de Condillac fut immense : pendant un demi-siècle, il régna en France sans rencontrer de contradicteurs.

Brusquement, un revirement s'opère ; les ph losophes spiritualistes du xixe siècle ayant à leur tête Royer Collard et V. Cousin dénoncent Condillac et toute l'école expérimentale, accusant leurs doctrines de contenir en germe tous les éléments du matérialisme. On triompha, et, cependant, on n'apportait pas dans ce procès des preuves suffisantes. A vrai dire, si l'on pouvait reprocher à Condillac de s'être exposé à une telle accusation par l'exagération de son système, en attribuant aux sensations une influence exclusive, en n'étudiant pas suffisamment l'instrument chargé de recueillir ces sensations, en ne voyant pas que l'esprit de l'homme ne pouvait être comparé à une table de marbre, qu'il n'était pas purement passif, et manifestait sa nature propre, précisément par les manières différentes dont il pouvait être influencé par les objets extérieurs ; il n'en restait pas moins, toute exagération étant mise de côté, que le système de Condillac embrassait une partie de la vérité et avait le mérite de ramener, sur le terrain de l'observation la philosophie française trop sujette à se désintéresser des découvertes de la science expérimentale, pour se cantonner dans le domaine de la spéculation pure. Au fond du système de Condillac, on retrouve une idée simple, chère à la science moderne, l'idée du développement et du progrès de la vie. Condillac a montré comment notre esprit, au lieu d'être immuable, fait d'un bloc, subissait d'incessantes modifications ; comment d'enfants nous devenions hommes, par la suite naturelle de l'exercice de notre organisme intellectuel, en présence des choses créées. Ce que nous pensons à trente ans, nous ne l'avons pas toujours connu. Ce que l'humanité sait aujourd'hui, hier, elle ne le soupçonnait pas. Il n'y a rien là, ce nous semble, dont il faille s'inquiéter, et nous voyons, au contraire, dans cette loi du progrès le plus précieux stimulant pour conduire l'humanité vers le travail, source du développement intellectuel et moral.

Mably, sans avoir la même valeur que Condillac, son frère, exerça sur son siècle par ses écrits historiques et politiques une influence non moins grande, il fut un des écrivains qui contribuèrent le plus à faire naître la grande transformation sociale de la fin du siècle. « Avocat de la « société antique contre le monde mo- « derne, dit M. Augustin Thierry, il « prêcha la liberté, l'égalité sociale et « l'abnégation patriotique, il prêcha le « bonheur de tous comme fondé sur

« l'absence du luxe, l'austérité des mœurs
« et le gouvernement du peuple par lui-
« même, il fit entrer dans le langage usuel
« les mots de patrie, de citoyen, de volonté
« générale, de souveraineté du peuple,
« toutes les formules républicaines qui
« éclatèrent alors avec tant de chaleur et
« d'empire dans les écrits de Jean-Jacques
« Rousseau. Mably, logicien froid mais
« intrépide, non content d'attirer les es-
« prits hors de l'histoire nationale, résolut
« de la transformer elle-même, de lui
« imposer son langage et de la faire servir
« de preuve à ses maximes de gouver-
« nement. »

Augustin Thierry est sévère pour Mably. Il est vrai que Mably, comme tous les historiens inféodés à un système politique, est dans une fausse situation pour juger équitablement le passé; mais ce défaut signalé, il faut tenir compte à Mably de ses efforts pour éclaircir les obscures origines de la nation française. Il s'est trompé souvent, mais il avait entrevu la bonne méthode et préparé la voie aux historiens à venir.

Après les philosophes et les historiens politiques, il faut citer les politiques

proprement dits, les orateurs parlementaires, Mounier est une des plus nobles figures du Dauphiné. Un des organisateurs des Assemblées de Vizille et de Romans, président de l'Assemblée constituante, il attacha son nom à la proposition constitutionnelle des deux Chambres qu'il soutint avec une grande énergie, mais sans succès. Mounier, voyant la politique française s'engager dans une voie qu'il désapprouvait, se retira de la vie publique et n'y reparut plus. « C'était un sage
« politique, dit M. Villemain, digne d'être
« admiré dans un parlement d'Angleterre
« que ce Mounier, si hardi dans les
« Assemblées provinciales du Dauphiné,
« si modéré dans l'Assemblée constituante
« et qui montra toujours au milieu des
« violences de la tribune et des émeutes
« populaires, une raison lumineuse et pré-
« voyante. » Plus tard, lorsque Louis XVIII organisa la Monarchie française sur le système des deux Chambres, il n'oublia pas que le nom de Mounier était lié à cette réforme constitutionnelle, et il choisit son fils pour en faire un pair de France.

À l'Assemblée constituante, Mounier avait rencontré comme adversaire, un de ses compatriotes, BARNAVE, l'orateur a l'éloquence entraînante, possédant le don des paroles enflammées qui soulèvent les foules. Barnave prit la part la plus active à toutes les discussions de l'Assemblée constituante. Jusqu'en 1791, il fut un des chefs les plus écoutés et les plus avancés du parti révolutionnaire. Effrayé alors d'un mouvement qu'il avait créé et dont il ne soupçonnait pas la violence, il tenta de se mettre en travers et il fut broyé. Le nom de Mounier reste attaché à la première étape de la Révolution, celui de Barnave, à la seconde. Rentré à Grenoble, Mounier avait été obligé de chercher la sécurité dans l'exil; Barnave moins prudent, paya de sa vie sa fidélité à sa foi politique.

Un autre nom doit être associé aux précédents. Lorsqu'il s'était agi de renverser l'ancien état politique, le Dauphiné avait donné Mounier et Barnave à la France; lorsque plus tard il fallut reconstruire, il lui donna CASIMIR PÉRIER. Les hommes d'Etat de l'ancienne France n'étaient pas obligés, comme ceux d'aujourd'hui, de posséder les qualités de l'orateur, ils n'en étaient pas moins pour cela des hommes d'esprit d'un grande culture littéraire. ABEL SERVIEN fut de l'Académie française, et nous avons de remarquables notes diplomatiques d'HuGUES DE LIONNE qui est après Richelieu et Mazarin notre plus grand ministre des affaires étrangères.

Remarquable par ses hommes politiques, Grenoble, ville de Parlement, l'est autant par ses magistrats, amis des lettres en même temps que jurisconsultes.

DE GUY PAPE, un de ces habiles pionniers qui au XVᵉ siècle commencèrent à codifier notre droit coutumier à BERRIAT-SAINT-PRIX, auteur d'une remarquable vie de Cujas, la liste des jurisconsultes serait longue à citer; aussi longue celle des magistrats, curieux des choses de l'esprit, poètes, littérateurs, historiens : EXPILLY, grave magistrat qui eut le tourment du bel esprit, des petits vers galants, des concetti à l'italienne, devançant d'un demi siècle les précieuses de Molière; SERVAN, le plus grand des orateurs du barreau au XVIIIᵉ siècle.

Le président VALBONNAIS, historien de notre province, nous conduit à ce groupe remarquable d'érudits, aux GUY ALLARD et aux Chorier, qui fouillèrent les archives du Dauphiné et de la France et à Champollion qui mit au jour les plus anciennes archives de l'humanité. Pendant que d'autres consacrent une vie entière à découvrir un petit fait d'histoire, à éclaircir un point de détail, bornant leurs recherches à l'étude d'un siècle ou de quelques années, d'un seul coup, un Champollion donne cinq mille ans à l'histoire.

Historiens aussi ces intrépides voyageurs qui ouvrent à la civilisation de nouveaux mondes ; Nicolaï, qui, au xvie siècle, court le monde et nous laisse un fidèle récit de ses *Pérégrinations orientales* ; et, dans notre siècle, Doudard de la Grée, à qui nous devons la Cochinchine, et M. Giraud, le récent explorateur des lacs de l'Afrique centrale.

Notre clergé aussi a ses illustrations, A l'abbé de Condillac et à l'abbé de Mably dont nous avons parlé, il faut ajouter, au moyen âge, Saint Hugues, qui a conduit Saint Bruno à la Grande-Chartreuse, au xviiie siècle ; Mgr Caulet, dont la bibliothèque compose pour une grande partie la bibliothèque de notre ville et le père Didon, une des illustrations de la chaire moderne.

Nous n'aurions garde, dans la revue que nous faisons en ce moment, d'oublier les liens étroits qui unissent les lettres et les sciences, et nous sommes fiers de pouvoir citer à côté de nos littérateurs d'éminents savants dans toutes les branches de la science. VAUCANSON, mécanicien, qu'on serait tenté de classer parmi les artistes, VILLARS, FOURIER, GUEYMARD, VICAT, et de nos jours un des maîtres de la Géologie.

Grenoble tient à occuper une place élevée dans la pensée française, et, s'il est vrai de dire que le dernier mot de la beauté doit être cherché dans l'intelligence humaine, on nous permettra, après avoir cité nos hommes de lettres et nos savants de rappeler que, l'année dernière, les trois premières places à l'école polytechnique, à l'école de St-Cyr et au concours pour l'Agrégation des sciences physiques, étaient occupés par des Grenoblois. En ce moment, l'accueil enthousiaste que notre ville fait aux représentants de la science est la preuve évidente que les hommes d'aujourd'hui pensent toujours comme leurs aînés, et donnent dans leurs préoccupations, le premier rang à ces deux sœurs jumelles, l'art et la science, à tout ce qui élève et grandit l'âme humaine.

Pour terminer cette étude, nous avons réservé les poëtes, voulant donner la première place à ceux qui ont pour mission de choisir dans le champ de la pensée les plus belles fleurs et de les fixer dans un cadre digne d'elles.

Au xviiie siècle, la poésie n'est malheusement qu'un art de désœuvrés, un divertissement de cour. De nos jours, les collectionneurs d'objets d'art ont remis à la mode les peintures, les dessins, les gravures, et les mille riens de l'époque; nos littérateurs n'ont pas commis la même faute, et le nom même de Voltaire ne suffit pas à faire revivre ces insignifiants marivaudages, bombons fades roulés en petits vers. Nous n'attacherons donc pas trop d'importance à l'auteur de l'*Art d'aimer*, à ce Gentil Bernard, si coquettement baptisé par Voltaire, dont le nom est si gentil qu'il semble résumer son œuvre et dispenser les paresseux de la lire.

Notre siècle eut en poésie des visées plus hautes; il fut le siècle aventureux par excellence, le siècle des réformes et des combats. Dans la mêlée poétique Vienne jeta un de ses anciens romains, l'auteur de *Lucrèce* et du *Lion amoureux*, PONSARD, qui se rattache aux traditions de l'art dramatique français tout en leur donnant une forme nouvelle, qui lutta contre l'école romantique et son illustre chef; et malgré la différence des talents, sortit de cette lutte, debout, sans être amoindri.

Si le Dauphiné a, dans Ponsard, un illustre défenseur des formes anciennes, il a aussi le plus grand novateur de l'art dramatique moderne, le plus audacieux et le plus puissant, M. Emile AUGIER.

Après l'art poétique et l'art de la tragédie, il n'est plus de nom à citer....... cependant, si l'on estimait qu'il est quelque chose de plus grand encore que de mettre la vertu en beau vers, c'est de la mettre dans sa vie ; qu'il est plus beau de vivre des tragédies que de les écrire, dans ce cas le plus grand nom que l'artiste devrait évoquer parmi nous serait celui de notre Chevalier sans peur et sans reproche.

Notre tâche est terminée et nous voudrions, jetant une vue d'ensemble sur la route que nous venons de parcourir, essayer de déterminer les traits particuliers du caractère dauphinois? Nous pensons que cela est possible, à la condition de ne pas trop préciser, de s'en tenir à des données générales, sans vouloir supprimer les exceptions et chercher une unité absolue là où il y a toujours, comme dans toutes les manifestations de la vie, des variétés diverses. Et bien, il nous semble qu'on peut, en réunissant des noms tels que ceux de Bayard, Lesdiguières, Berlioz, Stendhal, E. Augier, Condillac, Mably, Barnave, Mounier, Casimir Périer, Servien, de Lionne, Champollion, dégager un caractère qui serait celui de la ténacité avec toutes les qualités qui en sont la conséquence : la puissance, l'observation, la profondeur de l'esprit.

Les grands hommes du Dauphiné sont des hommes d'action, des tenaces acharnés dans leur labeur, ne reculant pas devant les vastes entreprises ; ils marquent leur passage sur le terrain de l'histoire, comme un Bayard sur un champ de bataille.

Cependant ce n'est là qu'un côté du caractère dauphinois, le plus important sans doute, mais il en est un autre à signaler. Après les hommes d'épée et les hommes d'état du temps passé, il y a les artistes d'aujourd'hui ; à côté de la force, il y a la grâce et si dans la balance des destinées, le Dauphiné peut jeter l'épée d'un Bayard, elle peut avec un aussi légitime orgueil y mettre le pinceau d'un Hébert.

NOTICE CLIMATOLOGIQUE

SUR LA VILLE DE GRENOBLE

NOTICE
CLIMATOLOGIQUE
SUR LA
VILLE DE GRENOBLE

———

On sait que le climat d'un lieu dépend essentiellement de sa température moyenne, laquelle d'ailleurs n'est pas en relation simple avec les coordonnées géographiques. Le voisinage de la mer et la présence des montagnes ont sur les indications du thermomètre une influence notable qui se traduit par une grande variation dans l'écart entre les températures estivales et hibernales et même dans l'écart diurne de la température.

A ce point de vue, les observations faites à Grenoble peuvent présenter quelque intérêt par suite de la situation topographique de cette ville. D'ailleurs la comparaison des nombres obtenus dans les différentes stations du département, dont les altitudes sont fort différentes, pourrait renseigner sur la manière dont la température varie quand on s'élève dans l'atmosphère. Nous citerons à ce propos les observations faites dans notre région, par M. Violle, le savant professeur que la capitale nous a enlevé, et qui est resté attaché pendant quelques années à notre Faculté des sciences. Le 3 septembre 1874, M. Violle, à l'occasion de ses recherches sur la température propre du soleil, constatait à midi, au sommet du Moucherotte (1906^m), une température de 20°, tandis qu'à Seyssinet (413^m), à la même heure, la température s'élevait à 26°,10, ce qui donnerait un abaissement de température de 1°, pour une élévation de 250 mètres.

En même temps que les températures moyennes, nous allons examiner pour la ville de Grenoble la quantité et la fréquence des pluies, les orages et les vents dominants.

TEMPÉRATURES MOYENNES

Grenoble est situé à 45°-11'-12" de latitude, sa longitude est 3°-23'-36" E., son élévation au-dessus du niveau de la mer varie entre 218^m,80 (pont du Drac) et 210^m,96 (rue Saint-François). Placée à l'entrée de la riche et fertile vallée du Grésivaudan, entre le Drac et l'Isère, elle est dominée par le casque de Néron, le Rachet, le Saint-Eynard et le Moucherotte, montagnes qui l'entourent et constituent comme une sorte de cuvette au fond de laquelle la ville se trouve placée. Par suite de cette situation topographique, Grenoble se trouve échauffée non seulement par la radiation solaire directe, mais encore par les rayons émis par les montagnes qui l'entourent. Aussi pendant l'été, lorsque le vent ne souffle pas et que ces courants d'air si redoutés de la population n'existent pas, la température y est-elle accablante. Mais ces jours de forte chaleur sont de courte durée; entourée de montagnes dont quelques-unes sont couvertes de neige pendant une grande partie de l'année, Grenoble participe du rude climat des régions élevées qui l'avoisinent. Aussi, même pendant les mois les plus chauds de l'année, il suffit de quelques jours de pluie pour causer un abaissement considérable dans la température locale. Au printemps, les pluies persistantes amènent la neige, rarement sur la ville, il est vrai, mais très souvent sur les coteaux qui nous entourent, et dans la dernière quinzaine du mois de mai, on a vu quelquefois, à la suite des pluies dont nous parlerons, la neige faire son apparition sur les flancs du fort Rabot qui touche à la cité. Nous indiquons dans le tableau ci-contre les températures moyennes et extrêmes de la ville pendant les années 1881 à 1884.

ANNÉES	TEMPÉRATURES MOYENNES			TEMPÉRATURES extrêmes	
	Année	Hiver	Été	Hiver	Été
1881	10° 20	4° 4	18°05	—11° 55	27° 25
1882	8 87	4		— 2 80	
1883	9 90	3 92	17°28	5 10	25 40
1884	12 75	6 13	19	—1 20	26 85

D'après les indications de ce tableau la température moyenne de Grenoble serait d'environ + 10°,40.

Le climat de la ville, comme tous les climats de montagne, est très variable et les écarts de température sont brusques, ainsi que le démontrent les exemples suivants, indiquant les températures moyennes d'un certain nombre de séries de jours successifs.

En 1881, du 19 au 20 janvier, la température moyenne de la ville est descendue de + 7°, à — 6°, pour remonter le 26 à + 11°.

Du 4 juin au 8 du même mois, elle est descendue de + 18° a + 6°, pour remonter le 15 à + 18°. Enfin au mois d'août, du 13 au 14, c'est-à-dire du jour au lendemain, la moyenne thermométrique tombe de 22° à 12°.

En 1882, du 21 mars au 22, le température moyenne de la ville tombe de 20° à 12°; elle descend également du 12 au 16 mai de 17° à 8° et du 3 au 7 octobre, de 21° à 8°.

En 1883, les écarts les plus considérables se produisent du 8 au 10 mai, et du 13 au 16 juillet : dans la première période, la température moyenne descend de 15° à 6°; dans la seconde, elle s'abaisse de 25° à 14°.

En 1884, les écarts les plus brusques de la température moyenne se produisent du 12 au 22 mars, abaissement de 16° à 5°; du 6 au 10 avril, période pendant laquelle la température moyenne descend de 18° à 6°, du 6 mai au 13, où elle s'élève de 6° à 19° pour retomber le lendemain à 11°. Enfin, du 17 au 21 juillet, l'abaissement est de 10°: de 27° à 17°.

Pendant chacune des années que nous venons d'indiquer, nous avons cité seu-

Climatologie

lement les exemples les plus frappants, mais les écarts brusques de température sont fréquents, ainsi que le montrent les graphiques joints au rapport que M. Hurion publie chaque mois sur la météorologie du département.

Nous terminerons cette étude par un tableau comparatif des températures moyennes obtenues dans quelques stations météorologiques du département :

ANNÉES	TEMPÉRATURES MOYENNES A			
	Grenoble	La Mure	St Marceln	Vienne
1881	10°2	9°63	9°82	12°19
1882	8.87	9.23	9.43	13.80
1883	9.90	8.43	9.54	10.95
1884	12.75	9.5	9.4	11.90

VENTS

Les vents qui règnent le plus ordinairement sur la ville de Grenoble sont les vents du sud ou de l'ouest. Quand les vents du sud se mettent à souffler avec une très grande violence, ils annoncent une pluie prochaine. Quelquefois cependant ils persistent longtemps, et ce n'est qu'au bout de plusieurs jours, d'une semaine, que la pluie arrive. Ce vent du sud est alors dénommé vent blanc, par les montagnards du pays, à cause des cirrus ou nuages blancs qui l'accompagnent dans l'atmosphère.

Parmi les vents qui soufflent sur la ville de Grenoble, il en est un que nous appellerons vent local et dont nous allons spécialement nous occuper. Ce vent, qui règne surtout pendant la belle saison, souffle dans la direction du Polygone à la Tronche; il apparaît vers les onze heures du matin pour disparaître vers le coucher du soleil. C'est lui qui soulève dans nos rues, sur nos places, ces flots de poussière qui enlèvent au charme de nos promenades et envahissent nos appartements. La couche d'air ainsi agitée n'est pas très épaisse, car un observateur placé, au moment de ces tourmentes journalières, sur les glacis de la Bastille, se trouve au milieu d'un calme complet, alors qu'il voit à ses pieds tourbillonner les nuages de poussière qui recouvrent la ville.

M. Hurion, professeur à la Faculté des Sciences, à qui la météorologie locale doit tant de soins dévoués et assidus, a donné de ce phénomène l'explication suivante :

Les montagnes qui bordent la partie supérieure de la vallée de l'Isère reçoivent presque normalement les rayons solaires pendant la matinée. Elles s'échauffent d'autant plus facilement qu'elles présentent dans ces régions des surfaces arides. Elles communiquent leur chaleur aux couches d'air avec lesquelles elles sont en contact : de là, production d'un courant d'air ascendant qui donne naissance à de nombreux cumulus, et par suite à un vide partiel qui est comblé par un appel d'air venant de la vallée du Drac et de la partie inférieure de la vallée de l'Isère.

PLUIES

Les pluies qui tombent sur la ville de Grenoble sont surtout abondantes pendant les saisons du printemps et de l'été. Les pluies du printemps durent quelquefois plusieurs jours; celles de l'été, occasionnées généralement par les orages, tombent en averses et durent quelques heures. Ce sont ordinairement les vents du sud ou de l'ouest qui amènent la pluie dans notre région, avec cette remarque que le mauvais temps est souvent précédé, ainsi que nous allons le voir, d'une dépression sur le golfe de Gênes, devancée elle-même assez fréquemment par une dépression sur les côtes de la Grande-Bretagne. L'annonce d'une dépression sur ces points de l'Europe doit donc appeler plus particulièrement, surtout au moment des récoltes, l'attention de nos agriculteurs.

La Commission météorologique de l'Isère, créée depuis quelques années seulement, a commencé à partir de 1881 à enregistrer la quantité de pluie tombée journellement à Grenoble. Nous allons, d'après les documents recueillis par la Commission, faire pour chaque saison l'historique des pluies tombées sur notre ville pendant les 4 années 1881 à 1884.

1881

La quantité de pluie tombée à Grenoble pendant l'hiver de 1881 a été de

141$^m/_m$,90 : sur cette quantité, 91$^m/m$, plus la moitié, sont dus à des dépressions sur le golfe de Gênes.

Pendant le printemps, il est tombé 229$^m/m$ de pluie dont 53$^m/m$ sont dus également à une dépression sur le golfe de Gênes.

L'été a donné la plus grande hauteur de pluie de l'année : 291$^m/m$ d'eau ont été recueillis à Grenoble pendant cette saison. Comme précédemment, une grande partie de cette pluie, 157$^m/m$, est due aux dépressions dont nous avons parlé.

Pendant l'automne, il est tombé 216$^m/m$ de pluie dont 71$^m/m$,10 sont venus à la suite de phénomènes semblables.

La hauteur totale de pluie tombée pendant l'année a atteint le chiffre de 820$^m/m$,40. Sur ce total, près de la moitié, 390$^m/m$, est due à des bourrasques causées par des dépressions sur le golfe de Gênes.

Les saisons qui ont donné la plus grande quantité de pluie sont le printemps (229$^m/m$) et l'été (291$^m/m$,4); l'hiver et l'automne ont donné des quantités moindres (141$^m/m$ et 216$^m/m$). Le mois le moins pluvieux de l'année a été le mois de juillet qui n'a donné que 8$^m/m$,10; c'est pendant le mois d'août qu'il est tombé le plus d'eau (143^m/$_m$,60).

Enfin le nombre total de jours de pluie a été, en 1881, de 112.

1882

L'hiver de 1882, moins pluvieux que celui de 1881, n'a donné que 80^m/$_m$ de pluie. L'eau recueillie pendant le printemps a atteint une hauteur de 200^m/$_m$,90. Pendant l'été, la quantité d'eau tombée sur la ville a atteint le chiffre de 240^m/$_m$.

La saison d'automne a été très pluvieuse et a fourni une hauteur d'eau de 396^m/$_m$.

La hauteur totale de pluie tombée pendant l'année 1882 a atteint le chiffre de 918^m/$_m$,90 : sur ce total plus de la moitié (490^m/$_m$,90) est due aux dépressions que nous avons indiquées plus haut.

. La saison qui a donné la plus grande quantité de pluie est l'automne ; viennent ensuite l'été et le printemps, et enfin l'hiver qui n'a produit que 80^m/$_m$,40.

Le mois le moins pluvieux de l'année a été le mois de Janvier (11^m/$_m$;) le mois de décembre a fourni la plus grande quantité d'eau (148^m/$_m$,90).

Le nombre total des jours de pluie a été, pendant 1882, de 111.

1883

Pendant le cours de l'année 1883, il est tombé 185^m/$_m$,10 de pluie pendant l'hiver, 291^m/$_m$90 pendant le printemps. En été la hauteur de pluie a atteint 286^m/$_m$,90 et 252^m/$_m$,90 en automne.

La hauteur totale de pluie recueillie pendant l'année a été de 1,016^m/$_m$,50 : sur ce total, 374^m/$_m$ sont dus à des dépressions sur le golfe de Gênes.

Les saisons les plus humides ont été le printemps et l'été.

Le mois le moins pluvieux de l'année a été le mois d'août, qui n'a donné que 10^m/$_m$,10 de pluie. C'est en septembre qu'est tombée la plus grande quantité d'eau (181^m/$_m$,40).

Le nombre total de jours pluvieux a été de 97 pour l'année 1883.

1884

L'année 1884 a donné au point de vue pluviométrique, dans la station de Grenoble, les résultats suivants : il est tombé pendant l'hiver 67^m/$_m$,80 de pluie, 131^m/$_m$,30 pendant le printemps, 238^m/$_m$,30 en été et 156^m/$_m$,60 en automne. Cette année, la moins pluvieuse des 4 années 1881 à 1884, n'a produit en total que 594^m/$_m$ d'eau : sur ce chiffre 263^m/$_m$,80 sont dus aux dépressions précédemment indiquées. La saison la plus pluvieuse de l'année s'est trouvée être l'été. Le mois le plus humide a été le mois de décembre (139^m/$_m$,40), et le plus sec, le mois d'octobre (5^m/$_m$ seulement).

Le nombre total des jours de pluie a été de 67.

Nous allons compléter cette étude pluviométrique sur Grenoble en comparant, de 1881 à 1884, les hauteurs de pluie tombées sur la ville, avec celles obtenues dans quelques-unes des stations météorologiques du département. Cette comparaison est indiquée dans le tableau suivant.

Climatologie

ANNÉE	HAUTEURS DE PLUIE TOMBÉES A			
	Grenoble	La Mure	St-Marcellin	Vienne
1881	820mm 4	883mm	977mm	610mm
1882	918 90	1271 15	991 2	739 8
1883	1016 80	1030 2	865 9	897 4
1884	594	568 9	609	551 6

ORAGES

Les orages se produisent dans notre région, du mois de mai à la fin de septembre. Assez fréquents dans les localités montagneuses du département, ils éclatent rarement sur Grenoble, et la ville jouit à cet égard d'une sorte d'immunité. En effet, en consultant la statistique des orages du département, on voit que des stations telles que Vienne, Saint-Marcellin,

Arzay, Allevard, Villard-Reymond, la montagne des Quatre-Seigneurs, sont souvent visitées par des orages, alors que Grenoble y échappe complètement : leur influence ne se traduit que par des averses plus ou moins prolongées. La grêle y tombe rarement, le tonnerre presque jamais.

Dans un ouvrage qui traite exclusivement de tout ce qui concerne la ville de Grenoble, nous avons été amenés à donner quelques notions générales sur la climatologie locale. Nous n'avons pas voulu toutefois caractériser définitivement le climat de la cité. La détermination du climat d'un pays ne peut être faite, en effet, qu'après plusieurs années d'observations et par comparaison des phénomènes locaux avec les phénomènes des autres pays. Or les stations météorologiques ne sont pas encore assez répandues et n'existent pas depuis assez longtemps, non seulement dans l'Isère, mais encore dans les pays voisins, pour qu'on puisse faire utilement cette comparaison.

Plus tard, alors que les phénomènes climatériques de toutes les localités de l'Isère et du reste de la France seront connus, le climat de Grenoble pourra être définitivement classé et rattaché à l'isotherme auquel il appartient. Dans tous les cas, malgré ces imperfections, ces pluies fréquentes, les bourrasques journalières de la belle saison et les flots de poussière qu'elles répandent sur la ville, malgré les allures brusques et capricieuses de sa température, le climat de Grenoble ne peut faire méconnaître l'admirable situation de la cité, les beautés et les sites de toute nature dont l'ensemble constitue le merveilleux pays du Dauphiné.

Imprimerie BREYNAT & Cⁱᵉ.

www.ingramcontent.com/pod-product-compliance
Lightning Source LLC
Chambersburg PA
CBHW060800230426
43667CB00010B/1647